Baedeker
Allianz Reiseführer

Französische Atlantikküste

VERLAG KARL BAEDEKER

Hinweise zur Benutzung

Sternchen (Asterisken) als typographisches Mittel zur Hervorhebung bedeutender Bau- und Kunstwerke, Naturschönheiten und Aussichten, aber auch guter Unterkunfts- und Gaststätten hat Karl Baedeker im Jahre 1844 eingeführt; sie werden auch in diesem Reiseführer verwendet: Besonders Beachtenswertes ist durch * einen vorangestellten 'Baedeker-Stern', einzigartige Sehenswürdigkeiten sind durch ** zwei Sternchen gekennzeichnet.

Zur raschen Lokalisierung der Reiseziele von A bis Z auf der beigegebenen Reisekarte sind die entsprechenden Koordinaten der Kartennetzmaschen jeweils neben der Überschrift in Rotdruck hervorgehoben: **Biarritz B 6**.

Farbige Streifen an den rechten Seitenrändern erleichtern das Auffinden der Großkapitel des vorliegenden Reiseführers: Die Farbe Blau steht für die Einleitung (Natur, Kultur, Geschichte), die Farbe Rot für die Sehenswürdigkeiten, und die Farbe Gelb markiert die praktischen Informationen.

Wenn aus der Fülle von Unterkunfts-, Gast- und Einkaufsstätten nur eine wohlüberlegte Auswahl getroffen ist, so sei damit gegen andere Häuser kein Vorurteil erweckt.

Da die Angaben eines solchen Reiseführers in der heute so schnellebigen Zeit fast ständig Veränderungen unterworfen sind, kann der Verlag weder Gewähr für die absolute Richtigkeit leisten noch die Haftung oder Verantwortung für eventuelle inhaltliche Fehler übernehmen. Auch lehrt die Erfahrung, daß sich Irrtümer kaum gänzlich vermeiden lassen.

Baedeker ist ständig bemüht, die Qualität seiner Reiseführer noch zu steigern und ihren Inhalt weiter zu vervollkommnen. Hierbei können ganz besonders die Erfahrungen und Urteile aus dem Benutzerkreis als wertvolle Hilfe gar nicht hoch genug eingeschätzt werden. Vor allem **Ihre Kritk, Berichtigungen und Verbesserungsvorschläge sind uns stets willkommen**. Sie helfen damit, die nächste Auflage noch aktueller zu gestalten. Bitte schreiben Sie in jedem Falle an die

Baedeker-Redaktion
Karl Baedeker GmbH
Marco-Polo-Zentrum
Postfach 31 62
D-73751 Ostfildern.

Der Verlag dankt Ihnen im voraus bestens für Ihre Mitteilungen. Jede Einsenderin und jeder Einsender nimmt an einer jeweils zum Jahresende unter Ausschluß des Rechtsweges stattfindenden Verlosung von drei JRO-Leuchtgloben teil. Falls Sie gewonnen haben, werden Sie benachrichtigt. Ihre Zuschrift sollte also neben der Angabe des Buchtitels und der Auflage, auf welche Sie sich beziehen, auch Ihren Namen und Ihre Anschrift enthalten. Die Informationen werden selbstredend vertraulich behandelt und die persönlichen Daten nicht gespeichert.

Titelbild: Die Grande Plage in Biarritz

◂ *S. 1: Hummer aus dem Atlantik sind eine vielgerühmte Delikatesse.*

Vorwort

Dieser Reiseführer gehört zur neuen Baedeker-Generation. In Zusammenarbeit mit der Allianz Versicherungs-AG erscheinen bei Baedeker durchgehend farbig illustrierte Reiseführer in handlichem Format. Die Gestaltung entspricht den Gewohnheiten modernen Reisens: Nützliche Hinweise werden in der Randspalte neben den Beschreibungen herausgestellt. Diese Anordnung gestattet eine einfache und rasche Handhabung. Der vorliegende Band hat die französische Atlantikküste von der Mündung der Loire bis zu den Pyrenäen sowie ihr weiteres Hinterland zum Thema, eine Region, die durch den warmen Golfstrom geradezu mediterranes Flair besitzt. Der Reiseführer gliedert sich in drei Hauptteile: Im ersten Teil wird über das Land im allgemeinen, landschaftliche Gliederung, Klima, Pflanzen und Tiere, Bevölkerung, Sprache, Wirtschaft und Tourismus, berühmte Persönlichkeiten, Geschichte und Kunstgeschichte berichtet. Eine Sammlung von Literaturzitaten und eine Reihe von Routenvorschlägen leiten über zum zweiten Teil, in dem die Reiseziele – Städte, Ortschaften, Strände, Inseln und große Freilichtmuseen – im einzelnen vorgestellt und ausführlich beschrieben werden. Daran schließt ein dritter Teil mit reichhaltigen praktischen Informationen, die dem Besucher das Zurechtfinden vor Ort wesentlich erleichtern. Sowohl die Reiseziele als auch die Informationen sind in sich alphabetisch geordnet. Baedeker Allianz Reiseführer zeichnen sich durch Konzentration auf das Wesentliche sowie durch Benutzerfreundlichkeit aus. Sie enthalten eine Vielzahl eigens entwickelter Pläne und zahlreiche farbige Abbildungen.

Die von der Brandung erodierten Felsen von Biarritz sind ein Glanzlicht der baskischen Küste

Zu diesem Reiseführer gehört als integrierender Bestandteil eine ausführliche, detaillierte Reisekarte, auf der die im Text behandelten Reiseziele anhand der jeweils angegebenen Kartenkoordinaten leicht zu lokalisieren sind. Wir wünschen Ihnen mit dem Baedeker Allianz Reiseführer viel Freude und einen erlebnisreichen Aufenthalt an der französischen Atlantikküste!

Baedeker
Verlag Karl Baedeker

Inhalt

Natur, Kultur Geschichte
Seite 8 – 39

Reiseziele von A bis Z
Seite 40 – 193

Praktische Informationen von A bis Z
Seite 194 – 245

Baedeker Specials

Blaubart und

An der Nordspitze

von Ré steht dieser historische Leuchtturm.

sind nicht die einzigen historischen Gestalten, die den Ruf Aquitaniens und des französischen Westens geprägt haben; zweifellos sind sie aber die interessantesten und schillerndsten. "Barbe bleue", wie er hier genannt wird, hieß eigentlich Gilles de Rais, und der Wehrturm seiner hoch über Tiffauges thronenden Burg wird noch heute als grausliches Verlies seiner angeblichen Opfer gezeigt. Den mäßigenden Kontrast dagegen bildet die schöne Melusine.

Auch der verwegene, selbstbewußte Renommist Charles de Batz, ein Edelmann des siebzehnten Jahrhunderts, ist keineswegs unbekannt geblieben – ganz im Gegenteil: Der ungemein produktive Romancier Alexandre Dumas hat ihn zum allen Widrigkeiten trotzenden, draufgängerischen und dennoch ungemein galanten Haudegen und Frauenliebling des Barock hochstilisiert. Freilich haben die diversen filmischen Umsetzungen des Stoffs vom historischen Charles de Batz nur wenig übriggelassen.

Diese historischen Reminiszenzen sind aber gewiß nicht das einzige, was die französische Atlantikküste interessant macht. Ausschlaggebend sind ganz andere Dinge: Von der Mündung der Loire (des längsten und am wenigsten gezähmten französischen Stroms) bis zur Biskaya, die ob ihrer tobenden Stürme bei den Seeleuten aller Länder berüchtigt ist, dehnt sich eine Küstenlandschaft, die ihresgleichen sucht. Sie hat sich großenteils – vor allem im flachen mittleren Teil – erst in historischer Zeit geformt und wurde dann durch Ein-

Der Hafen von La Rochelle

wird seit alter Zeit von zwei wehrhaften Türmen geschützt.

Die Baskenmütze

stammt aus dem äußersten Südwesten. Schon lange hat sie in ganz Frankreich Freunde gewonnen.

d'Artagnan

griffe des Menschen im neunzehnten Jahrhundert zu dem, was sie heute ist und was sie heute so attraktiv macht.

Dünn besiedelt war die Region schon immer – und daher ist sie auch weitgehend frei geblieben von zivilisatorischen Beeinträchtigungen. Andererseits hat dies das böse Wort vom "colonialisme régional" entstehen lassen.

Was die französische Atlantikküste für Urlauber besonders verlockend – aber auch bisweilen bedrohlich – macht, ist die Urgewalt des Ozeans. Mag auch an der Küste kein Lüftchen wehen – von der hohen See kommt oft eine Brandung herein, die geradezu erschreckend sein kann. Aber mancher schätzt gerade diesen enormen Wellengang: Vor allem an den kilometerlangen, von körnigem goldfarbenem Sand bedeckten Stränden der Landes finden Surfer und Wellenreiter rekordverdächtige Bedingungen vor.

Kulinarisches hat hier hohen Rang: Fische und Meeresfrüchte werden überall in erstaunlicher Vielfalt angeboten. Und berühmt ist die Austernzucht rund um Marennes und Arcachon. Auch seien die anderen Feinschmecker nicht vergessen: Rund um die reiche Handelsstadt Bordeaux breitet sich das größte Qualitätsweinbaugebiet aus, das es auf dieser Welt überhaupt gibt. Und nicht weniger renommiert ist die Region von Cognac, deren Produkte den Ruf Frankreichs in alle Lande getragen haben.

Ein Kloster

haben die Zisterzienser auf der Insel Ré gegründet. Wenig ist geblieben.

Schön ist so ein Ringelspiel

besonders wenn es ganz nahe am Strand steht wie hier in Royan.

Die Burg von Talmont-Saint-Hilaire

lockt alljährlich mit historischen Ritterspielen.

Natur, Kultur Geschichte

Zahlen und Fakten

Allgemeines

Gebietsbestimmung

Zwischen der zur Normandie gehörenden Halbinsel Cotentin im Nordwesten und dem Fuß der Pyrenäen im Südwesten wird das französische Festland vom Atlantik gesäumt. Gegenstand dieses Reiseführers ist die Küstenlandschaft, die sich von der Mündung der Loire südlich bis zum Golfe de Gascogne und der französisch-spanischen Grenze erstreckt, was einer Küstenlänge von rund 800 km entspricht; die nördlich gelegene bretonische Küste ist im Baedeker Allianz Reiseführer Bretagne beschrieben.

Lage in Frankreich

Regionen
Départements

Das in diesem Reiseführer beschriebene Gebiet erstreckt sich (von Norden nach Süden) auf die Regionen Pays de la Loire (Départements Loire-Atlantique und Vendée), Poitou-Charentes (Départements Charente-Maritime und Deux-Sèvres) und Aquitaine (Départements Gironde, Landes und Pyrénées-Atlantiques).

◀ *Bei Biarritz beginnt die felsige Côte Basque.*

Landesnatur

Vendée

Die historische Landschaft Vendée besteht heute verwaltungsmäßig aus den Departements Vienne, Deux-Sèvres und Vendée. Dieses letztere reicht von der Loire und dem in Küstennähe gelegenen Marais Poitevin ostwärts zum Busch- und Heckenland des Bocage Vendéen. Die Vendée wird durch weite, fast ebene Abtragungsflächen geprägt; die Küste ist weit weniger gegliedert als die der Bretagne, sondern tendenziell eher gradlinig. Alte Buchten wurden noch in historischer Zeit durch Schwemmsand aufgefüllt, wobei weite Sandstrände und schier endlose Dünenketten entstanden sind. Daher gibt es hier auch weit weniger Häfen und größere Besiedlungsschwerpunkte als an stärker gegliederten Küsten. Noirmoutier und Yeu sind sog. Zeugeninseln, d.h. Reste der festländischen Schichtstufen.

Poitou-Charentes

Das sich südlich anschließende Poitou ist ein bis 150 m Höhe erreichendes, fruchtbares Plateau, das in der Mitte von einer Urgebirgsschwelle, den bis 285 m hohen Hauteurs de la Gâtine, durchzogen ist. Südlich vom Poitou liegt um La Rochelle die großenteils sumpfige Küstenlandschaft des Aunis, heute der nordwestlichste Teil des Département Charente-Maritime; auch hier setzt sich die Verlandung der Küste bis in historische Zeit fort. Reste des einstigen Kalkplateaus von Aunis und Saintonge sind die der Küste vorgelagerten, vielbesuchten Inseln Ré, Aix und Oléron.

Aquitaine

Aquitanien, das alte Durchzugsland zwischen dem Pariser Becken und dem Westteil der Pyrenäenhalbinsel, wird durch das Flußsystem der Garonne entwässert, das Klima entscheidend vom Atlantik bestimmt. Im Pyrenäenvorland fallen ausgiebige Niederschläge (Steigungsregen). Im Bereich von Charente und Garonne konzentriert sich die Besiedlung; es herrscht intensiver Ackerbau, weiter nördlich auch Viehmast und etwas

Für die abgelegenen, kleinen Dörfer der Landes sind noch heute die Fachwerkbauten mit vertikalen Balken typisch.

Landesnatur (Fortsetzung)

Milchwirtschaft. Wirtschaftliches Zentrum Aquitaniens sind das Bordelais und die Region der Gironde.

Landes

Die Landes, das Dreieck zwischen Garonne, Adour und dem Golfe de Gascogne (Golf von Biscaya), sind der am dünnsten besiedelte Teil der beschriebenen Region. Ursprung des Landschaftsprofils ist die Auffüllung des Aquitanischen Beckens mit erdgeschichtlich jungen Sedimenten. Zum Meer hin begrenzt ein ausgeprägter Dünensaum die Ebene, der auch zur Aufstauung von Strandseen geführt hat. Da die Region ganz am Rand des seit jeher zentralistisch geführten französischen Staatsgebiets liegt und bis in die jüngste Zeit entsprechend strukturschwach geblieben ist, konnte hier auch das böse Wort vom "colonialisme intérieur" entstehen.

Pyrenäenvorland

Das nördliche Pyrenäenvorland ist durch Hügelketten aus jungtertiären Geschiebemassen geprägt. Ferner entspringen hier zahlreiche Thermalquellen, die großenteils medizinisch genutzt werden. Ganz im Gegensatz zu den meist gradlinigen und flachen, endlosen Küstensäumen weiter im Norden ist die baskische Küste, beginnend westlich von Bayonne bzw. an der Mündung des Adour, stark gegliedert und steilfelsig; die Biskaya ist wegen der heftigen Stürme berüchtigt.

Pyrenäen

Die Pyrenäen, welche Frankreich von der Iberischen Halbinsel trennen, wirken im westlichen und östlichen küstennahen Randbereich wenig trennend, da sie hier eher Mittelgebirgscharakter zeigen und mit bequemen Gebirgsübergängen bzw. der Möglichkeit, den Bergriegel zu Schiff zu umgehen, schon in längst vergangenen Zeiten Verbindungen geschaffen haben. Dies zeigt sich noch heute in der Existenz grenzübergreifender ethnischer Gruppen (Katalanen im Osten, Basken im Westen) und in der uralten Tradition der Transhumanz, einer von den Jahreszeiten abhängigen halbnomadischen Fernweidewirtschaft.

Klima

Grundsätzlich ist das Klima an der französischen Atlantikküste durch maritimen Einfluß und die Wirkung eines Seitenarms des Golfstroms ausgeglichen und gemäßigt; dies hat zur Ausbildung eines besonders milden quasi-mediterranen Klimas mit entsprechender Vegetation (z.B. Seestrandkiefer) geführt, das weit vorteilhafter ist, als es der geographischen Breitenlage eigentlich entspräche (in Mimizan an der Küste der Landes liegt die jährliche Durchschnittstemperatur bei 15 °C). Eigenartigerweise erfolgt die winterliche Temperaturabnahme nicht in süd-nördlicher, sondern in west-östlicher Richtung, was auf den nachlassenden Einfluß des Ausgleichsfaktors Meer zurückzuführen ist. Im Bordelais hat zudem die im 19. Jh. erfolgte großflächige Aufforstung der Landes dazu geführt, daß weiter landeinwärts auch die Seewinde vieles von ihrer Kraft verloren haben (eine Funktion, die weiter nördlich von den Hecken des Bocage übernommen wird). Darauf beruht auch die Klimagunst der berühmten Weinbaugebiete des Médoc und des Bordelais. Die Niederschläge erreichen im Stau der Pyrenäen Werte um 1500 mm, während sie sonst mit ca. 900 mm wesentlich geringer bleiben.

Pflanzen und Tiere

Flora

Dank des sehr milden Klimas mutet die Vegetation in weiten Teilen geradezu mediterran an; es dominieren Strandkiefern sowie Steineichen; nur der Ölbaum fehlt völlig. In den weiten Verlandungsebenen hat sich eine reiche Gesellschaft von Halophyten (salzliebenden Pflanzen) entwickelt. Eine von Menschenhand geschaffene Sekundärvegetation sind die riesigen Kier-

Baedeker Special

Die Skala des Sir Francis Beaufort

Die seit 1806 gültige Skala der Windstärken geht auf den britischen Admiral Sir Francis Beaufort (1774–1857) zurück. Sie umfaßt zwölf Stufen, die sich an der Wirkung des Windes orientieren; in neuerer Zeit wurde in der Seefahrt eine Erweiterung der Orkanstärken bis zum 17. Grad vorgenommen.

Beaufortgrad	Bezeichnung	Windgeschwindigkeit	Auswirkungen auf See
0	still	0–0,2 m/s	spiegelglatte See
1	leiser Zug	0,3–1,5 m/s	kleine schuppenförmige Kräuselwellen ohne Schaumkämme
2	leichte Brise	1,6–3,3 m/s	kleine, kurze Wellen, Kämme sehen glasig aus und brechen sich nicht
3	schwache Brise	3,4–5,4 m/s	Kämme beginnen sich zu brechen, Schaum glasig, vereinzelt kleine weiße Schaumköpfe
4	mäßige Brise	5,5–7,9 m/s	Wellen noch klein, werden aber länger, vielfach weiße Schaumköpfe
5	frische Brise	8,0–10,7 m/s	mäßige Wellen, die eine ausgeprägte lange Form annehmen, überall weiße Schaumkämme
6	starker Wind	10,8–13,8 m/s	Bildung großer Wellen, überall ausgedehnte weiße Schaumkämme, brechen; etwas Gischt
7	steifer Wind	13,9–17,1 m/s	See türmt sich; weißer Schaum beginnt sich in Streifen in Windrichtung zu legen
8	stürmischer Wind	17,2–20,7 m/s	mäßig hohe Wellenberge von beträchtlicher Länge; Kanten der Kämme beginnen zu Gischt zu verwehen
9	Sturm	20,8–24,4 m/s	hohe Wellenberge; dichte Schaumstreifen in Windrichtung; "Rollen" der See beginnt; Gischt kann die Sicht beeinträchtigen
10	schwerer Sturm	24,5–28,4 m/s	sehr hohe Wellenberge mit langen überbrechenden Kämmen; See weiß durch Schaum, Rollen der See schwer, stoßartig; Sicht beeinträchtigt
11	orkanartiger Sturm	28,5–32,6 m/s	außergewöhnlich hohe Wellenberge; See völlig von langen weißen Schaumflächen bedeckt; durch Gischt herabgesetzte Sicht
12	Orkan	über 32,6 m/s	Luft mit Schaum und Gischt angefüllt; extrem hohe Wellenberge; See vollständig weiß durch Gischt; Sicht sehr stark herabgesetzt

Das Heidekraut gehört zu den Charakterpflanzen der Landes.

Saftige grüne Weiden breiten sich im Pyrenäenvorland aus.

Pflanzen und Tiere (Fortsetzung)

fernwaldungen der Landes, die im 19. Jh. zur Stabilisierung der Dünen angelegt worden sind und die Heidekrautflächen verdrängt haben.

Fauna

Die Tierwelt entspricht im wesentlichen dem mitteleuropäischen Standard. Da die Franzosen leidenschaftliche Jäger und Angler sind, ist der Bestand an jagdbaren Tieren ziemlich gering; dagegen gibt es zahlreiche Insekten- und Reptilienarten. In den Küstengewässern gibt es Muscheln (darunter die wirtschaftlich sehr wichtigen, in künstlichen "Parks" gezüchteten Austern), Schalen- und Krustentiere und vielerlei Fischarten.

Bevölkerung

Insgesamt erreicht die Besiedlungsdichte im beschriebenen Gebiet (Vendée, Charente-Maritime und Pyrénées-Atlantiques 74 Einw./km^2; Landes 33 Einw./km^2) bei weitem nicht den Landesdurchschnitt von 104 Einw./km^2, was nicht zuletzt auf die im ländlichen Raum doch recht begrenzten Erwerbsmöglichkeiten zurückzuführen ist. Vor allem im Großraum Bordeaux ist eine starke Tendenz zur Landflucht festzustellen. Weitere Ballungszentren sind La Rochelle und Bayonne/Biarritz.

Im Süden, also im Pyrenäenvorland, ist ein erheblicher vasco-iberischer Einfluß spürbar, der sich in mancherlei populären Sportarten wie Pelota und Frontón, aber auch in den vielerorts veranstalteten Corridas, also Stierkämpfen nach spanischem Reglement, zeigt. Allem Anschein nach hat die baskische Minderheit mit der Majorität wenig Probleme; die aus Spanien bekannte Militanz wird kaum manifest. Hierzu hat zweifellos auch die Regionalisierung beigetragen, die in Frankreich etwa seit den siebziger Jahren gefördert wird und auch anderen Regionen mit Minderheiten (z.B. Elsaß, Bretagne oder Okzitanien) zugute gekommen ist.

Nahezu hundert Prozent der Bevölkerung hängen dem römisch-katholischen Bekenntnis an.

Wirtschaft und Tourismus

Landwirtschaft

Frankreich ist traditionell stark landwirtschaftlich orientiert. An der Atlantikküste und in deren Hinterland dominieren Weidewirtschaft sowie Geflügel- und Viehzucht (vorwiegend Schlachtvieh; berühmte Gänseleber). Hingegen ist die Bedeutung der Molkereiwirtschaft recht gering. Weitbekannt sind auch die Pflaumen von Agen und die verschiedenen Obstsorten, die z.B. um Bayonne zu begehrten süßen Spezialitäten verarbeitet werden.

Fischerei

Insgesamt spielt die Erwerbsfischerei eine geringere Rolle als z.B. in der Bretagne. Die bedeutendsten regionalen Heimathäfen und Verarbeitungsstandorte der französischen Hochseefischerei sind La Rochelle und Saint-Gilles-Croix-de-Vie.

Muschelzucht

Weite Striche der Flachküsten verraten schon von weitem durch die künstlich angelegten Seewasserbecken die große Bedeutung der Muschelzucht, wobei die Austern (Ostrea edulis und Crassostrea virginica) den Schwerpunkt bilden. Die früher gleichfalls einträgliche Meersalzgewinnung ist dagegen erheblich zurückgegangen.

Weinbau
Spirituosen

Weltweit berühmt ist der Weinbau im Bordelais und Médoc. Hier erstreckt sich das größte Qualitätsweinbaugebiet der Erde mit einem jährlichen Ertrag von rund 7 Mio. Hektolitern. Es wird ganz überwiegend Rotwein gekeltert. Auf ähnliche Wurzeln geht auch die Produktion von Cognac im gleichnamigen Städtchen zurück, die in ihrer Art vergleichbaren Ruf genießt.

Im Flachwasser der Sandküsten werden Austern gezüchtet.

Wirtschaft (Fortsetzung), Industrie

In den endlosen Forsten der Landes hat sich, nachdem die Bedeutung der Harzgewinnung erheblich geschrumpft war, eine sehr lebhafte Zellulose- und Papierindustrie entwickelt. In dieser Region wird auch – wenngleich in bescheidenem Maß – Erdöl gefördert. Die verarbeitende Industrie (Schiff- und Fahrzeugbau) hat ihren Schwerpunkt im Großraum Bordeaux.

Handel

Bordeaux ist zugleich das bedeutendste Handelszentrum in Südwestfrankreich. Gemessen am Güterumschlag ist der hiesige Hafen der sechstgrößte des Landes; speziell in Bezug auf den Weinhandel steht er weltweit an erster Stelle.

Energiewirtschaft

Das in der Gegend geförderte Erdgas und -öl trägt einen – wenn auch geringen – Teil zur regionalen Energieversorgung bei. Am östlichen Ufer der Gironde bei Blaye besteht ein Kernkraftwerk.

Tourismus

Seit der Mitte des 19. Jahrhunderts hat der Tourismus an der Atlantikküste ständig zugenommen. War es zunächst noch die im Binnenland gelegene Stadt Pau mit ihrem herrlichen Pyrenäenpanorama, wo sich vor allem Engländer auf der Flucht vor der heimatlichen Witterungsungunst aufhielten, so setzte in der zweiten Jahrhunderthälfte ein äußerst lebhafter Seebädertourismus ein, und es entwickelte sich die auch heute noch attraktive "Thalassothérapie" (Meerwasserheilkunde).

Orte wie Biarritz zeigen noch heute einen Abglanz der "Belle Epoque", als die oberen Zentausend in den Badeorten noch unter sich waren. Heute machen diverse Sportarten einen nicht geringen Teil der Attraktion aus, z.B. Drachen- und Gleitschirmfliegen an den Luvseiten der Dünen oder das Surfen und Wellenreiten in der Dünung vor den Sandküsten der Landes. In Zusammenhang mit der immer intensiveren Landschaftsnutzung zu Freizeitzwecken ist inzwischen auch ein deutliches Umweltbewußtsein erwacht.

In Saint-Gilles-Croix-de-Vie wird Fisch angelandet.

Brauchtum

Größere Elemente des traditionellen Brauchtums haben sich vor allem dort erhalten, wo die Basken einen vergleichsweise hohen Bevölkerungsanteil stellen, also im Pyrenäenvorland. Hier locken die verschiedenen Kraftsportarten wie Holzfällen, Steinstoßen und das als "schnellstes Ballspiel der Welt" gelobte Pelota zahlreiche Zuschauer an. Desgleichen bilden die "Courses Landaises" (unblutige Kuhkämpfe) und "richtige" Stierkämpfe nach spanischem Muster (die in der Regel mit dem Tod des Stiers enden) populäre Attraktionen. Nur noch für die Touristen wird dagegen die Tradition der Stelzenläufer in den Landes am Leben erhalten, und ähnliches gilt für die behüteten und behosten Esel auf der Insel Ré.

Geschichte

Vor- und Frühgeschichte (ca. 10 000 v. Chr. bis 5. Jh. n. Chr.)

Schon in urgeschichtlicher Zeit ist das Gebiet des heutigen Frankreich besiedelt, und selbst aus den ältesten Kulturstufen sind Zeugnisse vorhanden. Nach 500 v. Chr. dringen die Kelten unter Führung ihrer Häuptlinge und Priester (Druiden) von Osten nach Frankreich ein; die im nördlichen Pyrenäenvorland siedelnden Iberer bleiben jedoch unabhängig. Im zweiten vorchristlichen Jahrhundert setzt mit der Gründung der Provincia Gallia Narbonensis (Provence) die römische Kolonisierung Galliens ein, die bis um die Zeitenwende auch Aquitanien erfaßt.

um 300 n. Chr. Die Provincia Aquitania, das von den Römern kolonisierte Gebiet zwischen den Pyrenäen und der Garonne, wird aufgegliedert in die Teilprovinzen Novempopulania (Gascogne), Aquitania prima (weit im Osten, um die heutige Stadt Bourges) und Aquitania secunda (Bordeaux).

418 Die Westgoten als römische Bundesgenossen erhalten Aquitania secunda. In den Folgejahren erobern sie ganz Aquitanien.

Goten, Franken und Normannen (500 n. Chr. bis 1137)

In dieser Epoche lösen sich Westgoten, Franken und Normannen in der Herrschaft über Südwestfrankreich ab, ehe durch die Heirat Eleonores von Aquitanien mit Henri Plantagenêt rund die Hälfte des Reichs unter englische Hoheit gerät.

507 Die Franken erobern weite Teile Aquitaniens, das allerdings bald in Einzelreiche zerfällt. Erst im 7. Jh. erlangt das von dem Merowinger Charibert II. beherrschte Teilgebiet wieder einige überregionale Bedeutung.

778 Karl d. Gr. gründet das Königreich Aquitanien, das bis zum Jahr 877 Bestand hat. Innenpolitisch ist die Ära geprägt vom Wettstreit der Grafen von Poitou, von Toulouse und der Auvergne um die Herrschaft. Um die Mitte des 10. Jh.s entscheiden die Grafen von Poitou die Auseinandersetzungen zu ihren Gunsten und erwerben den Herzogstitel. Eine weitere territoriale Expansion bedeutet das an das Haus Poitou fallende Erbe der Herzöge von Gascogne.

Eleonore von Aquitanien und die Plantagenêts (1137–1453)

Diese Epoche ist die folgenreichste in der Geschichte des westlichen Frankreich, das unter englische Oberhoheit gerät und erst im 15. Jh. wieder an die französische Krone fällt. Gleichwohl bleiben enge Verbindungen mit den Britischen Inseln bis in die napoleonische Zeit bestehen.

1137 Eleonore, einzige Tochter und Erbin Wilhelms X. von Aquitanien, vermählt sich mit dem jungen Louis, der wenig später als Ludwig VII. König von

Frankreich wird. Ihr väterliches Erbe, bestehend aus Gascogne, Guyenne, 1137
Périgord, Angoumois und zahlreichen anderen Territorien, ist schier uner- (Fortsetzung)
meßlich und steht den Besitzungen der französischen Krone nicht nach. Allerdings ist die erste Ehe Eleonores nicht von Dauer; 1152 wird sie für ungültig erklärt, womit die Krone des Erbes von Eleonore wieder verlustig geht.

Eleonore geht die Ehe mit Henri Plantagenêt, Graf von Anjou, ein. Henri 1152
wird zwei Jahre später als Heinrich II. König von England. Die Konsequenzen sind weitreichend: Es entsteht das Angevinische Reich, mit dem das in England herrschende Haus Anjou auch auf dem Kontinent enormen Einfluß erhält; schließlich erstreckt es sich hier auf die Ländereien Eleonores, also auf gut die Hälfte des heutigen Frankreich, über welche der französische König allerdings die Lehnshoheit behält.

Philipp II. Augustus, Sohn Ludwigs VII., kämpft gegen die englischen Kö- 1186
nige, und es gelingt ihm, große Teile des Angevinischen Reichs zurückzuerobern. 1202 wird König Johann I., genannt "ohne Land" (engl. John Lackland), seiner festländischen Territorien für verlustig erklärt, womit das Angevinische Reich zu bestehen aufhört. Der Südwesten Aquitaniens bleibt aber noch bis zum Ende des Hundertjährigen Kriegs umkämpft.

Der Hundertjährige Krieg (1337–1453)

Der Konflikt zwischen Frankreich und England schwelt fort. Neue Nahrung erhält er durch die Tatsache, daß 1328 mit dem Tod Karls IV. die Hauptlinie der Kapetinger erloschen ist und daraufhin der englische König Eduard III. seinen Anspruch auf den französischen Thron geltend macht. Hier tritt allerdings Philipp II., der erste französische Herrscher aus dem Haus Valois, einer kapetingischen Nebenlinie, auf den Plan und läßt 1337 den größten Teil des bislang noch in englischem Besitz befindlichen Aquitanien als Faustpfand besetzen. Eduard kündigt daraufhin den Lehnseid mit der französischen Krone auf und setzt mit seinen Truppenverbänden auf den Kontinent über.

Die Engländer erobern den französischen Kanalhafen Calais und rücken 1347
weiter nach Süden vor.

In der Schlacht von Maupertuis bei Poitiers wird der französische Monarch 1356
Johann II. von Edward von Wales (dem Schwarzen Prinzen) gefangengenommen und verbleibt bis 1360 in englischer Haft.

Im Vertrag von Brétigny muß Frankreich große Teile Südwest- und West- 1360
frankreichs an England abtreten; gegen Zahlung eines bedeutenden Lösegelds wird Johann II. aus der Gefangenschaft entlassen. Er muß auf seine Souveränität über die an England abgetretenen Gebiete verzichten, das dafür seine Ansprüche auf den französischen Thron aufgibt. Die erste Phase des Hundertjährigen Kriegs ist beendet.

Die Kämpfe flammen wieder auf. Die zunächst von Bertrand du Guesclin 1369
und anderen französischen Heerführern errungenen Erfolge werden allerdings durch interne Auseinandersetzungen zwischen den Herzögen von Burgund und von Orléans zunichte gemacht.

Der englische König Heinrich V., der seit 1415 Teile Nordwestfrankreichs 1420
besetzt hält, wird durch den Vertrag von Troyes zum Regenten und Erben der französischen Krone erklärt.

Das Auftreten von Jeanne d'Arc, der "Jungfrau von Orléans", bringt die 1429
Wende: Sie befreit Orléans und bewegt den Dauphin, sich als Karl VII. zum König krönen zu lassen.

1453 Die Engländer haben alle französischen Territorien mit Ausnahme von Calais und den Kanalinseln verloren.

Reformation und Religionskriege (1484–1685)

Die Dynastie d'Albret gewinnt in der Gascogne an Einfluß. Mit dem in Cognac geborenen Franz I. besteigt der erste Monarch den Thron, der alle Staatsgewalt auf die Person des Regenten fixiert sieht und so die Grundlage zum Absolutismus legt.

Noch immer kommt die Region nicht zur Ruhe. Die Ideen der Reformation erreichen Frankreich; 1559 findet in Paris die erste Nationalsynode der französischen Calvinisten statt.
Mit der vollen Ausformung des Absolutismus unter Ludwig XIV, dem "Sonnenkönig", wird die im Edikt von Nantes gewährte Glaubensfreiheit wieder abgeschafft.

1533 Der Schweizer Reformator Johannes Calvin bringt das Gedankengut der Reformation nach Westfrankreich. Ein Markstein ist die Konfession von La Rochelle, wodurch sich diese mächtige Hafenstadt zu einer frühen Hochburg der Hugenotten entwickelt. Die ersten kriegerischen Auseinandersetzungen erfolgen im Jahr 1562.

1569 In den Schlachten von Jarnac und Moncontour erleiden die Reformierten Niederlagen, schreiten aber zur Belagerung von Poitiers. Gaspard de Coligny, einer der politisch einflußreichsten Anhänger der neuen Konfession und Gegenspieler Katharinas von Medici, hat das Oberkommando inne.

1570 Jeanne d'Albret, Königin von Navarra, setzt den Calvinismus im Béarn durch.

1598 Heinrich IV., seit 1589 französischer Regent, erläßt das Edikt von Nantes. Zwar wird darin der Katholizismus als Staatsreligion festgeschrieben, aber die Anhänger der reformierten Bekenntnisse erhalten Gewissens- und Kultfreiheit. Wichtigster der ihnen zugewiesenen "Sicherheitsplätze" ist La Rochelle.
Die Religionskriege sind zunächst beendet.

1629 Kardinal Richelieu, konsequenter Verfechter der staatlichen und religiösen Einheit, belagert und erobert La Rochelle, das damit den Status eines Sicherheitsplatzes einbüßt.

1659 Auf einer Insel im Fluß Bidassoa, der die Grenze zwischen Frankreich und Spanien bildet, schließen beide Staaten den Pyrenäenfrieden. Die dynastische Konsequenz ist der Heiratsvertrag zwischen Ludwig XIV. und Maria Theresia, Infantin von Spanien.

1685 Mit dem Edikt von Fontainebleau erklärt Ludwig XIV. die den Hugenotten gewährten Rechte für nichtig und hebt das Edikt von Nantes auf.

Die Zeit der Intendanten (bis 1789)

Der zentralistische Absolutheitsanspruch des Staats wird weiter ausgebaut. Mit der Institution des Intendanten schafft Richelieu ein innenpolitisches Instrument, das den Einfluß der Zentralmacht bis in die entlegensten Provinzen trägt und die bisherige ständische Verwaltung ablöst.

Damit einher geht in den wichtigen Zentren, allen voran in der bedeutenden Hafen- und Handelsstadt Bordeaux und dem Bordelais, ein erheblich wachsender Wohlstand, der sich u.a. in reger Bautätigkeit äußert.

Der Vendée-Krieg (1793–1796)

Die Vendée entwickelt sich in der Zeit der Französischen Revolution zu einem Zentrum royalistischer Gegenbewegungen. Ab 1793 erheben sich hier Adel, Geistlichkeit und oft auch die Bauern gegen den Konvent. Auslösendes Moment für massive Aufstände ist die Hinrichtung König Ludwigs XVI. (1793); vor allem das landschaftlich unübersichtliche Bocage Vendéen begünstigt eine Guerillataktik, welcher der elsässische General Kléber kaum etwas entgegenzusetzen hat. Erst General Hoche schafft es, den Sieg der Republik durchzusetzen.

Von Napoleon I. zum Second Empire (1804–1870)

Im 19. Jh. treten große machtpolitische Ereignisse zugunsten eines erheblichen wirtschaftlichen und technischen Fortschritts in den Hintergrund. Die von Napoleon I. verhängte Kontinentalsperre indessen macht die Reste der seit der Zeit des Angevinischen Reichs bestehenden Bindungen des französischen Südwestens an England vollends zunichte. Wichtige Etappen sind die Kultivierung der Landes und das Aufkommen des Vergnügungstourismus.

Napoleon I., der Kaiser der Franzosen, gründet die zunächst nach ihm selbst benannte heutige Stadt La Roche-sur-Yon als Garnison. 1804

Die Spannungen zwischen Frankreich und England führen in ihrer ersten Phase zu einem Wirtschaftskrieg. Durch das Verbot des Handels mit England versucht Napoleon, dieses von seinen kontinentalen Absatzmärkten abzuriegeln. Im Gegenzug verbietet Großbritannien allen neutralen Schiffen, französische Häfen anzulaufen, und versucht dies mit deren Blockade durchzusetzen. Insbesondere für Bordeaux und das Bordelais bedeutet dies einen schweren Rückschlag im Außenhandel. 1806

Napoleon, in der Schlacht von Waterloo gegen die von Wellington befehligte Koalitionsarmee unterlegen, macht auf der Insel Aix zum letzten Mal Station auf französischem Boden, ehe er nach St. Helena in die Verbannung geht. 1815

Mit dem wachsenden Wohlstand des Bürgertums und der Entstehung leistungsfähiger öffentlicher Transportmittel entwickelt sich vor allem an den Thermalquellenorten des Pyrenäenvorlands und den Küstenorten ein äußerst lebhafter Kur- und Vergnügungstourismus. Die Eisenbahn erschließt die Bucht von Arcachon; Biarritz wird als Aufenthaltsort von Napoleon III. und seiner Gemahlin Eugénie zu einem Treffpunkt der internationalen Aristokratie. ab 1845

Der Ingenieur Nicolas Brémontier verändert das Aussehen der Landes grundlegend. Durch planmäßige Bepflanzung und Aufforstung der öden Heidekrautfläche gelingt es ihm, die Wanderdünen zum Stillstand zu bringen; überdies entwickelt sich bald eine einträgliche Forstwirtschaft. ab 1867

Die Zeit seit der Dritten Republik (ab 1870)

Im Deutsch-Französischen Krieg rücken die deutschen Truppen gegen Paris vor. Eine Delegation der französischen Regierung bezieht erst in Tours, dann in Bordeaux Quartier. 1870

Wiederum sieht sich die französische Regierung durch die deutschen Truppen in Bedrängnis. Unter der Führung von Raymond Poincaré geht sie nach Bordeaux.
Ähnliches wiederholt sich 1940. 1914

1939–1945 Im Zweiten Weltkrieg wird von der deutschen Besatzungsmacht der Atlantikwall angelegt, eine sich an der niederländischen, belgischen und französischen Küste hinziehende Befestigungslinie. In Saint-Nazaire und La Rochelle entstehen starke deutsche U-Boot-Stützpunkte. Die Hafenstadt Royan, in der sich 1945 noch deutsche Widerstandsnester befinden, wird von britischen Bombern unter bis heute nicht völlig geklärten Umständen nahezu völlig zerstört.

1966 Die Ile d'Oléron wird als erste Insel Frankreichs durch eine kühne Brücke mit dem Festland verbunden; 1988 wird eine ähnliche Verbundung zur Insel Ré fertiggestellt.

1996 François Mitterrand, 1916 in Jarnac geboren und zweimal Staatspräsident von Frankreich, stirbt in Paris. Er wird in seiner Heimatgemeinde beigesetzt.

Berühmte Persönlichkeiten

Hinweis

Die nachstehende, namensalphabetisch geordnete Liste vereinigt historische Persönlichkeiten, die durch Geburt, Aufenthalt, Wirken oder Tod mit der Region verbunden sind und überregionale Bedeutung erlangt haben.

Jean Anouilh (1910–1987)

Der Dramatiker Jean Anouilh kam am 23.6.1910 in Bordeaux zur Welt. Er wurde bekannt als Verfasser brillanter, geistreicher Komödien in der Tradition von Pirandello und Giraudoux, deren vielen ein pessimistisches Welt- und Menschenbild eigen ist. Anouilh ist am 3.10.1987 in Lausanne gestorben.

Decimus Magnus Ausonius (um 310 bis um 395)

Der spätlateinische Dichter Decimus Magnus Ausonius wurde in Burdigala, dem heutigen Bordeaux, geboren und führte das Leben eines Weltmanns der römischen Kolonialzeit. Zwar war er Christ, aber emotional stand ihm doch die Götterwelt der klassischen Antike näher. Zunächst war er Lehrer für Grammatik und Rhetorik in seiner Heimatstadt, trat dann eine Stelle als Erzieher des Thronfolgers Gratian in Augusta Treverorum, dem heutigen Trier, an. Aus jenen Tagen stammt das berühmte Gedicht "Mosella", in dem er eine Reise auf dem Rhein und der Mosel von Bingen bis Trier schildert. Sein dichterisches Werk wird heute eher als epigonal eingestuft, aber zusammen mit seinen vielen erhalten gebliebenen Briefen bietet es interessante Einblicke in das Bildungswesen seiner Zeit.

Charles de Batz (um 1610 bis 1673)

Es hat ihn tatsächlich gegeben: den selbstbewußten, übermütigen und draufgängerischen D'Artagnan aus Alexandre Dumas' vielgelesenem romantisierenden Roman "Die drei Musketiere". In Wirklichkeit hieß der gascognische Landedelmann Charles de Batz. Als er in die militärischen Dienste der Krone trat, nahm er den Namen seiner Mutter an, unter dem man ihn heute kennt. Bald weckte er das Interesse des politisch mächtigen Kardinals Mazarin und des "Sonnenkönigs" Ludwig XIV. Schließlich trat er in die Elitetruppe der königlichen Musketiere ein, und bei der Belagerung von Maastricht ist er gefallen.

Nicolas Brémontier (1738–1809)

Die Landes de Gascogne, jene von endlosen Kiefern- und Eichenforsten bedeckte sandige Küstenebene, verdanken ihr heutiges Aussehen dem Tiefbauingenieur Nicolas Brémontier. Ihm gelang es, aus den vielfältigen Projekten zur Stabilisierung der Wanderdünen die definitive Nutzanwendung zu ziehen. Er erreichte dies durch die seeseitige Einzäunung der Sandhügel und durch Anpflanzung niederer Sträucher, deren Wurzelwerk die Dünen zunächst festigte. Weitere Verbesserungen brachte die Anlage großflächiger Kiefernpflanzungen, die später vor allem der Harzgewinnung dienten und den Landbewohnern dadurch zu beträchtlichen Einkünften verhalfen.

Samuel de Champlain (um 1570 bis 1635)

Samuel de Champlain kam in Brouage zur Welt, das seinerzeit ein bedeutender Kriegshafen und Festungsort an der Atlantikküste war, heute aber wegen der Versandung der Küste einige Kilometer landeinwärts liegt. Zwischen 1603 und 1633 unternahm er mehrere Expeditionen zur Kolonisierung Nordamerikas (weshalb er als "père du Canada" apostrophiert wurde) und erforschte den kurz zuvor von Cartier entdeckten St.-Lorenz-Strom.

S. de Champlain (Fortsetzung)

Hier gründete er im Jahr 1608 auch die Stadt Quebec, in der er am 25.12.1635 gestorben ist.

Georges Benjamin Clemenceau (1841–1929)

Der am 28.9.1841 in Mouilleron-en-Parèdes in der Vendée geborene Georges Clemenceau war ursprünglich Mediziner, wandte sich aber mit knapp dreißig Jahren der Politik zu – zunächst als Bürgermeister des Pariser Stadtteils Montmartre. Als überzeugter Republikaner und Nationalist wehrte er sich 1871 vehement gegen den Abschluß des deutsch-französischen Friedensvertrags. Im spätereren Verlauf seiner Karriere vertrat er eine starke Kontinentalpolitik; seine Verwicklung in den Panamaskandal unterbrach

Der "Tiger" in seinem Landhaus Saint-Vincent-sur-Jard.

1893 seine politische Laufbahn. Als Herausgeber der Zeitung "L'Aurore" veröffentlichte er den sensationellen Beitrag "J'accuse" ("Ich klage an"), mit dem Emile Zola leidenschaftlich für die Wiederaufnahme des Dreyfus-Prozesses eintrat. Der "Tiger", wie Clemenceau genannt wurde, übernahm 1917 zum zweiten Mal die Regierung und konzentrierte in autoritärer Weise den Widerstand gegen das Deutsche Reich, was letztlich zum Sieg der Alliierten beitrug. Nachdem er sich aus dem politischen Leben zurückgezogen hatte, lebte er bis zu seinem Tod am 24.11.1929 u.a. in seinem Landhaus bei Saint-Vincent-sur-Jard, das heute eine vielbesuchte Erinnerungsstätte ist.

Eleonore von Aquitanien (um 1122 bis 1204)

Eleonore von Aquitanien (Aliénor d'Aquitaine), auch Eleonore von Poitou bzw. Eleonore von Guyenne genannt, war die Erbtochter des Herzogs Wilhelm X. von Aquitanien. In erster Ehe war sie mit Ludwig VII. von Frankreich vermählt; nach ihrer Scheidung heiratete die schwerreiche Erbin, deren Besitzungen denjenigen der französischen Krone gleichkamen, 1152 den aus dem Haus Plantagenêt stammenden Heinrich, Graf von Anjou. Als dieser 1154 als Heinrich II. König von England wurde, wuchs der englische Einfluß auf Südwestfrankreich enorm; es entstand das Angevinische Reich, um dessen südwestliche Teile noch im Hundertjährigen Krieg gekämpft wurde. In jener Zeit bildeten sich auch die engen Wirtschaftsbeziehungen der Region zu England heraus, die z.T. noch bis in die Zeit Napoleons I. Bestand hatten.

Eleonore von Aquitanien (Fortsetzung)

Franz I. (1494–1547)

Der seit 1515 regierende König Franz I. (François Ier), am 12.9.1494 in Cognac geboren, entstammte einer Seitenlinie des Hauses Valois. Im Jahr 1514 heiratete er Claude de France, die Tochter Ludwigs XII. Bei der Kaiserwahl von 1519 konkurrierte er mit dem spanischen Habsburger Karl I. (nachmals Karl V.), konnte sich aber nicht gegen ihn behaupten. Dieses gespannte Verhältnis bestimmte auch später die Außenpolitik des Königs, der Verbindung sowohl zum Papst als auch zum der Reformation zuneigenden Ausland suchte, um dem Haus Habsburg eine eigenständige außenpolitische Konstellation entgegensetzen zu können. Seine Innenpolitik war auf den Regenten selbst orientiert und damit die Vorstufe dessen, was später als Absolutismus einer ganzen Epoche den Namen geben sollte. Als Förderer der Künste und Wissenschaften zog er bedeutende Künstler und Gelehrte an seinen Hof, unter ihnen das größte künstlerische und technische Genie seiner Zeit, Leonardo da Vinci. Franz I. ist am 31.3.1547 in Rambouillet gestorben.

Francisco de Goya y Lucientes (1746–1828)

Der spanische Maler und Graphiker Francisco de Goya (30.3.1746–16.4.1828) stand lange in der konventionellen künstlerischen Tradition seiner Zeit und brachte es bis zum Ersten Hofmaler des spanischen Königs. Schon damals allerdings machte sich in seinem Werk eine Tendenz zu visionärer Düsternis bemerkbar, die vollends zum Durchbruch kam, als er sich um 1790 von der akademischen Malerei entfernte. Unter seinen kritischen Grafikblättern ist die Serie “Desastres de la Guerra” besonders bekannt geworden. Als Ferdinand VII. in Spanien an die Macht kam, emigrierte Goya 1824 nach Bordeaux, wo er auch gestorben ist.

Joseph Ignace Guillotin (1783–1814)

Der aus Saintes stammende Arzt und Abgeordnete Joseph Ignace Guillotin ist bekannt durch die von ihm konstruierte Hinrichtungsmaschine. Geleitet vom Gleichheitsprinzip, das die Französische Revolution propagierte, forderte Guillotin die Vollstreckung der Todesstrafe durch Enthaupten, die bislang dem Adel vorbehalten gewesen war, auch für Angehörige der anderen Stände. Auch wollte er erreichen, daß den Verurteilten durch die häufig unzureichende Praxis des Scharfrichters unnötige Qualen erspart blieben. So entwickelte er das Fallbeil, das seither seinen Namen trägt und in der Revolution bald der Inbegriff des Terrors wurde.

Heinrich IV. (1553–1610)

Heinrich IV., am 13.12.1553 in Pau geboren und noch heute “le Bon Roi Henri” genannt, wurde 1562 als Heinrich III. König von Navarra und 1581 Führer der Hugenotten. Durch seine Heirat mit Margarethe von Valois, der Schwester Karls IX., versuchte er eine Aussöhnung mit der katholischen Partei zu erreichen. Dieser Plan wurde aber durch die Bartholomäusnacht (“Pariser Bluthochzeit”, 24.8.1572) verhindert. Heinrich konnte sich nur retten, indem er seinem Glauben abschwor.
Nach dem Tod Heinrichs III. (1589) erhob Heinrich Anspruch auf den Thron, doch erst

Heinrich IV. (Fortsetzung)

1594 – nach seinem Übertritt zum Katholizismus ("Paris ist eine Messe wert") – wurde er als erster König aus dem Haus Bourbon gekrönt. Als Regent war er bemüht, Frankreich religiös zu befrieden, indem er durch das Edikt von Nantes (1598) Glaubensfreiheit verkündete. Auch suchte er die Staatsfinanzen zu stabilisieren und in seinem Land Wohlstand für alle zu schaffen (von ihm soll der Ausspruch stammen, ein jeder Bauer solle sonntags sein Huhn im Topf haben). In seine Regierungszeit fiel der Beginn der Kolonialisierung Kanadas. Am 14.5.1610 fiel Heinrich IV. einem Attentat zum Opfer.

Pierre Loti (1850–1923)

Der bürgerliche Name des am 14.1.1850 in Rochefort Geborenen war Julien Viaud, und als Marineoffizier bereiste er viele Länder des nahen und fernen Orients. Aus diesem Erfahrungsschatz schöpfte er den Stoff für seine exotischen Romane und Erzählungen. Farbig und differenziert sind seine Natur- und Milieuschilderungen; die Erfahrungen, die er im Orient gesammelt hatte, gaben ihm Anlaß zu profundem Zweifel an der europäischen Zivilisation. Pierre Loti ist am 10.6.1923 in Hendaye gestorben.

Melusine (Sagengestalt)

Nach einer altfranzösischen Sage war die schöne Melusine eine Meerfee, die sich mit dem Grafen Raymond von Poitiers vermählte und so zur Ahnherrin des Hauses Lusignan wurde. Als ihr Gemahl sie in ihrer Nixengestalt belauschte, mußte sie in ihr Feenreich zurückkehren. Dieses Motiv wurde seit dem späten 14. Jahrhundert häufig literarisch gestaltet, u.a. von Goethe und Grillparzer.

Wie ein aus dem 19. Jahrhundert stammendes Volksbuch zu berichten weiß, soll die Gründung einiger Städte und Schlösser – wie Lusignan, La Rochelle und Parthenay – auf die schöne Melusine zurückgehen.

François Mitterrand (1916–1996)

Der am 26.10.1916 in Jarnac geborene François Mitterrand war zunächst als Lehrer und Jurist tätig und schloß sich 1940 der Widerstandsbewegung gegen die deutsche Okkupation an. Während der Vierten Republik (1945–1958) war er prominentes Mitglied der Union Démocratique et Socialiste de la Résistance, daneben 1946–1958 Abgeordneter in der Nationalversammlung. Zwischen 1950 und 1957 bekleidete er nacheinander die Ämter des Übersee-, des Innen- und des Justizministers. In der Ära de Gaulle war er erfolgreich darum bemüht, die nichtkommunistischen Linksparteien des Landes in einer Koalition zusammenzufassen. Als deren Kandidat gewann

François Mitterrand (Fortsetzung)

er die Präsidentschaftswahlen von 1965 im zweiten Wahlgang. 1972 schlossen sich unter seinem Einfluß Sozialisten, Kommunisten und Linksradikale mit einem gemeinsamen politischen Programm zur Union de la Gauche zusammen. Bei den Präsidentschaftswahlen von 1972 unterlag Mitterrand nur knapp, siegte aber 1981 überlegen mit knapp 52% der Stimmen über Giscard d'Estaing. Er realisierte ein umfangreiches Reformprogramm mit starken sozialen Komponenten und suchte Arbeitslosigkeit und Inflation mit einem konsequenten Sparpolitik einzudämmen. Nach dem Verlust der absoluten Mehrheit bei den Parlamentswahlen von 1986 mußte der Sozialist Mitterrand mit einer bürgerlichen Regierung unter Jacques Chirac zusammenarbeiten; im Mai 1988 wurde er als Staatspräsident wiedergewählt. Eines seiner politischen Hauptziele war es, die europäische Einigung weiter voranzubringen. Mitterrand starb am 8.1.1996 in Paris und wurde in seiner Heimatgemeinde Jarnac beigesetzt.

Michel Eyquem de Montaigne (1533–1592)

Michel de Montaigne, geboren (28.2.1533) und gestorben (13.9.1592) auf Schloß Montaigne in der Nähe von Saint-Emilion, ist einer der bedeutendsten französischen Schriftsteller und Denker im Zeitalter der Renaissance. Von Haus aus studierter Jurist und Verwaltungsfachmann, war er 1557–1570 Parlamentsrat in Bordeaux. 1571 zog er sich aus dem Berufsleben zurück und widmete sich auf seinem Schloß der Niederschrift seiner "Essais", die von scharf-distanzierter Beobachtung des Menschen ebenso geprägt sind wie von einem profunden Skeptizismus, der in die Frage "Que sais-je?" ("Was weiß ich?") mündet. Mit den Essais hat Montaigne eine neue literarische Ausdrucksform geschaffen.

Charles de Secondat de Montesquieu (1689–1755)

Sein vollständiger Titel lautet: Charles de Secondat de Montesquieu, Baron de la Brède et de Montesquieu. Das Schloß von La Brède bei Bordeaux, wo er am 18.1.1689 geboren wurde, ist der Stammsitz der Adelsfamilie, welcher der hochbegabte und weitgereiste Schriftsteller entstammte. Nach rechts- und geisteswissenschaftlichen Studien bekleidete er u.a. in Bordeaux etliche öffentliche Ämter, an die sich weite Reisen in fast alle europäischen Länder anschlossen. Das Hauptwerk des vielseitigen Denkers ist "De l'Esprit des Lois" ("Vom Geist der Gesetze", 1748), in dem der Staat, anknüpfend an antike Vordenker, nicht lediglich als Verwaltungssystem angesehen wird, sondern als Gesamtheit alles dessen, was Kultur im weitesten Sinne ausmacht.

François Rabelais (um 1494 bis 1553)

Eigentlich war er Kleriker, aber der Nachwelt ist er als Schöpfer wortgewaltiger, lebenspraller und von derbem Grobianismus wie von humanistischer Bildung übervoller Epen im Gedächtnis geblieben: François Rabelais, in La Devinière bei Chinon geboren, war zunächst in Fontenay-le-Comte Ordensbruder bei den Franziskanern, danach in Maillezais bei den weniger strengen Benediktinern, schließlich Weltgeistlicher und Arzt. Gestorben ist er am 9.4.1553 in Paris. Sein bekanntestes Werk ist die turbulente, ereignisreiche Geschichte vom Riesen Gargantua, seiner Frau Gurgelmilte und ihrem gemeinsamen Sohn Pantagruel, ein mehrbändiges Opus, das als böse Satire auf die Sitten der Zeit gedeutet wird.

Vinzenz von Paul (1581–1660)

Der Ordensgründer (franz. Saint Vincent de Paul) kam am 24.4.1581 in dem heute nach ihm benannten Ort nahe bei Dax zur Welt. In Paris, wo er seit 1608 Priester war und am 27.9.1660 gestorben ist, widmete er sich der seelsorgerischen und medizinisch-sozialen Betreuung der ländlichen Bevölkerung. Auf ihn gehen die Ordensgemeinschaften der Vizentinerinnen und der Lazaristen zurück, die sich noch heute karitativen Aufgaben widmen.

Armand-Jean du Plessis, Herzog von Richelieu (1585–1642)

Für den am 9.9.1585 in Paris geborenen Adelssproß war ursprünglich standesgemäß eine Militärkarriere vorgesehen, doch es kam anders: Der Herzog von Richelieu wurde 1606 in Luçon zum Bischof geweiht und hatte dieses Amt dort siebzehn Jahre lang inne, obwohl er seinen Amtsbezirk für den unerfreulichsten und schmutzigsten des ganzen Landes hielt. Danach war er vorübergehend Berater der Regentin Maria von Medici. Er fiel in Ungnade, konnte aber an den Hof zurückkehren, als Ludwig XIII. König geworden war. Dort bekleidete er bis zu seinem Tod das Amt des Premierministers im Staatsrat, was ihn zum mächtigsten Mann in Frankreich machte. Zu seinen Hauptzielen rechnete er die Beseitigung der hugenottischen Sonderrechte und die Überwindung der Bedrohung, die er in der Außenpolitik der spanischen Habsburger sah. Das erste Ziel erreichte er mit der Eroberung der hugenottischen Hochburg La Rochelle (die Episode wurde u.a. von Alexandre Dumas d.Ä. literarisch ausgeschlachtet). Politisch aufwendiger war es, die Habsburger und ihre Feinde gegeneinander auszuspielen, was schließlich in einem Bündnis mit dem protestantischen König Gustav II. Adolf von Schweden und der Kriegserklärung an Spanien (1635) gipfelte und damit auch den Ausgang des Dreißigjährigen Kriegs zugunsten Frankreichs beeinflußte. Innenpolitisch wichtig war die von ihm begründete Institution des Intendanten, des ersten Repräsentanten der Zentralmacht in den Provinzen; auch die Académie Française geht auf seine Initiative zurück. Gestorben ist er am 4.12.1642 in Paris.

Edmond de Rostand (1868–1918)

Der am 1.4.1868 in Marseille geborene Schriftsteller Edmond de Rostand lebte lange Zeit auf einem großzügigen Landgut bei dem Pyrenäenort Cambo-les-Bains; gestorben ist er am 2.12.1918 in Paris. Nach ersten Gedichtveröffentlichungen wandte er sich der Dramatik und Epik im Sinne der Neuromantik zu. Sein bekanntestes Werk ist das Versdrama "Cyrano de Bergerac" (1897), das um den gleichnamigen französischen Schriftsteller (1619–1655) kreist, aber ihn nicht historisch schildert.

Kunstgeschichte

Ursprünge

Die Relikte aus vor- und frühgeschichtlicher Zeit sind im hier beschriebenen Gebiet, dessen geologische Ausformung zum Teil erst in historischer Zeit erfolgt ist, eher spärlich. Allerdings sind in den prähistorischen Wohnhöhlen an der Nordflanke der Pyrenäen vereinzelt Werkzeugfunde zutage getreten.

Römerzeit

Nachdem die römische Kolonisation weit in den gallischen Westen vorgedrungen ist und zur Bildung der Provincia Aquitania geführt hat, entstehen in den Provinzmetropolen repräsentative Bauten, so in Burdigala (Bordeaux) ein Amphitheater (von dem allerdings fast nichts erhalten geblieben ist) oder in Mediolanum Santonum (Saintes) eine Arena und der Weihebogen des Germanicus.

Romanik

Mit dem Aufblühen der Klöster hält vor allem im Binnenland die Romanik Einzug. Ihr augenfälligstes Merkmal ist der Rundbogen. Im Sakralbau gewinnt der Typus der Basilika stark an Bedeutung, der auch in der Gotik vorherrschend bleiben wird. Die Basilika besitzt ein Mittelschiff, das die beiden Seitenschiffe überragt. Später kommen noch das Querhaus und ggf. weitere Seitenschiffe hinzu. Die Innenräume sind in ihrer asketischen Kargheit sehr wirkungsvoll; an den Kapitellen von Pfeilern und Säulen jedoch entfaltet sich oft eine reiche Ornamentik mit Pflanzen-, Tier- und Menschendarstellungen. Es entstehen kirchliche Bauwerke, die noch heute einen bedeutenden Teil der Sehenswürdigkeiten bilden: in Saintes die Abbaye aux Dames und die Kirche St-Eutrope (beide 11./12. Jh.), Notre-Dame-la-Grande (12. Jh.) und St-Hilaire-le-Grand (11. Jh.) in Poitiers oder St-Hilaire in Melle.

Plantagenêt-Stil

In Südwestfrankreich bildet sich ab 1150 mit dem Plantagenêt-Stil eine Sonderform der frühesten Gotik heraus. Aufgrund der engen Verflechtungen mit England konnte sich auch hier auf dem Kontinent die dortige Baukunst bemerkbar machen. Der Plantagenêt-Stil bevorzugt den sakralen Hallenbau; sein bestes Beispiel ist die Kathedrale St-Pierre zu Poitiers (12. bis 14. Jh.).

Gotik

Die sich seit dem 12. Jh. durchsetzende Gotik hat ihren Ursprung in der Normandie, und von dort breitet sie sich über die Ile-de-France weiter nach Süden und Südwesten aus. Während in der Romanik die Dachkonstruktion noch auf massigen, nur durch wenige kleine Fenster durchbrochenen Mauern ruht, wird in der Gotik mit der Einführung der Kreuzrippe die statische Voraussetzung dafür geschaffen, durch das sogenannte Strebewerk den Seitenschub des Gewölbes abzufangen und die Kräfte in das Fundament einzuleiten. Durch diese Skelettkonstruktion werden die Mauern entlastet und können fast ganz in große Fensterflächen aufgelöst werden. Die Proportionen verschieben sich; die Vertikale wird betont. Die schmalen, von Spitzbogen überwölbten hohen Kirchenschiffe lenken den Blick nach oben; Türen, Fenster und Wände zeigen reiches Maßwerk. Die Steinskulptur erlebt einen machtvollen Aufschwung, so an den Figurenportalen der Kirchen. Ein bedeutendes Bauwerk dieser Stilepoche ist die Kathedrale von Bayonne (13.–16. Jh.). Es wächst auch die Bedeutung des

Gotik (Fortsetzung)

Profanbaus. Wehrhafte Schlösser, stattliche Bürgerpalais und große Spitäler werden errichtet.
Je mehr sich die Gotik ihrem Ende zuneigt, desto raffinierter wird der Maßwerkschmuck, dessen Formensprache sich geradezu zum Selbstzweck entwickelt. So entsteht schließlich der "style flamboyant" ("flammender Stil"), der seinen Namen von den an Flammen erinnernden kunstvollen Ornamenten hat. Aus Stein und Holz entstehen Gebilde von filigraner Zartheit. Die Buchmalerei gewinnt in der Gotik an Bedeutung.

Renaissance

Auf seinen Feldzügen nach Italien hat Karl VIII. die dort um 1420 aufgekommene Renaissance kennengelernt. Tief von dieser Wiedergeburt der Antike beeindruckt, läßt er sein Stammschloß Amboise (an der Loire) in dem neuen Kunststil erweitern. Von hier breitet sich, namentlich in der Regierungszeit des baufreudigen Monarchen Franz I., der neue Stil im ganzen Land aus. Hat man sich bei den militärischen Zweckbauten vergangener Zeiten noch an strategischen, taktischen oder topographischen Gegebenheiten orientiert, so wandelt sich das Schloß jetzt zum repräsentativen Prunkbau (z.B. das Schloß in Cognac, wo Franz zur Welt gekommen ist).

Klassik

Zeitlich entspricht die französische Klassik etwa dem vor allem in Italien und Deutschland sich entwickelnden Barock. Da sie aber in bewußter und gewollter Abgrenzung gegenüber dem bewegten und bisweilen zur Überladenheit neigenden Barock eine eigenständige Entwicklung nimmt, in deren Verlauf sie stets eine größere Strenge und formale Disziplin behält, ist diese besondere Bezeichnung gerechtfertigt. In Südwestfrankreich verlagert sich der Schwerpunkt der Bautätigkeit, bedingt durch die Religionskriege, auf militärische Objekte. Vor allem ist hier der geniale Festungsbaumeister Sébastien le Prestre de Vauban zu nennen, der im Dienst der Krone Festungen in der charakteristischen Sternform mit Eckbastionen anlegte (z.B. in Blaye und Bayonne).

Das Zeitalter der Intendanten

Eine weitere eigenständige Entwicklung nimmt die Architektur im Zeitalter der Intendanten, also mit der stärkeren Bindung der Provinzen an die Zentralmacht und der damit einhergehenden wirtschaftlichen Prosperität. Im 18. Jh. erhält Bordeaux ein völlig neues Gesicht, und noch heute prägen die Bauten jener Zeit das Bild der Stadt.

19. und 20. Jh.

In der Architektur schließt sich an die Klassik der Historismus an, der sich in der Nachahmung verschiedener älterer Stile gefällt. Zwar erwacht so auch das Interesse an mittelalterlicher Kunst wieder, aber die Erneuerungsarbeiten an älteren Bauten geraten häufig zu schlimmen Verfälschungen.
Seit der Wende vom 19. zum 20. Jh. beginnt sich immer stärker eine Internationalisierung in Kunst und Architektur durchzusetzen. Die bildende Kunst durchläuft den Expressionismus ("Fauves"), Konstruktivismus, Kubismus und Surrealismus. Die wichtigsten Werke des Kunstschaffens befinden sich heute in den großen Museen Frankreichs.
Große Leistungen des Ingenieurbaus sind die Brücke über die Loire-Mündung bei St-Nazaire sowie die Brücken vom Festland zu den Inseln Noirmoutier, Ré und Oléron.

◂ *Das romanische Kirchenportal der Abbaye aux Dames in Saintes*

Die Landschaft in Zitaten

Geschichte von der schönen Melusine

Melusina erbauet das Schloß Lusinia

Acht Tage waren dem jungen Ehepaare in tausend Freuden verflossen, da erschien auf Melusinas Befehl eine große Menge von Handwerksleuten und Arbeitern und begannen ein Schloß zu bauen. In dem Bezirk, welchen Raimund von seinem Herren Vetter erhalten hatte, wurde die Waldung gelichtet, die schönsten Stämme wurden zu Bauholz verwendet und um den Felsen am Durstbrunnen ein tiefer Graben gezogen, denn auf jenem sollte das Schloß errichtet werden. Bald war auch die Grundmauer angelegt und der überaus starke und feste und dabei doch wunderbar schöne Bau schritt so schnell vorwärts, daß sich die Bewohner der Umgegend nicht genug verwundern konnten. Als aber das Schloß vollendet und auch inwendig auf das Prachtvollste ausgerüstet war, so daß Raimund mit seiner lieben Gemahlin es beziehen konnte, sprach Melusina: "Das Schloß soll nicht anders denn Lusinia heißen und soll zu meines Namens Gedächtniß bis in die spätesten Zeiten stehen!"

...

Indeß war eine ansehnliche Reihe von Jahren verflossen und Melusina hatte während derselben noch manchen stattlichen Bau anfangen und vollenden lassen. Sie baute das schöne Schloß Favet, den festen Thurm Mervent, die ansehnliche Stadt Portenach, das prächtige Schloß Larochelle, eine stattliche Brücke zu Soniets, sonderlich aber der Mutter Gottes zu Ehren ein großes und reich ausgestattetes Kloster, welches sie Malliers nannte.

...

Aus: G.O. Marbach, Volksbücher (1838)

Stendhal (eigentlich Henri Beyle)

Der Chevalier von Saint-Ismier

Es war im Jahre 1640. Richelieu herrschte über Frankreich, furchtgebietender denn je. Sein eiserner Wille und seine launische Überheblichkeit suchten die unruhigen Geister zu beugen, die sich dem Krieg und der Liebe mit Leidenschaft widmeten. Die Galanterie war noch nicht geboren. Die Religionskriege und die durch die Goldschätze des düsteren Philipp II. unterhaltenen Parteiungen hatten in den Herzen ein Feuer entfacht, das beim Anblick der Köpfe, die Richelieu fallen ließ, noch nicht erloschen war. Damals fand sich beim Bauern, beim Bürger und Edelmann noch eine Energie, die nach den zweiundsiebzig Jahren der Regierung Ludwigs XIV. in Frankreich verschwunden war. Im Jahre 1640 wagten die Franzosen noch, energisch Wünsche auszusprechen, aber auch die Tapfersten fürchteten den Kardinal. Sie wußten: Wer ihn beleidigt hatte und so unklug war, im Lande zu bleiben, war ihm verfallen.

Hierüber gab sich auch der Chevalier von Saint-Ismier, ein junger Offizier aus einer der vornehmsten und reichsten Familien des Dauphiné, ernsten Gedanken hin, als er an einem herrlichen Juniabend sinnend am rechten Ufer der Dordogne gegenüber dem Flecken Moulons ritt, nur von einem einzigen Diener begleitet. Er wußte: Wenn er sich in die Stadt Bordeaux

Stendhal
(Fortsetzung)

hineinwagte, hatte dort der Hauptmann Rochegude die Macht in Händen. Dieser Offizier war dem Kardinal mit Leib und Seele ergeben, und Saint-Ismier war der furchtbaren Eminenz trotz seiner fünfundzwanzig Jahre wohlbekannt, da er sich in den Kriegen gegen Deutschland ausgezeichnet hatte. Vor kurzem jedoch, als er im Palais einer Großtante wohnhaft gewesen war, die ihm ein großes Erbteil ausgesetzt hatte, war er auf einem Ball mit dem Grafen von Claix in Streit geraten, dem Verwandten eines normandischen Parlamentspräsidenten, der dem Kardinal treu ergeben war und in seinem Parlament die Interessen Seiner Eminenz verfocht. Diese Tatsache war in Rouen stadtbekannt und gab ihm mehr Macht und Ansehen als dem Gouverneur. Aus diesem Grunde hatte auch Saint-Ismier, nachdem er den Grafen um elf Uhr abends unter einer Laterne erstochen hatte, die Stadt schleunigst verlassen, ohne von seiner Tante Urlaub zu nehmen.

...

Saint-Ismier fuhr die Loire abwärts bis nach ... Die Städte umging er zu Fuße, im übrigen fuhr er Tag und Nacht in kleinen Fischerkähnen. Sein Diener mit seinen Pferden holte ihn erst in ..., einem Dörfchen in der Nähe von ..., ein. Von dort ritt er im Abstand von einer Meile an der Meeresküste entlang, und wenn man mit Fragen in ihn drang, so gab er zu verstehen, daß er ein armer protestantischer Edelmann sei, ein Verwandter der Aubignés, und als solcher Verfolgungen ausgesetzt. So gelangte er ungehindert bis ans Ufer der Dordogne. Ihm lag viel daran, nach Bordeaux zu reiten, doch fürchtete er, wie gesagt, daß der Kapitän Rochegude schon Befehl hätte, ihn zu verhaften.

“Der Kardinal zieht viel Geld aus der Provinz Normandie”, sagte er sich, “sie gehört zu denen, die durch unsere Bürgerkriege am wenigsten gelitten haben. Der Präsident Lepoitevin ist das Hauptwerkzeug aller seiner Gelderhebungen. Was fragt er nach dem Leben eines armen Edelmannes wie ich, wenn die Staatsräson ihm zuruft: ‚Geld, Geld und wieder Geld!'. Grade weil der Kardinal mich kennt, bin ich doppelt schlimm dran: ich habe keine Aussicht, vergessen zu werden.”

Trotzdem hatte Saint-Ismier so gewichtige Gründe, nach Bordeaux zu reiten, daß er seinen Weg am rechten Ufer der Dordogne auch nach ihrer Mündung in die Garonne fortsetzte und bei Nacht bis nach ... gelangte. Ein Schiffer setzte ihn mit seinem Diener und seinen Pferden auf das linke Ufer über. Dort traf er zu seinem Glück auf Weinhändler, die sich just vom Kapitän Rochegude einen Passierschein gekauft hatten, bei Nacht mit ihren Weinen nach Bordeaux zu fahren, da diese bei der großen Hitze am Tage verderben konnten. Der Chevalier hängte seinen Degen an eins ihrer Fuhrwerke und zog Schlag Mitternacht, eine Peitsche in der Rechten, in Bordeaux ein, mit einem der Weinhändler im Gespräch. Kaum waren sie in der Stadt, so ließ er einen Taler in die Tasche dieses Mannes gleiten, griff behend zu seinem Degen und verschwand ohne ein Wort um die nächste Straßenbiegung. Er ging bis zum Kirchplatz von Samt Michel; dort setzte er sich nieder.

“So bin ich denn in Bordeaux”, sagte er sich. “Was sag' ich, wenn die Wache mich zur Rede stellt? Haben diese Leute weniger Wein im Kopf als gewöhnlich, so hat es nicht viel für sich, wenn ich behaupte, ich sei ein Weinhändler. Die Antwort hätte man mir höchstens bei den Karren mit den Weinfässern geglaubt. Bevor ich meine Pferde zurückließ, hätte ich mir von meinem Diener einen Anzug geben lassen sollen, denn in meiner Kleidung kann ich nichts anderes sein als ein Edelmann; und bin ich das, so errege ich die Aufmerksamkeit des Rochegude, der mich ins Schloß Trompette wirft, und binnen zwei Monaten werde ich hier oder in Rouen öffentlich enthauptet. Mein Vetter, der Marquis von Miossens, ist sehr vorsichtig; wird er mir Obdach bieten? Weiß er nichts von meinem Duell in Rouen, so wird er zu Ehren meiner Ankunft Feste geben und all diesen Gascognern erzählen, ich sei ein Günstling des Kardinals. Weiß er, daß ich mich unbeliebt gemacht habe, so wird er nicht eher Ruhe geben, als bis er einen Boten zu Rochegude gesandt und mich denunziert hat. Ich müßte versuchen, ohne Wissen des Gatten zu der guten Marquise zu gelangen. Aber

Stendhal (Fortsetzung)

sie hat Liebhaber, und er ist so eifersüchtig, daß er sich, wie man sagt, spanische Duennen nach Paris hat kommen lassen. Wir haben ihn damit geneckt, daß sein Haus in Bordeaux bewacht sei wie ein Kastell. Und wie soll ich auch zu diesem – wie man sagt, prächtigen – Palais gelangen, da ich im Leben nie in jener Stadt war? Wie kann ich zu einem Vorübergehenden sagen: "Zeigen Sie mir das Hôtel de Miossens, aber sagen Sie mir, wie ich hineingelangen kann, ohne daß der Marquis es erfährt." Wahrhaftig, das ist kein verständiger Gedanke. Ebenso klar ist aber: Solange ich mich hier bei den ärmlichen Häusern aufhalte, die diese Kirche umgeben, habe ich keine Chance, das Palais meines Vetters zu finden, das sehr schön sein soll."

Vom Kirchturm schlug es die erste Morgenstunde. "Ich habe keine Zeit zu verlieren", sagte sich der Chevalier. "Warte ich bis zum Tage, ehe ich irgendein Haus betrete, so erfährt es der Rochegude. In diesen Provinzstädten kennt jeder jeden, besonders die Leute eines bestimmten Standes."

Der arme Chevalier wußte nicht, was er mit sich anfangen sollte, und irrte umher, ohne zu einem Entschluß zu kommen. Tiefe Stille herrschte in allen Straßen, durch die er kam.

"Aus dieser Klemme finde ich nie heraus", dachte der Chevalier. "Morgen abend sitze ich im Schloß Trompette. Es gibt kein Entrinnen."

Von fern erblickte er ein Haus, in dem Licht war. "Und wenn's der Teufel wäre", sagte er sich, "ich muß mit den Leuten dort drinnen sprechen."

Beim Näherkommen hörte er lauten Lärm. Er lauschte gespannt und suchte zu erraten, was das sein konnte, als plötzlich eine kleine Tür aufging und ein heller Lichtschein auf die Straße fiel. Er erkannte einen sehr schönen jungen Mann in prachtvoller Kleidung, die fast exaltiert schien. Jener hatte den Degen gezückt und schimpfte, sah aber nicht wütend aus, oder wenigstens war es nur eine affektierte Wut. Die Leute, die ihn umstanden, machten den Eindruck von Dienern und schienen ihn beschwichtigen zu wollen. Sie nannten ihn "Herr Graf".

Saint-Ismier war noch fünfzehn bis zwanzig Schritte von der Tür entfernt, aus der der helle Lichtschein kam, als der schöne junge Mann, der seit einer Weile auf der Türschwelle gestanden hatte, rasch hinaustrat. Dabei schrie er immerfort wie jemand, der sich ereifert, um sich zur Schau zu stellen, und fuchtelte wild mit seinem Degen, den er noch immer gezückt hielt. Ihm folgte ein anderer, der fast ebenso prächtig gekleidet war. Saint-Ismier blickte die beiden an, als der erste, den man den Herrn Grafen genannt hatte, ihn bemerkte. Im Nu stürzte dieser fluchend auf ihn los und wollte ihm mit seinem Degen quer durchs Gesicht fahren. Saint-Ismier war auf den Angriff nicht gefaßt. Er hatte sich bereits ein Kompliment für den schön gekleideten jungen Mann ausgedacht, um ihn zu fragen, wo das Hôtel de Miossens liege, und gab seinem Körper schon die leicht schwankende Bewegung eines Mannes, der den guten Weinen des Landes allzu eifrig zugesprochen hatte. Er fand es zugleich sehr lustig und weit sicherer, denjungen Edelmann wie ein Berauschter anzusprechen, und suchte schon ein gefälliges Lächeln aufzusetzen, als er den gewaltigen Degenhieb, zu dem der Graf ausholte, fast ins Gesicht bekam. Rasch hielt er den Arm vor und spürte, wie die Waffe dagegenschmetterte.

Er sprang zurück. "Man schlägt mich", sagte er zu sich. Zornrot zog er den Degen und griff den Beleidiger an.

"Ha, du willst Hiebe haben!" schrie der Graf. "Das kommt mir gerade recht. Jetzt kriegst du welche." Damit ging er auf Saint-Ismier los. Seine Hitzigkeit und Verwegenheit waren beispiellos.

"Gott verzeihe mir", sagte Saipt-Ismier zu sich. "Er will mir ans Leben. Nun heißt es kaltes Blut bewahren." Er wich mehrmals parierend zurück, denn der Edelmann, der dem Grafen folgte, hatte ebenfalls blankgezogen und versuchte, rechts an dem Grafen vorbei, den Chevalier zu treffen.

"Herrgott, sie wollen mir ans Leben", sagte sich dieser, indem er abermals zurückwich. Dabei nutzte er die Unvorsichtigkeit des auf ihn losstürmenden Grafen, um ihm eins in die Brust zu versetzen. Der Graf parierte den Stich mit einer Quartparade, die seine Degenspitze hob, und der Chevalier stach ihm sechs Zoll tief in das rechte Auge. Er fühlte, wie er auf etwas

Stendhal
(Fortsetzung)

Hartes traf; es war der innere Schädelknochen. Der Graf fiel tot zu Boden. Der Chevalier war so verblüfft über dies Ergebnis, daß er einen Augenblick zauderte, seinen Degen zurückzuziehen. Der Begleiter des Grafen versetzte ihm einen starken Hieb auf den Arm, und er fühlte sofort, daß ein Strom warmen Blutes ihm den Arm hinabrann. Nachdem er ihn verletzt hatte, begann der Mann aus Leibeskräften um Hilfe zu schreien. Acht oder zehn Personen eilten aus dem Wirtshause heraus, denn sie standen vor einem solchen, und zwar dem ersten von Bordeaux. Saint-Ismier erkannte deutlich, daß drei bis vier von diesen Leuten bewaffnet waren. Er lief davon, so schnell die Beine ihn trugen.
...

Aus: Chroniken und Novellen

Alexandre Dumas

Die Belagerung von La Rochelle

Die Belagerung von La Rochelle war eines der großen politischen Ereignisse unter der Regierung Ludwigs XIII. und eine der großen militärischen Unternehmungen des Kardinals. Und da gewisse Einzelheiten dieser Belagerung eng mit unserer Geschichte verflochten sind, empfiehlt es sich schon, daß wir ein paar Worte darüber verlieren.
Von den wichtigen Städten, die Heinrich IV. den Hugenotten 1598 im Edikt von Nantes als sichere Plätze angewiesen hatte, war nur noch La Rochelle übriggeblieben. Es handelte sich für den Kardinal also darum, dieses letzte Bollwerk des Calvinismus zu zerstören, jener gefährlichen Hefe, die unablässig neue Aufstände und Kriege gären ließ. Außerdem war dieser Hafen das letzte Einfallstor, das den Engländern in Frankreich offenstand; gelang es, den Hafen zu versperren, so vollendete der Kardinal das Werk der Jeanne d'Arc und des Herzogs von Guise.
Aber neben diesen Plänen des großen Staatsmannes, die der Geschichte angehören, muß der Chronist auch die kleinlichen Absichten des Liebhabers und eifersüchtigen Nebenbuhlers in Betracht ziehen: Richelieu hatte, wie man weiß, eine unglückliche Liebe für die Königin gehabt. Nun läßt sich nicht sagen, ob diese Liebe bei ihm nur ein politisches Ziel verfolgte oder ob sie eine jener tiefen Leidenschaften war, wie sie Anna von Österreich so vielen Männern ihrer Umgebung einflößte. Fest steht jedenfalls, wie wir schon früher bemerkt haben, daß der Herzog von Buckingham der Glücklichere war und bei mehreren Gelegenheiten, besonders bei der Geschichte mit den Diamantnadeln, den Kardinal grausam überlisten konnte, nicht zuletzt dank der Ergebenheit der drei Musketiere und dem Mut d'Artagnans. Für Richelieu ging es nicht nur darum, Frankreich von einem Feind zu befreien, sondern auch darum, sich an einem Nebenbuhler zu rächen. Im übrigen sollte diese Rache groß, glänzend und in jeder Beziehung eines Mannes würdig sein, der die Kräfte eines ganzen Königreichs als Waffe in seiner Hand vereinte. Richelieu wußte, wenn er England bekämpfte, so bekämpfte er Buckingham, und wenn er über England triumphierte, so triumphierte er über Buckingham, und wenn er gar England in den Augen Europas demütigte, so demütigte er Buckingham in den Augen der Königin.
Bei Buckingham, der natürlich ebenfalls die Ehre seines Landes in den Vordergrund schob, waren es ganz ähnliche Beweggründe; auch er verfolgte seinen persönlichen Racheplan; denn da er unter keinem Vorwand als Botschafter nach Frankreich hatte zurückkehren dürfen, so wollte er jetzt als Eroberer dort erscheinen.
Aus alledem ergibt sich nun die groteske Situation, daß der wirkliche Einsatz, um den es bei dieser blutigen Partie ging, die sich die beiden mächtigsten Königreiche jener Zeit aufgrund der Laune zweier verliebter Männer lieferten, nichts weiter war als ein Augenaufschlag der Anna von Österreich.

Aus: Die drei Musketiere (1844)

Kurt Tucholsky

Saint-Jean-Pied-de-Port: Die Basken

Ein Graf von Montmorency rühmte einst vor einem Basken das Alter seines Namens, seines Adels, seiner Familie, rühmte, von welch großen Männern er abstammte. Der Baske erwiderte: “Wir Basken, Herr Graf: wir stammen überhaupt nicht ab!”
So alt dünken sie sich. Sie haben es gut: man kann ihnen nichts beweisen. Man weiß nicht, wer sie sind, weiß nicht, woher sie stammen, was für eine Sprache das ist, die sie da sprechen – nichts. Denn kein Latein, keine romanische, keine nordische Sprache hilft dir hier. Eine Sprache, in der die Worte: “Wer durch diese Türe tritt, mag sich wie zu Hause fühlen”: “Atehan psatzen dubena bere etchean da” heißen – die ist für uns wohl nicht zu enträtseln. Es hat sie auch keiner enträtselt. Versucht habens viele. Eine unaufgeklärte wissenschaftliche Sache? Das läßt keinen deutschen Professor ruhen. So sehen wir denn eine ganze Reihe Deutscher unter den Forschern Euskal Herrias, wie die Basken ihr Land nennen: Wilhelm von Humboldt verstand und sprach baskisch, und Hübner, Uhlenbeck, Linschmann, der Begründer einer Baskischen Gesellschaft zu Berlin; Phillips, Schuchardt in Graz und viele andere haben an diesem Rätsel gearbeitet. Gelöst hats keiner. Es gibt da Schulen und Gruppen; erste Theorie: die Basken seien von Süden gekommen, zweite: sie seien vom Norden gekommen, dritte: sie seien Asiaten ... für alles gibt es Beweise, für nichts gibt es Beweise. Nur für eine traurige Sache gibt es ein Anzeichen: diese Sprache kann eines absehbaren Tages aussterben.
Zunächst bildet sie sich schwer fort. Sie formt keine neuen Wörter für neue Begriffe, und wenn die Basken ‘Bleistift’ sagen wollen, so müssen sie sich, da die Sprache das Ding nicht kennt, des französischen Wortes bedienen, dem sie die baskische Endung ‘a’ anhängen: “crayona”. Die alte Generation sprach nur baskisch, und ich habe Leute gesehen und ihnen zugehört, mit denen ich mich gar nicht verständigen konnte; die jüngere Generation versteht fast durchweg französisch und spricht also beides – aber es gibt schon junge Leute und ganze Dörfer, da ist es aus, und die baskischen Forscher unter den Franzosen schildern mit Trauer, wie man sie auf Forschungsreisen von einem Dorf ins andere geschickt hat: Ja, bei uns spricht man nicht mehr baskisch ... Aber vielleicht in Izaba ... Die Sprache kann erlöschen.
Die Rasse so bald nicht. Sie sind ungefähr fünfhunderttausend Leute, nicht mehr – vier Provinzen liegen auf spanischem Boden, drei auf französischem: Labourd, das ist die westlichste, mit Bayonne und Saint-Jean-de-Luz; Nieder-Navarra mit Saint-Jean-Pied-de-Port und Soule mit Mauléon. Die Basken kehren sich nicht an die bürokratische französische Departementseinteilung, die ja offiziell alle die schönen Namen wie Bretagne, Normandie überhaupt nicht kennt, sie nennen ihre Provinzen mit den alten Namen. Aber so stolz sie auf sich sind: es ist nichts Aggressives dabei, und eine ‘baskische Frage’ gibt es nicht. Hier will niemand erlöst werden, weil sich niemand bedrückt fühlt.
Der erste Eindruck ist, mitten im Gebirge: Seeleute. Für dieses Gefühl gibt es keine rationale Begründung; ihre Gesichter, ihre ruhige Art, sich zu geben, die selbstbewußte Kraft, die innere Freiheit – alles das läßt an das Meer denken, an Fischerboote und Hafenmenschen.
...
Dieses Land der Basken nun ist weich, angenehm, begrünt und wellig, soweit es vor den Pyrenäen in der Ebene liegt, wie überhaupt der Fuß dieses Gebirges das Schönste ist, was ich dort zu sehen bekommen habe, und das fast überall: von Bayonne bis Perpignan, vom Atlantischen Ozean bis zum Mittelländischen Meer. Les Basses-Pyrénées bergen noch genug Klüfte und schwierige Bergspitzen, davon hält sich der Landbesitz natürlich fern. Ihre Häuser sind geweißte Steinbauten unter zierartiger Verwendung von dunklen Holzbalken – die modernen Architekten haben diesen Stil für Villen und Landhäuser der Gegend adaptiert.

Aus: Ein Pyrenäenbuch (1927)

Bordeaux

Gottfried Benn

... Ich denke an Bordeaux. Natürlich war ich nicht völlig bewegungslos dorthin gelangt, vielmehr auf vier Rädern, ein großer Horchwagen. Eine sehr heiße Stadt. In der Ferne der Atlantik mit seinem durch nichts gestörten Blau, einer Färbung, von der man den Eindruck hatte, daß sie sich noch im Ausströmen vertiefte. Ein Café aus Marmor und Gold – ein Café für Dogen, riesige Räume, prunkvolle, hier sprangen die Ratten um die Tischfüße, große Tiere, der Kellner, den ich darauf aufmerksam machte, sagte beiläufig, was wollen Sie, die Stadt liegt nahe am Meer. Dann war gerade ein Kapellmeister am Ort, der dirigierte ohne Taktstock nur durch die Bewegungen des Rumpfes, die Serenade von Toselli gelang ganz wunderbar.
Eine ungeheuerliche Hitze, sehr übersteigert, dumpf wie aus den Pelzen von Hummeln. Wir sahen die Leute vorbeipromenieren, es war Sonntagabend, kleine Leute, Provinz, von diesen handelte niemand, – sie schufteten: in Kellereien, Fabriken, Büros, Krankenanstalten –, aber das war kein Handeln. Feuer aus Stein schlug keiner. Pfeile für Jagdzüge spitzten sie nicht. Sie schufteten und dachten. Handeln taten vielleicht ihre sogenannten Führer, also Narren und Sträflinge, für die floß allerdings diese Gegend auch über von patriotischen Beständen. Château Lafitte, und im Chapeau rouge die bekannten Rebhühner mit Trüffeln. Dafür treiben sie die Einwohnerschaft erst zur Volksvermehrung an, dann mußte für alle überflüssig Geborenen Arbeit beschafft werden, dann Märkte erobert, um die unnützerweise hervorgebrachten Waren wieder abzusetzen, und so verflocht sich ihre Lebensaufgabe von selbst in die große Harmonie. In dieser Weise bewegten sich die Jahre, dieser Eindruck entstand, in der heißen, weinbergumdufteten Stadt, dem alten römischen Burdigala und, in dieser Richtung gesehen, jedenfalls an diesem Abend, konnte ich darin keine Fruchtbarkeit, keine unerschöpfliche Gabe der Natur erblicken, sondern nur eine mangelhaft angewendete Vernunft, die sich weit von ihrem Sinn entfernte.
Wir waren von Les Sables d'Olonne gekommen, wo man Austern, über Royan, dem eleganten Bad an der Gironde, wo man Sardellen fischt, an dem Hafen vorbei, in dem sich einer dieser berühmten Handelnden flüchtig auf den Bellerophon begeben mußte, um für immer zu verschwinden. Freundliche Dörfer hatten wir kaum gesehen, aber jene kleinen Flecken, die Bourges, mit den aus Stein roh ausgeführten Wohnungen, fast ohne Fenster und ohne jeden ansprechenden Schmuck, umgeben von Obstbäumen, die aber der Üppigkeit und Überfülle ganz entbehrten, wie sie in gleicher Breite, an der Rhone und der Saône den Süden verkündeten. Dagegen sahen wir auf jenen isolierten Felsen die beherrschenden Schlösser mit den massenhaften, von Ringmauern umgebenen, vom Donjon, dem dicken Feudalturm, überragten Gebäuden, sowie den von niedrigen Pfeilern flankierten Toren, und wir begriffen vollkommen, wie diese Schlösser, welche den Namen Fels (la Roche) erhielten, wie La Roche Calais, La Roche Mareuil, La Roche Foucauld, La Roche Chouart, La Roche Beaucourt, La Roche sur Yon, La Roche du Main, La Roche Posay, La Rochefort, auf einer Strecke sich drängten, wie andere mit dem bescheidenen Namen Hügel (la Motte) sich begnügten, wie es endlich der la Tour auch nicht wenige auf derselben Strecke gab. So hatten wir die Vendée durchzogen, um im Lande Médoc den großen Seehandelsplatz zu gewinnen.

Aus: Der Ptolemäer (1949)

Über die Entstehung des Museums im Château Mouton-Rothschild

Philippe de Rothschild

Wir haben uns alle Freiheiten erlaubt. Alle Orte und Zeiten sind zugelassen. Natürliches Material, Stein, Holz oder Marmor. Einfacher Körper, Eisen oder Gold. Faden, Gewebe aus Wolle oder Seide. Tonerde, Glas. Die Materie, wie der Mensch sie sieht. Die Hand, die zur Tat wird. Auf diese Art sichtbar machen, wie der Mensch sich bemüht, das, was ihn quält, zu

Philippe de Rothschild (Fortsetzung)

fliehen und wiederzufinden. Zwischen Trägheit und Mißbrauch gibt die Phantasie eine Antwort, deren Strenge den Glauben an einen Determinismus weckt.
Nun ist alles schön geordnet; der Betrunkene von Rouault hängt neben jenen Bildteppichen aus dem fünfzehnten Jahrhundert mit den Figuren, die ihm gleichen. Hier finden sich die vergessenen Höhepunkte der Goldschmiedekunst. Launen der Fürsten Deutschlands, Englands und Mitteleuropas im sechzehnten und siebzehnten Jahrhundert, bestimmt für die großen Ereignisse im Leben, Geburten, Hochzeiten, Begegnungen. Dürer und Hieronymus Bosch legten sie in Ermangelung eines Besseren in die Hände der Heiligen Drei Könige. Glitzernde Gefäße für die Trinkgelage der Zünfte. Die von den Kreuzzügen und aus Indien mitgebrachten Kuriositäten – Schnecken, Muscheln, Kokosnüsse, Straußeneier –, die das Abendland auswählt und zur Geltung bringt. Die sogenannten Stilleben, friedliche Aufzeichnungen der Materialien und ihrer flüchtigsten Lichtschimmer. Der geniale Raumgestalter Richard Lippold, ein amerikanischer Bildhauer des zwanzigsten Jahrhunderts, ist gekommen und hat seine Fäden gespannt, die den Goldschmieden von Augsburg hätten dienen können. Abstrakte Linien, in denen man – wie er sagt – den aufsteigenden Saft spüren muß.
Endlich in ihren Glaskästen zur Ruhe gekommen alle Übertreibungen des Geschmacks, die Torheiten des Menschen in der Mode, die Verzauberung durch die Mythen oder Rituale. Die schöne Inschrift eines gotischen Kelchs: "Das Heil meiner Seele liegt in deinen Händen." Jeder Gegenstand scheint uns noch lebendig. Wenn ich über das Museum von Mouton nachdenke, scheint mir, zu seiner Verwirklichung, zur Entstehung dieses Begriffs sei es nötig gewesen, daß unter den drei Nahrungsmitteln Brot, Salz und Wein eines anspruchsvoller, ungestümer war als die andern. Der Wein. Er ist wählerisch, er braucht bestimmte, genau umgrenzte Orte, wo Erde und Himmel sich in Einklang befinden. Erfahrene, ausdauernde Hände. In seinem launischen Genuß ist er nicht nur eine Notwendigkeit. Er will bei allen Freuden dabeisein, den ernsten und den ausgelassenen. Er ist Vergnügen, Glück. Er ist Luxus. Luxus des Herzens, des Leibes, und des Geistes.

Fabel aus dem Bordelais

Der Teufel und der Wein

Es ist schon ein Elend: Überall muß der Teufel seine Nase hineinstecken. Ausgerechnet in den Weinbau mußte er sich einmischen, woraus den armen Schluckspechten arges Ungemach entstehen sollte. Und so ist es passiert:
Noah pflanzte eine Rebe. Satan, der alles sieht, sah auch das. Er trat auf Noah zu und fragte:
"Was machst du denn da, Alterchen?"
"Ich stecke ein knorriges Reis in die Erde. Wenn die Zeit reif ist, wird es herrliche Früchte tragen."
"Aha! Guck mal an!"
"Diese Früchte geben einen Saft, den die Menschen leidenschaftlich lieben."
"Wart mal", entgegnete der Teufel, "ich helf dir bei der Arbeit."
Als er das gesagt hatte, griff er sich ein Lamm, einen Löwen, einen Affen und ein Schwein, rupfte ihnen die Köpfe ab und goß ihr Blut an den Weinstock.
Und seither ist es so: Wer ein wenig Wein trinkt, wird sanft wie ein Lamm, dann mutig wie ein Löwe; wenn er weitertrinkt, dreist wie ein Affe, und wenn er dann immer noch weitersäuft, wälzt er sich im Dreck wie ein Schwein.

Jägerlatein

Diese Geschichte handelt von einem aus Castelnau, den ich gut gekannt habe. Er war nicht dumm, aber eher faul als fix. Er war freundlich, man konnte mit ihm reden, und er wußte manches. Sein Name war Adéma.

Sonnenuntergang über der Gironde.

Jägerlatein (Fortsetzung)

Einmal, zum Beispiel, war er draußen auf der Jagd. Es war zur Zeit der Zündnadelgewehre, glaube ich. Und damals kamen auch die Rohrstiefel auf, nach dem Krieg vierzehn-achtzehn. Er marschierte also los. Bald mußte er den Bach von Castelnau durchqueren und ging also ins Wasser. Im selben Augenblick sah er einen Hasen, der am Ufer lag, und gleichzeitig eine Schar Turteltauben, die im Geäst der Eichen saßen. Was nun? Er hatte nur einen Schuß. Wohl war die Flinte geladen, aber alles damit erlegen? ... Er schoß zuerst auf den Hasen, aber als die halbe Schrotladung aus dem Lauf gefahren war, riß er die Flinte hoch, und vom Himmel fielen die Tauben. So hatte er alles erbeutet. Aber mittlerweile war er im Schlamm eingesunken, und seine Stiefel waren dort steckengeblieben. So mußte er sie auch einstweilen zurücklassen. Er stopfte den Hasen in die Jagdtasche, sammelte die Tauben ein, zog mühsam seine verwaisten Stiefel aus dem Dreck und leerte sie aus. Aus jedem kam ein ganzes Pfund Aale zum Vorschein. Das nenne ich Glück im Unglück!

Aus: Alain Viaud, Récits et Contes Populaires du Bordelais (1981).

PIEDS
LOS AMIGOS

Reiseziele von A bis Z

Routenvorschläge

1. Von Nantes über Clisson nach La Rochelle

Streckenübersicht (ca. 150 km)

Die das westfranzösische Tiefland durchquerende Strecke (N 137) zieht von Nantes zunächst durch das fruchtbare Marschengebiet der Vendée und berührt dabei den Westrand der Heckenlandschaft des Bocage Vendéen; später durchquert sie das Marais Poitevin, die "Venise Verte" (= Grünes Venedig).

Hauptstrecke

Man verläßt *Nantes** in südlicher Richtung über die hier in mehrere Arme geteilte Loire. Weiter in Richtung Montaigu entweder mit dem lohnenden Umweg (10 km; D 117 ab Aigrefeuille-sur-Maine) über das reizvoll über der Sèvre gelegene Städtchen **Clisson** (Ruine eines Schlosses aus dem 13./14. Jh.) oder auf der direkten N 137, die hinter Saint-Jacques die Sèvre Nantaise überquert.

Bald hinter Montaigu zieht die Strecke nahe am Westrand des Bocage Vendéen entlang und hinter Chantonnay über das Tal des Lay hinweg.

Abstecher

Bei Sainte-Hermine erreicht man die nach La Roche-sur-Yon führende D 948, der man in nordwestlicher Richtung folgt. Nach 35 km gelangt man nach ***La Roche-sur-Yon**, der von Napoleon I. gegründeten Hauptstadt des Département Vendée mit ihrem berühmten Gestüt.

Abstecher

Wenn man bei Sainte-Hermine (s. zuvor) der N 148 in südöstlicher Richtung folgt, erreicht man auf langen Geraden nach 22 km den Ort ***Fontenay-le-Comte** mit schöner spätgotischer Kirche und dem Château de Terre-Neuve; 15 km nördlich abseits das malerische Städtchen Vouvant mit seiner romanischen Kirche.
Weiter auf langen Geraden in Richtung Poitiers (N 148). 31 km hinter Fontenay folgt an der Sèvre Niortaise die Stadt **Niort** mit der stattlichen Kirche Notre-Dame und dem mächtigen Wehrturm eines festen Schlosses. Weiter auf der N 11 über Saint-Maizent-l'Ecole und noch 50 km nach ****Poitiers**.

Hauptstrecke (Fortsetzung)

Hinter Sainte-Hermine (s. zuvor) zieht die N 137 durch das ***Marais Poitevin**, ein von der Sèvre Niortaise durchzogenes, teilweise trockengelegtes und agrarisch genutztes Sumpfgebiet. Die Route erreicht dann die große Hafenstadt ****La Rochelle**.

2. Von Nantes über Les Sables d'Olonne nach La Rochelle

Streckenübersicht (ca. 150 km)

Wer die Vendée näher kennenlernen will, fährt von Nantes, ggf. mit einem Abstecher auf die Insel Noirmoutier, über das Seebad Les Sables d'Olonne nach La Rochelle.

◀ *Die Einfahrt in den alten Hafen von La Rochelle wird von zwei mächtigen Türmen bewacht.*

Route 2 (Fortsetzung), Hauptstrecke

Man fährt zunächst wie in Route 1 auf der N 137 über Saint-Jacques bis La Sorinière, biegt hier rechts auf die D 178 ab und fährt, nahe am Lac de Grand-Lieu vorbei, durch flachwelliges, später hügeliges Gelände. Über Legé und Saint-Jean-de-Monts erreicht man die Brücke, die über das Watt auf die Insel *__Noirmoutier__ führt. Bis 1971 war die Insel nur auf dem ausschließlich bei Ebbe befahrbaren Passage du Gois zu erreichen.

An der von Saint-Jean-de-Monts küstennah nach Süden ziehenden D 38 folgt der betriebsame Fischerhafen **Saint-Gilles-Croix-de-Vie**; dann kommt man nach *__Les Sables-d'Olonne__, einer auch als Seebad vielbesuchten Stadt.
Nun fährt man auf der D 949 wieder landeinwärts, über **Talmont Saint-Hilaire** und weiter nach **Luçon** mit schöner Kathedrale.
Von Luçon führt die direkte Strecke über Champagné und durch das *__Marais Poitevin nach__ **__La Rochelle__.

3. Von La Rochelle nach Bordeaux

Streckenübersicht (ca. 190 km)

Hinter der sehr sehenswerten Hafenstadt La Rochelle fährt man nahe am Pertuis d'Antioche, einer ausgedehnten Bucht des Atlantischen Ozeans, entlang nach Rochefort und erreicht dann bald darauf bei dem modernen Seebad Royan die Gironde, die breite gemeinsame Trichtermündung von Garonne und Dordogne. Weiterhin führt die Strecke durch das Bordelais, das Gebiet der berühmten Bordeaux-Weine, zu der prächtig an der Garonne gelegenen Hafen- und Handelsstadt Bordeaux, die schon typisch südfranzösisches Gepräge zeigt.

Hauptstrecke

Von **__La Rochelle__ folgt man der N 137 nahe am Pertuis d'Antioche und später an einer Schlinge der Charente vorbei.
*__Rochefort__ ist eine an der Charente gelegene Hafenstadt mit interessantem Marinemuseum.

Abstecher

39 km östlich von Rochefort (N 739) liegt die kleine Stadt Saint-Jean-d'Angély mit den Ruinen einer 1568 von den Calvinisten zerstörten Benediktinerabtei.
17 km weiter nördlich erreicht man das Städtchen *__Aulnay__, auf dessen Friedhof das reiche Westportal der Kirche Saint-Pierre einen Blick verdient.

Abstecher

Ein lohnender Umweg von 35 km führt zwischen Rochefort und Royan über die alte Stadt *__Saintes__, die noch bedeutende Baudenkmäler aus Römerzeit und Mittelalter besitzt.

Hauptstrecke (Fortsetzung)

Von Rochefort nach Bordeaux wählt man die direkt nach Royan führende D 733. Auf dem Pont du Martrou überquert man die Charente Maritime, rund 25 km weiter die Seudre, an der sich Salzgärten hinziehen. Über den kleinen Hafen L'Eguille erreicht man das Seebad *__Royan__.

Variante

Wesentlich lohnender ist der um 12 km längere Weg nach Royan über Marennes, wobei man zunächst wieder die Charente Maritime überquert und dann durch das flache, sumpfige Marais de Brouage fährt.
*__Brouage__ ist eine einst am Meer gelegene kleine ehem. Marinegarnison, deren fast komplett erhaltene Ummauerung umwandert werden kann.
Marennes, ein auf einer erst in historischer Zeit landfest gewordenen Insel gelegenes Städtchen, ist ein bedeutendes Zentrum der Austernzucht. Vorgelagert ist die Insel **Oléron**, auf die eine Straßenbrücke führt.
Weiterhin überquert die D 738E die Mündung der Seudre; dann kommt man, an der Côte de Beauté entlang, zu dem modernen Seebad *__Royan__.

Hauptstrecke (Fortsetzung)

Die Weiterfahrt nach Bordeaux erfolgt entweder direkt auf der D 730 über Cozes oder auf der D 145, die nahe an der Gironde hinführt. Über Me-

Routen an der französischen Atlantikküste
© Baedeker
R1
Routenvorschlag (Nr.)
Etappenort
Routenverlauf
* besonders bemerkenswert
** einzigartige Sehenswürdigkeit
Tours
R4
* Nantes
* Noirmoutier
R1
R2
* Les Sables d'Olonne
** Pouzauges
La Roche-sur-Yon
** Poitiers
* Fontenay-le-Comte
R2
* Marais Poitevin
R1
* Melle
R4
* Ré
** La Rochelle
* Rochefort
* Aulnay
** Oléron
* Brouage
R3
* Saintes
* Royan
* Cognac
* Angoulême
** Talmont
R3
R4
* Blaye
** Médoc
** Saint-Emilion
** Bordeaux
R5
** Arcachon
* Agen
** Landes
R5
** Hossegor
* Auch
** Biarritz
* Bayonne
* Sauveterre-de-Béarn
* Saint-Jean-de-Luz
** Pau
R6
** Côte Basque
* Cambo-les-Bains
* Oloron-St-Marie
** Lourdes
ANDORRA

Route 3 (Fortsetzung)

schers-sur-Gironde erreicht man den hoch über dem Wasser gelegenen Ort **Talmont** mit seiner charakteristischen romanischen Kirche.
Im weiteren Verlauf kommt man über Mirambeau zu der einstigen Festungsstadt ***Blaye**. Dann bei Saint-André-de-Cubzac über die Dordogne und auf dem bis 55 m hohen Pont d'Aquitaine zum Stadtzentrum von **Bordeaux**.

4. Von Tours über Poitiers nach Bordeaux

Streckenübersicht (ca. 350 km)

Die Route (N 10) führt von Tours (außerhalb des in diesem Reiseführer beschriebenen Gebiets) zunächst durch die Touraine, dann durch die anmutigen Täler der Vienne und des Clain in die fruchtbare Landschaft des Poitou. Weiter geht es durch die alte Landschaft des Angoumois und schließlich durch das weinberühmte Bordelais zu der an der Garonne gelegenen Hafen- und Handelsstadt Bordeaux.

Hauptstrecke

Man verläßt Tours in südlicher Richtung, überquert den Cher und fährt auf langen Geraden durch die Touraine. Nach insgesamt 70 km kommt man nach **Châtellerault** und damit in das in diesem Reiseführer beschriebene Gebiet. Über die Vienne und am Wald von Châtellerault entlang nähert man sich ****Poitiers**, der ehem. Hauptstadt des Poitou, mit ihren vielen alten Kirchen.
Die N 10 führt weiter ziemlich gradlinig nach Süden und erreicht nach gut 100 km ***Angoulême**, die auf einer Anhöhe gelegene alte Hauptstadt des Angoumois. Weiter geht es durch die Weinberge der Charente nach Südwesten ins Bordelais und nach ****Bordeaux**.

5. Von Bordeaux über Bayonne nach Biarritz

Streckenübersicht (ca. 200 km)

Die in den südwestlichen Teil Frankreichs führende Route (N 10) durchquert hinter Bordeaux das dünn besiedelte Wald- und Heidegebiet der Landes und erreicht dann über die alte baskische Stadt Bayonne das berühmte Seebad Biarritz. Dort beginnt die prächtige ****Côte Basque**, an deren Felsen der Atlantik brandet.

Hauptstrecke

Von ****Bordeaux** geht es in südlicher Richtung auf langen Geraden auf einer Strecke von ca. 150 km durch die ****Landes**, die großenteils von Kiefernforsten bedeckt sind. An der Südspitze der Landes erreicht man ***Bayonne** und das noch heute weitgehend vom 19. Jh. geprägte mondäne Seebad ****Biarritz**. Südlich von ***Saint-Jean-de-Luz** verläuft die französisch-spanische Grenze.

Variante

Man verläßt ****Bordeaux** nicht in südlicher, sondern in südwestlicher Richtung auf der breiten, schnurgraden N 250, die quer durch die ****Landes** zieht. Bei Facture lohnt ein Abstecher nördlich um das Bassin d'Arcachon herum zum Cap Ferret.
Die N 250 erreicht hinter Facture das Südufer des Bassin d'Arcachon und die auf einer breiten Halbinsel gelegene, als Seebad besuchte und wegen ihrer umfangreichen Austernzucht berühmte Stadt ****Arcachon**.
Südwestlich der Stadt durchquert die Strecke etliche an der Côte d'Argent gelegene Seebäder und erreicht Pyla-sur-Mer mit der Dune du Pilat, der größten Wanderdüne Europas.
Etwas abseits der Meeresküste zieht die Strecke an den Orten Biscarrosse, Mimizan und **Hossegor** vorüber, die alle im Westen über gute Sandstrände verfügen. In ***Bayonne** erreicht man wieder die Hauptstrecke.

Variante

Eine zweite Streckenvariante (N 113) führt von ****Bordeaux** durch das Landesinnere. Man fährt zunächst am westlichen Ufer der Garonne stromaufwärts. Bei Langon entfernt sich die Straße (jetzt D 932) vom Fluß und tritt in

Route 5 (Fortsetzung)

den östlichen Teil der **Landes** ein. Über Roquefort gelangt man nach **Mont-de-Marsan**, wo sich Midour und Douze zur Midouze vereinen.
Weiter führt die N 124 südwestlich am Rand der Landes hin nach dem renommierten Thermalbadeort **Dax**, ehe sie sich bei ***Bayonne** wieder mit der Hauptstrecke vereint.

6. Von Bayonne nach Pau und Lourdes

Streckenübersicht (ca. 130 km)

Die Route führt vom Golfe de Gascogne (Golf von Biskaya) am Nordrand der Pyrenäen entlang durch die einstigen Grafschaften Béarn und Foix.

Hauptstrecke

Von ***Bayonne** überquert man auf der N 117 zunächst den Adour und fährt durch hügelige Gegend am Südrand der ****Landes** entlang. Am Gave de Pau liegt das Städtchen **Peyrehorade**, überragt von der Ruine des Schlosses Aspremont. Weiter geht es im Tal des Gave de Pau aufwärts in die einstige Grafschaft Béarn.
Orthez war Station am Pilgerweg nach Santiago und von 1194 bis 1460 Hauptstadt des Béarnais.
Auch weiterhin folgt die Route dem Gave de Pau und erreicht nach 40 km die prächtig vor der Pyrenäenkette gelegene Stadt **Pau**.
Südöstlich von Pau wendet sich die Strecke (D 937) in die Pyrenäen. Bei Bétharram lohnen die gleichnamigen Grotten einen Besuch; die Route endet in dem berühmten Wallfahrtsort ****Lourdes**.

Reiseziele von A bis Z

Agen

D 5

Département: Lot-et-Garonne
Höhe: 48 m ü.d.M.
Einwohnerzahl: 30 000

Lage und Allgemeines

Agen, das Aginum der Römer und heute Verwaltungssitz des Département Lot-et-Garonne, gehörte im frühen Mittelalter zu Aquitanien und später zur Gascogne, mit der es 1152 an das Haus Plantagenêt und somit an die englische Krone fiel. Bis zum Ende des Hundertjährigen Kriegs blieb die Stadt umstritten, gehört aber seit 1453 zu Frankreich. Sie liegt in der fruchtbaren Ebene der Garonne, die vor allem Frühgemüse hervorbringt.

Landwirtschaft

Im ganzen Land sind die Pflaumen von Agen, aus denen auch allerlei süße Leckereien bereitet werden, hochgeschätzt. Im Pays des Serres, zwischen Garonne und Lot gelegen, gedeihen Obst und Frühgemüse ("primeurs"), die wegen ihrer hohen Qualität begehrt sind.

Altstadt

Cathédrale Saint-Caprais

Im nördlichen Teil der Altstadt erhebt sich die Kathedrale, deren älteste Teile auf das 12. Jh. zurückgehen. An den mächtigen Vierungspfeilern sind schöne skulpturengeschmückte Kapitelle zu sehen; auch im Kreuzgang (nur mit Führung) befinden sich beachtenswerte Kapitelle.

Bürgerhäuser

Von der Kathedrale südlich gelangt man, am Hôtel Amblard (18. Jh.; etwas abseits) und an der Maison du Sénéchal (gotisch, 14. Jh.) vorbei, zur Place Docteur Pierre Espirol (Marktplatz) mit dem 1666 errichteten Rathaus.

*Musée des Beaux-Arts

In dem nahegelegenen, aus drei stattlichen Gebäuden des 16./17. Jh.s bestehenden Komplex ist das Musée des Beaux-Arts (Kunstmuseum; geöffnet Mi.–Mo. 11.00–17.00 Uhr) eingerichtet.
Im Keller (einst Gefängnis) sind die Mineralienabteilung und regionale Funde aus prähistorischer Zeit ausgestellt; im Erdgeschoß sind Exponate aus der Römerzeit und dem Mittelalter (darunter die berühmte "Venus du Mas" aus dem 1. Jh. n. Chr.) zu sehen.
Ein Hauptanziehungspunkt sind die im ersten Stock befindlichen Gemälde von Francisco de Goya, der seit 1824 in Südwestfrankreich gelebt hat. Beachtung verdienen außerdem die Werke der Fayence- und Glaskunst.
Im zweiten Obergeschoß schließlich ist die Kunst des 19. und 20. Jh.s vertreten, u.a. mit den regional bedeutenden Malern Roger Bissière und Maxime Lalanne.

Rue Montesquieu

In nord-südlicher Richtung wird die Innenstadt von der Rue Montesquieu durchzogen, an der die aus Ziegel- und Natursteinmauerwerk errichtete Kirche Notre-Dame du Bourg (13. Jh.) steht. Aus dem 18. Jh. stammt das nahe Hôtel Escouloubre.

Aïnhoa

→ Cambo-les-Bains

Aix (Ile d'Aix) B 3

Département: Charente-Maritime
Fläche: 135 ha
Bewohnerzahl: 200

Lage und Allgemeines

Die kleine Ile d'Aix liegt vor der Stadt Rochefort im Pertuis d'Antioche, einer Meeresbucht, die im Osten vom Festland, im Westen von der Insel Oléron begrenzt wird. Historisch ist sie als vorübergehender Aufenthaltsort

In der Maison Napoléon sind Erinnerungsstücke an den Kaiser ausgestellt.

von Napoleon I. bekannt, der von hier zu seinem endgültigen Verbannungsort, der britischen Insel St. Helena, kam. Auch später diente Aix als Gefängnisinsel; hier war u.a. Achmed Ben Bella, der nachmalige erste Präsident des unabhängigen Algerien, inhaftiert.

Von wirtschaftlicher Bedeutung ist neben dem Ausflugstourismus vor allem die Austern- und Muschelzucht.

Anreise

Es gibt eine ganzjährige Schiffsverbindung von dem kleinen Hafenort Fouras (nördlich von → Rochefort; ca. 30 Min.); in der Urlaubssaison verkehren auch Schiffe von den Inseln → Ré und → Oléron sowie von La → Rochelle.

Hinweis

Auf Aix sind nur gewerbliche Kraftfahrzeuge zulässig.

Inselhauptort von Aix

Der Hauptort, auf dem südlichen Zipfel von Aix gelegen, ist von den Wallanlagen einer alten Festung umzogen und zeigt auch im Innern das Gepräge einer kleinen Garnisonstadt.

Maison Napoléon

Die Maison Napoléon, der letzte Aufenthalt des Kaisers auf französischem Boden (Juli 1815), ist heute als Museum zugänglich; ausgestellt ist eine große Zahl von Erinnerungsstücken (Mobiliar, Porträts, Waffen u.a.).

Musée Africain

Unmittelbar südöstlich erreicht man das Musée Africain, in dem etliche Dioramen afrikanische Tiere zeigen. Seit 1933 kann man hier auch das Präparat des weißen Dromedars sehen, das Napoleon auf seinem Afrika-Feldzug als Reittier diente.

Saint-Martin

Wenige Schritte östlich der Museen erreicht man die Kirche Saint-Martin, den Rest einer cluniazensischen Benediktinerabtei. Beachtung verdient die aus dem 11. Jh. stammende Krypta. Benachbart ist eine kleine Manufaktur, wo aus Muschelschalen origineller Schmuck gefertigt wird.

Fort de la Rade

In südlicher Richtung gelangt man über die Place d'Austerlitz, den einstigen Exerzierplatz, zum fast gänzlich von Wasser umschlossenen Fort de la Rade, das nach Plänen von Vauban errichtet, aber 1757 durch englische Truppen schwer beschädigt wurde. Napoleon ließ es erneuern.

Angoulême D 4

Département: Charente
Höhe: 72 m ü.d.M.
Einwohnerzahl: 43 000

Lage und Allgemeines

Angoulême, einst Hauptstadt der Grafschaft Angoumois und heute Verwaltungssitz des etwa flächengleichen Département Charente, liegt schön auf einem Höhenrücken über der Charente. Die aus der Römersiedlung Encolisma hervorgegangene Stadt wurde in den Religionskriegen (16. Jh.) schwer in Mitleidenschaft gezogen.
In Angoulême wurde 1492 Margarete von Valois, Schwester Franz' I. und nachmals Königin von Navarra, geboren.

Sehenswertes in Angoulême

Die großenteils noch mauerumgürtete Altstadt erstreckt sich südlich vom Fluß, von dem die Avenue de Cognac aufwärts führt. Man besichtigt die Oberstadt am besten zu Fuß; Parkmöglichkeit bietet sich z.B. beim Rathaus.

Hôtel de Ville

Das stattliche Hôtel de Ville (Rathaus), der Mittelpunkt der Innenstadt, wurde 1858–1866 an der Stelle des Herzogsschlosses in historisierenden Formen der Gotik und Renaissance errichtet; von der Residenz sind noch die Tour Polygone (13. Jh.; schöner Rundblick) und die Tour de Valois (15. Jh.) erhalten, in denen sich eine permanente Ausstellung zur Stadtgeschichte befindet. Im Garten steht eine Statue der Margarete von Valois.

*Cathédrale Saint-Pierre

Vom Rathaus führt die Avenue Clemenceau zu den Festungsmauern; vom Rempart Desaix hat man einen schönen Panoramablick nach Südwesten. Dann erreicht man die weithin sichtbare Kathedrale. Der dem hl. Petrus geweihte Bau gehört zu den eigenartigsten romanisch-byzantinischen Kirchen Frankreichs; er ist 1105–1128 errichtet und 1630–1654 erneuert worden; im 19. Jh. erfolgte eine weitere Restaurierung.

Besonders eindrucksvoll ist die Westfassade mit perfekter architektonischer Gliederung und reichem bauplastischem Schmuck (Darstellung von Christi Himmelfahrt und dem Jüngsten Gericht mit über siebzig Figuren). Das Innere, ein kreuzförmiger Saalbau, wird von vier Kuppeln überwölbt. Die Kapitelle im Chorbereich stammen teilweise noch aus dem 9. Jh.; sie zeigen Pflanzenornamente.

Cathédrale Saint-Pierre (Fortsetzung)

Nordöstlich hinter der Kathedrale ist im einstigen Bischofspalais (12. und 15. Jh.) das städtische Kunstmuseum (geöffnet Mo.–Sa. 12.00–18.00, So.14.00–18.00 Uhr) eingerichtet, zu dessen Beständen Gemälde aus dem 16.–20. Jh. sowie vor- und frühgeschichtliche Funde und afrikanisch-ozeanische Kunst gehören.

Musée des Beaux-Arts

Von der Kathedrale bzw. dem Museum geht man östlich zurück in Richtung Palais de Justice. In den Seitenstraßen steht eine Anzahl stattlicher Palais aus dem 18. Jahrhundert. Nördlich vom Justizpalast bemerkt man die ursprünglich aus dem 15. Jh. stammende gotische Kirche Saint-André mit schönen Gemälden aus dem 16.–19. Jh. und einem Altar in Barockformen.

Stadtpaläste

Auch von den Festungswällen, welche die Altstadt nördlich gegen das Ufer der Charente abriegeln, bietet sich ein lohnender Blick.

Festungswälle

Außerhalb der Oberstadt, an der Einmündung der Avenue de Cognac (vgl. oben) in die Rue de Bordeaux, befindet sich das Centre National de la Bande Dessinée et de l'Image (Nationales Zentrum der Comics und Zeichnungen; geöffnet Di.–Fr. 10.00–18.00, Sa. und So. 14.00–18.00 Uhr), das 1991 eröffnet wurde. Auf rund 6000 m^2 zeigt es mehr als viertausend Originalzeichnungen zu fast der gesamten französischen Comic Produktion seit 1945; die Präsenzbibliothek umfaßt nahezu 10 000 Comic-Bände.

*Musée de la Bande Dessinée

Unmittelbar gegenüber dem Comic-Museum lohnt das Atelier-Musée du Papier (Papiermuseum; geöffnet Di.–So. 14.00–18.00 Uhr) einen Besuch. In der ehem. Zigarettenpapierfabrik “Le Nil” eingerichtet, zeigt es seit 1988 eine Vielfalt von Gegenständen, Werkzeug und Dokumenten zur Papiermanufaktur im Angoumois, außerdem eine Darstellung der einzelnen Fabrikationsschritte. Im Obergeschoß finden wechselnde Ausstellungen zum Thema statt.

Atelier-Musée du Papier

Östlich unmittelbar außerhalb der Oberstadt hat an der Rue Montmoreau die Archäologische Gesellschaft (geöffnet Mi.–Mo. 14.00–17.00 Uhr) ihr Domizil. Sie stellt bemerkenswerte Funde aus vor- und frühgeschichtlicher sowie gallo-römischer Zeit aus, ferner schöne Emailarbeiten aus dem Limousin.

Musée Archéologique

La Rochefoucauld

Das 1528 erbaute Schloß ist Stammsitz der Herzöge von La Rochefoucauld. Der berühmteste Sproß dieses Geschlechts war der Aphoristiker François VI. de La Rochefoucauld (1613–1680). Der Innenhof wird von schönen Renaissance-Arkaden eingefaßt; ferner sind einige Innenräume mit historischem Mobiliar zu sehen (Juni–September täglich geöffnet).

Lage 20 km nordöstlich von Angoulême

Der Karmeliterkonvent wurde 1329 gegründet; in dem ausgezeichnet erhaltenen Kreuzgang befindet sich ein Vorgeschichtsmuseum.

Couvent des Carmes

Einen Blick verdient auch die aus dem 17. Jh. stammende ehem. Apotheke, die im Rahmen eioner Führung besichtigt werden kann.

Apotheke

◀ *Die Kathedrale Saint-Pierre in Angoulême gehört zu den besten Beispielen romanisch-poitevinischer Baukunst*

Arcachon B 5

Département: Gironde
Höhe: Meereshöhe
Einwohnerzahl: 12 000

Lage und Allgemeines

Arcachon, eines der ältesten und renommiertesten Seebäder an der Côte d'Argent (→ Landes), liegt am südwestlichen Ufer des Bassin d'Arcachon, einer tief in die sandige Ebene eingreifenden Bucht. Haupterwerbszweige der Bevölkerung sind neben dem Tourismus der Fischfang und vor allem die Austernzucht.

Geschichte

Arcachon ist eine verhältnismäßig junge Stadt. Zwar führt die örtliche Überlieferung die Gründung auf den sagenhaften Mönch Thomas Illyricus zurück, doch die Realität sah wesentlich nüchterner aus: Als um die Mitte des 19. Jh.s der Vergnügungstourismus sich zu entfalten begann, legte man eine Eisenbahnlinie an, welche die Bürger von Bordeaux rasch und bequem auf schnurgerader Strecke nach La Teste, ihrem bevorzugten Seebad, bringen sollte. Arcachon begannn sich sprunghaft zu entwickeln; Sommervillen und Hotels schossen aus dem Boden, und bald war das beschauliche La Teste vereinnahmt.
Schon damals unterteilte man Arcachon in die "Ville d'Eté", die am feinsandigen Strand gelegene Sommerstadt, wo sich das gesellschaftliche Leben konzentrierte, und die etwas erhöht und abseits vom Wasser sich ausbreitende "Ville d'Hiver", wo wohnte, wer es sich finanziell leisten konnte. Und dieser Dualismus besteht bis heute fort.

Ville d'Eté (Sommerstadt)

Front de Mer

Die im wesentlichen modern geprägte Sommerstadt nimmt den flachen Landvorsprung ein, der sich etwas in die Mündung des Bassin d'Arcachon hinausschiebt. Die Hauptstraßenzüge verlaufen parallel zum Strand, an dem sich rund 5 km weit eine schöne, breite Promenade hinzieht.

Notre-Dame

Die westlichste Mole im Zentrumsbereich ist die Jetée de la Chapelle, die vom Boulevard de la Plage ausgeht. Ihre landseitige Verlängerung endet bei der Chapelle Notre-Dame, einer kleinen Seefahrerkirche aus dem 19. Jh., die eine große Zahl von Votivgaben birgt.

Strandpromenade

Etwa in der Stadtmitte liegt nördlich am Boulevard de la Plage die Place Thiers. Jenseits des hübsch gestalteten kleinen Platzes laufen der Boulevard Gouinouilhou (links) und der Boulevard Veyrier Montagnères (rechts) parallel zum Strand hin; gegenüber vom Platz führt eine lange Mole hinaus, von deren Ende man die weite Bucht und deren nördliches Ufer überschaut.

Bootsexkursionen

Etwas weiter östlich ragt ein Bootssteg ins Wasser, an dem die nach Cap Ferret oder zu den Austernparks und der Ile aux Oiseaux (Vogelinsel; Schutzgebiet) verkehrenden Boote anlegen.

Aquarium

Gegenüber dem letzgenannten Anlegesteg befindet sich das Aquarium (geöffnet tägl. 10.30–12.00 und 14.00–19.00 Uhr), in dessen rund dreißig Becken man die Tierwelt der Bucht kennenlernen kann. Angegliedert ist ein Museum, das eine reiche Sammlung präparierter Tiere sowie eine archäologische Abteilung besitzt und zudem über die Austernzucht unterrichtet.

Musée de la Maquette Marine

Stadteinwärts, am Boulevard Maréchal Leclerc (Nr. 19), hat der aus der bretonischen Hafenstadt Saint-Malo stammende Privatmann Bernard Fouère in seinem Schiffsmodellmuseum (geöffnet April–Okt. Mi.–Mo. 14.00 bis 18.00, Juli/Aug. tägl. 10.00–12.30 und 15.00–19.00 Uhr) rund 160

Baedeker Special

Extravaganz oder Volksnahrung?

Den meisten Binnenländern gilt die Auster als Delikatesse für Begüterte, und bisweilen haftet der Kombination von Austern und Champagner sogar etwas leicht Verruchtes an. Dabei gehören die Austern zu den ältesten Speisen der Menschheit. Das beweisen schon die strandnahen skandinavischen Kjökkenmöddinger – diese riesigen vorgeschichtlichen Muschelhaufen zeugen von ausgedehnten Austerngelagen unserer Vorfahren.

Schon seit der Römerzeit werden die Austern in künstlich angelegten Muschelparks gezüchtet. Bis in die zwanziger Jahre unseres Jahrhunderts war die runde Europäische Auster an den französischen Küsten am weitesten verbreitet. Dann allerdings wurden die Bestände durch eine Krankheit fast völlig vernichtet. Durch einen Zufall wurde die so entstandene ökologische Nische wieder besetzt: Ein mit Austern aus Portugal beladenes Schiff war 1868 in der Gironde auf Grund gelaufen, und die Mannschaft mußte bald die leichtverderbliche, übel duftende Fracht über Bord gehen lassen. Was davon noch Lebenskraft besaß, pflanzte sich in der neuen Umgebung fort, und heute stellen die Portugiesische Auster (Crassostrea angulata) und die noch robustere, raschwüchsige Japanische Auster (Crassostrea virginica) den Löwenanteil an allen französischen Speiseaustern. Die als feiner geltende Europäische Auster (Ostrea edulis) ist selten und wird teuer bezahlt.

Heute werden allein in der Region von Marennes und Oléron in rund 2500 Züchtereien fast die Hälfte aller französischen Austern (huîtres; ca. 5000 t jährlich) produziert, und an den flachen Küsten im Gezeitenbereich gibt es vielerorts riesige Austernparks. Hier werden zunächst die sog. Collecteurs ausgelegt: an Drähten aufgereihte Muschelschalen, Ziegelscherben o.ä., auf denen sich die zunächst frei im Wasser schwebenden Austernlarven festsetzen. Im Verlauf eines Jahres entwickeln sie sich zu "Saataustern", die dann vom Substrat gelöst und in Zuchtparks, später in den Mastparks ("claires") zur Marktreife gebracht werden.

An den Flachküsten kann man überall direkt beim Erzeuger günstig Austern kaufen (die Schalenhälften müssen fest geschlossen sein!). Das Öffnen ist mit etwas Übung kein Problem: Man nimmt die Auster – tiefe Schale nach unten – in die linke Hand, die man durch ein mehrfach zusammengelegtes Küchentuch schützt (Profis verwenden oft einen stählernen Kettenhandschuh). Dann setzt man den Austernbrecher (ein kurzes, kräftiges Spezialmesser) zwischen den Klappen an und durchtrennt den Schließmuskel direkt an der flachen Klappe. Dabei achte man darauf, das in der unteren Schale befindliche Meerwasser nicht zu verschütten. Zu rohen Austern paßt ein ganz trockener Weißwein und eine knusprige Baguette. Ob man den Muscheln ein paar Tropfen Zitronensaft zusetzt oder sie naturell verzehrt, ist Geschmackssache.

Am Hafenkanal von La Teste stehen die Hütten der Fischer und Austernzüchter.

Musée de la Maquette Marine (Fortsetzung)

Modelle von Wasserfahrzeugen aller Art zusammengetragen. Hauptattraktion des Museums ist ein 150 m langes Diorama, das den Betrieb in einem Großhafen veranschaulicht. Besonders eindrucksvoll ist die Ton- und Lichtshow.

Ville d'Hiver (Winterstadt)

In die kiefernbedeckten Hügel des Hinterlandes dehnen sich die Villengrundstücke der Winterstadt, die mit ihrem ruhigen nostalgischen Charme einen kräftigen Kontrast zur betriebsamen Sommerstadt bilden.

Östliche Stadtteile

La Teste

Weiter östlich schließen sich die eher gewerblich geprägten Stadtteile an. La Teste, die Keimzelle des Seebads Arcachon, ist heute der Fischer- und Austernhafen der Stadt. Entlang dem Hafenkanal stehen dicht an dicht die Häuser der Muschelzüchter, wo man gut und preisgünstig Austern kaufen kann.

La Hume Village Médiéval

Als nächstes folgt La Hume, das mit dem Village Médiéval (mittelalterliches Dorf) eine vielbesuchte Attraktion besitzt. Hier sind nicht nur zahlreiche Häuser nach historischen Vorbildern errichtet worden, sondern es führen auch viele Kunsthandwerker live ihre Fertigkeiten vor, es treten Gauklergruppen auf, und man kann an einem Bogenschießwettbewerb teilnehmen. Die Anlage ist von Ende Juni bis Ende August täglich zwischen 10.30 und 19.30 Uhr geöffnet.
Die Weiterfahrt um das Bassin d'Arcachon ist auf S. 55 ff. im einzelnen beschrieben.

Ibisse im Vogelpark von Le Teich.

Umgebung von Arcachon

Pyla-sur-Mer

**Dune du Pilat

Sehr zu empfehlen ist eine Fahrt (ca. 8 km) von Arcachon in südlicher Richtung über die Hotelsiedlungen Pyla-sur-Mer und Pilat-Plage sowie durch die ausgedehnten Kiefernwaldungen der Forêt d'Arcachon zur Dune du Pilat, der größten Düne Europas. Sie ist knapp 3 km lang, 500 m breit und bis 114 m hoch; daß sie sich noch heute landeinwärts bewegt, ist u.a. daran zu erkennen, daß an ihrem östlichen Fuß die Kiefern allmählich vom Sand zugeweht werden und absterben.
In einiger Entfernung vom Fuß der Düne gibt es riesige Parkplätze, von denen man zu Fuß, an Souvenirständen und Restaurants vorbei, zu der auf den Dünenkamm führenden Treppe gelangt. Von oben genießt man eine umfassende Aussicht auf die Bucht von Arcachon, das Meer und das dicht bewaldete Landesinnere.

Sportmöglichkeiten

Die Dünen sind wegen der stabilen Aufwinde ein lohnendes Revier für Drachen- und Gleitschirmflieger (man achte aber auf lokale Einschränkungen und Verbote); in der Umgebung bestehen auch zahlreiche Reitstationen.
Weiterfahrt nach Mimizan → Landes.

Fahrt um das Bassin d'Arcachon (ca. 75 km)

Das Bassin d'Arcachon ist rings von einer Kette von Badeorten eingefaßt, die am gegenüber von Arcachon gelegenen Cap Ferret endet.

Gujan-Mestras
Aqualand

Östlich schließt sich an das Stadtgebiet von Arcachon der Ort Gujan-Mestras an. Hier bietet das Aqualand schier grenzenlosen Wasser- und Frei-

Die über hundert Meter hohe Dune du Pilat südöstlich von Arcachon ist die größte Wanderdüne von ganz Europa.

Gujan-Mestras (Fortsetzung)

zeitspaß mit Wellenbecken, verschiedenen Wasserrutschbahnen und gastronomischem Betrieb. Die Anlage ist von Anfang Juni bis Anfang September geöffnet.

Le Teich
**Parc Ornithologique

Gleich darauf folgt die nächste Attraktion: der ganzjährig geöffnete Vogelpark von Le Teich. Das weitläufige, flache Gelände erstreckt sich weit in das Delta der hier in die Bucht mündenden Leyre. Ausgeschildert sind ein kleiner Rundgang (Sentier du Cigogne; 2 km) und ein längerer Pfad (Sentier de l'Oie; 5 km); die Mitnahme eines Feldstechers empfiehlt sich.

An den beschilderten Wegen (die man nicht verlassen soll) gibt es eine Anzahl gedeckter Beobachtungsstände, von denen man die verschiedensten Feucht- und Trockenbiotope überschaut und wo Schautafeln detaillierte Informationen zu Spezialthemen bieten. Die Wege und die Beobachtungsstationen sind durch Schilfmatten abgeschirmt, so daß sich die Vögel völlig ungestört glauben. Am Ende des Rundgangs kommt man an einer Reihe großer Volieren vorüber.

Serre aux Papillons

Nahe beim Eingang in den Vogelpark liegt auch die Serre aux Papillons (Schmetterlingshaus). In einem großen Glashaus fliegen farbenprächtige Falter durch eine tropische Landschaft. Sachkundige Führungen werden auch in deutscher Sprache durchgeführt; die Anlage ist von Anfang April bis Ende Oktober zugänglich.

Audenge

Auf der Weiterfahrt überquert man die Leyre und zweigt bei der weithin sichtbaren Zellulosefabrik nach links auf die D 3 ab. In Audenge gibt es Austernzuchtanlagen und die interessanten Fischbecken, die bei Ebbe gegen das offene Wasser abgeschottet werden, um die Fische zurückzuhalten. Im weiteren Verlauf der Route werrden die Eichenforste zunehmend durch Kiefernwald abgelöst.

Dann gelangt man über Lanton mit seiner ursprünglich romanischen Kirche nach Andernos-les-Bains, wo es einen schönen feinsandigen Badestrand gibt, und weiter nach Arès, das gleichfalls eine romanische Kirche mit sehenswertem Innern besitzt.

Arcachon (Fortsetzung), Andernos-les-Bains Arès

Von Arès wendet sich die Route südwärts und folgt dem Westufer der Bucht; links im Vorblick die Ile aux Oiseaux (Vogelinsel).

Das Seebad Cap Ferret, gegenüber von Pyla-sur-Mer (s. zuvor) gelegen, ist der Endpunkt der um die Bucht führenden Straße. Im nördlichen Ortsteil steht nahe am Strand die Villa Algérienne; von der im maurischen Stil errichteten Villa ist nur noch die romantisierende Kapelle erhalten.

Cap Ferret

Von der oberen Plattform des 52 m hohen Leuchtturms hat man einen ebenso umfassenden wie instruktiven Blick über das Bassin d'Arcachon mit der Ile aux Oiseaux (Vogelinsel) und den Austernparks sowie auf die Düne von Pilat.

Die Straße endet an der Landspitze, die von einer teilweise begrünten Dünenlandschaft gebildet wird. Da das Ökosystem sehr empfindlich ist, darf man die Wege nicht verlassen; außerdem besteht noch immer die Gefahr von Erdrutschen, da der Strand weitgehend von Bunkeranlagen aus dem Zweiten Weltkrieg unterhöhlt ist. Aus dem selben Grund ist auf etlichen Strandabschnitten das Baden verboten. Ein schöner Blick bietet sich auf die Strände von Arcachon und auf die Dune du Pilat.

Strand

Archigny

→ Poitiers

Argelès-Gazost

→ Lourdes

Arthous (Abtei)

→ Peyrehorade

Aubeterre-sur-Dronne

D 4

Département: Charente
Einwohnerzahl: 400

Das altertümliche kleine Städtchen Aubeterre liegt hübsch über einer Schleife der Dronne. Sein Name (von lat. "alba terra" = "Weiße Erde") rührt von den hellen Kalkfelsen her, auf denen es erbaut ist.

Lage und Allgemeines

Sehenswertes in Aubeterre-sur-Dronne

Im tiefergelegenen Teil des Orts lohnt die Eglise monolithe (Felskirche) einen Besuch. Sie wurde im 12. Jh. in den Fels gehauen und dem hl. Johannes geweiht, später zur Zeit der Französischen Revolution profaniert. Einst enthielt sie mutmaßliche Reliquien des Heiligen Grabes in Jerusalem.

Eglise monolithe

Aubeterre (Fortsetzung), Saint-Jacques

Im oberen Ortsteil steht die Kirche Saint-Jacques, die früher zum Benediktinerkonvent Saint-Sauveur gehörte und ein schönes romanisches Portal mit Skulpturenschmuck besitzt.

Auch D 6

Département: Gers
Höhe: 136 m ü.d.M.
Einwohnerzahl: 24 000

Lage und Allgemeines

Das im Pyrenäenvorland am Gers gelegene Auch war in der Römerzeit Hauptort der keltiberischen Auscier, im Mittelalter Hauptstadt der Grafschaft Armagnac, später der Gascogne, und ist heute Hauptstadt des Département Gers. Es gilt als Heimat des historischen Charles de Batz (um 1610 bis 1673), der sich bei Hofe d'Artagnan nannte und romantisch-verklärt die zentrale Heldengestalt in Alexandre Dumas' Roman "Die drei Musketiere" ist.

Sehenswertes

*Kathedrale

Die Kathedrale Sainte-Marie in der erhöht über dem Fluß angelegten Altstadt wurde 1489–1662 erbaut und zeigt weitgehend den "style flamboyant" der spätesten Gotik. Sie gilt als eine der schönsten Kirchen Südfrankreichs.

Im dreischiffigen Innern (106 m lang) zieht insbesondere das prächtige geschnitzte Chorgestühl (1520–1551) den Blick auf sich, das 113 Sitze und überaus reichen Figurenschmuck besitzt.
Weiterhin verdienen in den Chorkapellen auch die Renaissancefenster (1509–1513) von Arnaut de Moles Aufmerksamkeit, in denen Heilige, Apostel, Patriarchen und Sibyllen abgebildet sind.

Vom Platz führt eine um die Mitte des 19. Jh.s angelegte Freitreppe, an der sich auch eine Statue D'Artagnans befindet, mit 262 Stufen zum Gers hinunter.

Route der Festungen und Kastelle

→ Mirande

Aulnay D 3

Département: Charente-Maritime
Einwohnerzahl: 1400

Lage und Allgemeines

Aulnay in der historischen Landschaft Saintonge ist eine wichtige Station am einstigen Weg der Jakobspilger nach dem spanischen Santiago de Compostela.

*Eglise Saint-Pierre

Den Zügen der Jakobspilger verdankt die im 12. Jh. entstandene Kirche Saint-Pierre ihre Existenz, die einen Höhepunkt der Romanik im Poitou bildet.

Äußeres

Die Hauptfassade zeigt in den von skulptierten Arkaturen umfaßten Bogenfeldern das Martyrium des Kirchenpatrons Petrus (links) sowie den thronenden Christus zwischen Petrus und Paulus (rechts). Weitere Themen der

Am Portal der Kirche Saint-Pierre in Aulnay entfaltet sich reicher romanischer Figurenschmuck.

Saint-Pierre (Fortsetzung)

Figurengruppen sind das Lamm Gottes, die klugen und die törichten Jungfrauen und die Tierkreiszeichen.

Besonders schön ist das Rundbogenportal des rechten Querhauses, dessen Figurenschmuck mit Tierdarstellungen, Fabelwesen und biblischen Gestalten von den Bilderstürmern der Französischen Revolution verschont geblieben ist.

Inneres

Im dreischiffigen Kircheninnern ziehen vor allem die reich mit Skulpturen verzierten Kapitelle den Blick auf sich.

Dampierre-sur-Boutonne

→ Marais Poitevin

Bagnères-de-Bigorre

→ Lourdes

Baskenland

→ Côte Basque

Bassac (Abtei)

→ Cognac, Les Routes du Cognac

Bayonne

B 6

Département: Pyrénées-Atlantiques
Höhe: 5 m ü.d.M.
Einwohnerzahl: 40 000

Lage und Allgemeines

Die alte Stadt Bayonne am nördlichen Ende der → Côte Basque, heute ein wichtiger Handelshafen, liegt an der Mündung der Nive in den breiten Adour, der sich knapp 10 km westlich in den Atlantik ergießt. Als strategische Schlüsselstelle am Weg zu den Pässen der Westpyrenäen war die Stadt stark befestigt; noch heute prägen die wuchtigen Wallanlagen das

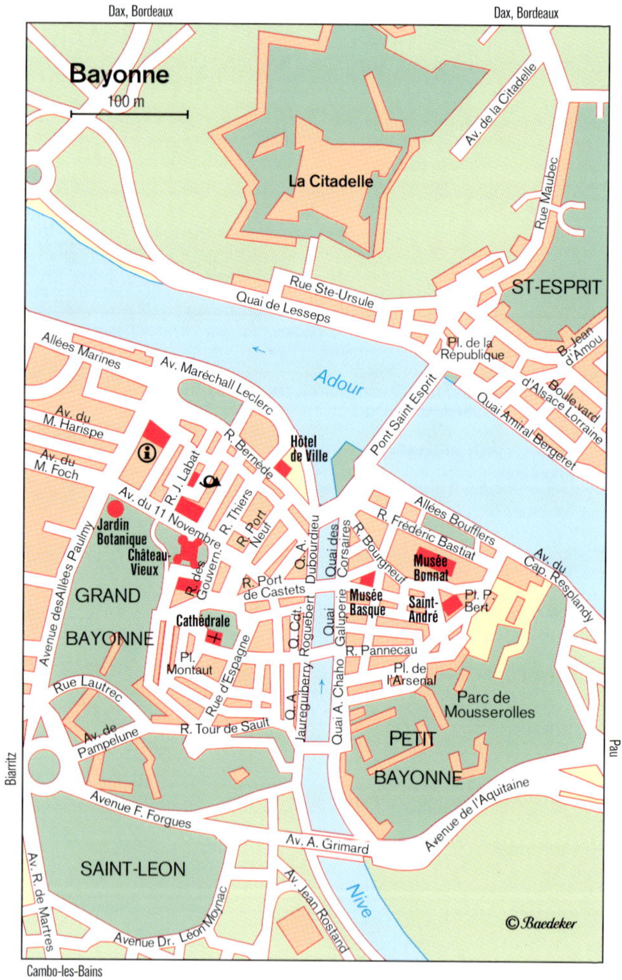

Der botanische Garten von Bayonne nutzt die beengte Situation auf den Wallanlagen sehr gut aus.

Allgemeines (Fortsetzung)

Bild der Innenstadt. Traditionell unterscheidet man zwischen "Grand Bayonne", der Altstadt westlich der Nive, und "Petit Bayonne" östlich.

Geschichte

Bayonne und sein Umland gehörte zum Heiratsgut der Eleonore von Aquitanien und geriet daher durch ihre Heirat mit Heinrich II. Plantagenet unter englische Hoheit, was der wirtschaftlichen Entwicklung, insbesondere dem Überseehandel, zugute kam. Auch nach der Rückkehr der Region zum französischen Staatsverband im Jahr 1451 hielt die Prosperität an; insbesondere die Herstellung von Waffen entwickelte sich zu hoher Blüte, und seit dem 17. Jh. trägt das Bajonett den Namen des Herstellungsorts. Erhebliche wirtschaftliche Einbußen brachten die Französische Revolution und die Kontinentalsperre, die die Reste der England-Orientierung zunichte machte.

Spezialitäten

Berühmte kulinarische Spezialitäten der Stadt sind Schokolade und luftgetrockneter Schinken. Wer mehr über den Schinken von Bayonne erfahren und ihn auch kosten möchte, kann sich an die Conserverie Artisanale du Jambon de Bayonne Pierre Ibalaïde wenden. Das Unternehmen befindet sich in Petit Bayonne an der Rue des Cordeliers (Nr. 41; Tel. 05 59 25 65 30) und ist werktags von 9.30 bis 12.30 sowie von 14.00 bis 18.00 Uhr geöffnet.

Sehenswertes in Bayonne

Die Besichtigung der Altstadt erfolgt am besten zu Fuß; ein Großparkplatz befindet sich am Ufer des Adour auf der Place de Gaulle.

Wallanlagen
Jardin Botanique

Von der Place de Gaulle geht man nach Süden und durch die moderne Cité Administrative (hier auch das Office de Tourisme) zu den von Vauban

errichteten, wuchtigen Bastionen, an deren Fuß ein bombastisches Soldaten-Ehrenmal angebracht ist. Eine Rampe führt auf die Eckbastion hinauf, wo auf kleinstem Raum der sehr kunstvoll angelegte botanische Garten liegt.

Jardin Botanique (Fortsetzung)

Direkt östlich führt ein Bogengang durch die mächtigen alten Festungsmauern in die Innenstadt. Hier steht auf dem Mauerkranz das Château Vieux, ein Wehrbau aus dem 16. Jh., der noch heute als Kaserne dient und daher unzugänglich ist.

*Kathedrale

Beim Château Vieux wendet man sich nach rechts und folgt der schmalen Rue des Gouverneurs zur Kathedrale Sainte-Marie, die 1213–1544 erbaut worden ist, wobei die Fassade und die beiden 70 m hohen Türme ihr heutiges Aussehen allerdings dem 19. Jh. verdanken. Das Portal wurde durch die Bilderstürmer der Revolutionszeit seines gesamten Figurenschmucks beraubt; im September 1991 hat eingedrungenes Regenwasser einen großen Teil des Gewölbeschmucks zerstört und sogar die Statik beeinträchtigt.

*Inneres

Die Kirche ist dreischiffig, wobei die Seitenschiffe teilweise von Kapellen flankiert werden. Der im Chor und Kapellenkranz aufgemalte Wandschmuck nach Entwürfen des Straßburger Künstlers Louis Steinheil (1814 bis 1885) ist fast nicht mehr zu erkennen. Die das linke Seitenschiff flankierenden Kapellen besitzen beachtenswerte Glasgemälde aus der Renaissance. In der Krypta befinden sich die Grabstätten der Bischöfe von Bayonne seit 1887.

Kreuzgang

Rechts grenzt an die Kirche der gotische Kreuzgang an, der nur von der Straße aus zu erreichen ist. Er ist sehr gut erhalten und von großer harmonischer Wirkung. In den Wänden sind Grabnischen eingelassen, die an den leicht aufgekanteten Decksteinen zu erkennen sind. Es folgen einige in die Wand eingelassene Epitaphien, einige der früher am Westportal befindlichen Apostelstatuen (15. Jh.) und große gotische Grabmäler. Der ursprünglich an die Kirche anstoßende Flügel des Kreuzgangs wurde 1858 bis 1860 abgetragen, um Platz für den Neubau der Sakristei zu schaffen.

Altstadt

Durch die engen und wenig restaurierten Gassen (Fußgängerzone) geht man abwärts zur Nive, die von mehreren Brücken überspannt wird und wenige Schritte weiter in den Adour mündet. In der Altstadt gibt es hübsche Restaurants und Confiserien, wo man ortstypische Süßigkeiten bekommen kann.

Musée Basque (vorübergehend geschlossen)

Östlich jenseits der Nive ist in einem historischen Gebäude baskischen Stils (16. Jh.) das Baskenmuseum eingerichtet, das eine exzellente Sammlung zur baskischen Volkskunde und Kultur besitzt. Leider ist es wegen gravierender Bauschäden derzeit unzugänglich, und ein Termin für die Wiedereröffnung ist noch nicht abzusehen.

Musée Bonnat

Geht man weiter in Richtung zum Adour, so erreicht man das Musée Bonnat, eine bedeutende Sammlung von Gemälden und Graphik vorwiegend älterer Meister, darunter Rubens, Rembrandt, Ingres, Goya, Murillo, El Greco u.a. (geöffnet Mi.–Mo. 10.00–12.00 und 14.30–18.30 Uhr).

Dann geht man hinab zum Pont Mayou und an der hübschen Flußfront entlang zurück zur Place de Gaulle.

Zitadelle

Die nördlich jenseits des Adour sichtbare Zitadelle wurde gleichfalls von Vauban angelegt; sie ist im Sommer Schauplatz des traditionellen Stadtfestes.

Reptilarium

Nahe bei der neuen Brücke über den Adour kann man im Reptilarium (geöffnet tägl. 9.00–12.00 und 14.00–19.00 Uhr) rund fünfzig Reptilienarten beobachten und einen instruktiven Film zum Thema ansehen.

◀ *Hoch über Bayonne erheben sich die Türme der Kathedrale.*

Bazas C 5

Département: Gironde
Höhe: Meereshöhe
Einwohnerzahl: 4500

Lage und Allgemeines

Im äußersten östlichen Teil der Landes und unweit der Garonne liegt die kleine Stadt Bazas, die auf ein römisches Oppidum zurückgeht und mehrmals Aufenthaltsort des lateinischen Dichters Ausonius war. Bis zur Französischen Revolution bildete sie den Kern eines ausgedehnten Bistums.

Sehenswertes in Bazas

Den Mittelpunkt der Altstadt bildet die überraschend großzügige, weite Place de la Cathédrale, die von stattlichen Häusern mit Arkadengängen umfaßt wird und auf der auch der traditionelle Viehmarkt (v.a. die hellen, schwarzgesichtigen Rinder des Bazadais) stattfindet.

Vor der Kathedrale dehnt sich ein weiter Platz, auf dem der Viehmarkt stattfindet.

Kathedrale

Den oberen Abschluß des Platzes bildet die stattliche Hauptfassade der Johannes dem Täufer geweihten Kathedrale, deren unterer Teil hoch- bzw. spätgotisch ist. Das darüberliegende Geschoß verdankt sein Aussehen den durch die Religionskriege notwendig gewordenen Erneuerungsarbeiten des 16. Jh.s, und die Giebelfassade schließlich ist eine Schöpfung des Barock. Der Figurenschmuck an Haupt- und Seitenportalen ist in der Französischen Revolution großenteils vernichtet worden.
Das dreischiffige, querhauslose Innere mit Chorumgang und Kapellenkranz ist von großer stilistischer Einheitlichkeit; die farbigen Glasfenster entstammen dem 19. Jahrhundert.

An der rechten Seite der Kirchenfassade befindet sich der Eingang zum Jardin du Chapitre. In diesem Park verdient das Ausgrabungsareal einen Blick, wo Relikte aus der Eisenzeit und der Römerherrschaft zutage kamen.

Bazas (Fortsetzung), Jardin du Chapitre

In einiger Entfernung nördlich der Kathedrale, an der Rue Marcel Marin, steht eine historische Apotheke mit Einrichtung aus dem 16. und 17. Jh. (Besichtigung nach Rücksprache mit dem Office du Tourisme).

Apothicairerie

Umgebung von Bazas

Ungefähr 11 km nordwestlich erreicht man das Dorf Roquetaillade, dessen massige Burg aus dem 14. Jh. stammt.

Roquetaillade

Béarn C 6

Die historische Region und einstige merowingische Grafschaft Béarn erstreckt sich im Pyrenäenvorland um → Pau, die Hauptstadt des Département Pyrénées-Atlantiques, dessen östlichen Teil das Béarn einnimmt. Die von Landwirtschaft und Viehzucht lebende Region besitzt einen erheblichen baskischen Bevölkerungsanteil.

Lage und Allgemeines

Zur Römerzeit war das Béarn Teil der Provinz Aquitanien, gehörte im 11. Jh. dem Lehensverband der Herzöge von Gascogne an und war später zeitweise mit dem Königreich Aragón verbunden. Gegen Ende des 15. Jh.s fiel es an die Krone von Navarra, rund hundert Jahre später an Frankreich. Noch bis zur Französischen Revolution erfreute sich das Béarn einiger Sonderprivilegien aus spanischer Zeit, die auf eine weitgehende Autonomie hinausliefen.

Geschichte

→ dort

Pau

Bétharram (Grotten)

→ Lourdes

Biarritz B 6

Département: Pyrénées-Atlantiques
Höhe: Meereshöhe
Einwohnerzahl: 28 000

Die im äußersten Südwesten Frankreichs am Golfe de Gascogne (Biskaya) gelegene Stadt Biarritz gehörte seit dem Aufkommen des Vergnügungstourismus im 19. Jh. zu den berühmtesten Seebädern der Erde. Die herrliche Lage an der zerklüfteten, heftig umbrandeten Felsküste, die langen Sandstrände und das wintermilde Seeklima haben den Aufstieg begünstigt.

*Lage und Allgemeines

Ursprünglich gab es an der Stelle der heutigen Stadt nur eine Walfängerstation und seit dem 13. Jh. ein kleines, wenig bedeutendes Fischerdorf südwestlich der geschäftigen Hafenstadt Bayonne. Zu Beginn des 19. Jh.s setzte das Interesse der Stadtbürger für das verschlafene Küstennest ein, und bald wurde auch die Aristokratie aufmerksam. Zum illustren Gästekreis gehörte auch die wegen ihrer Schönheit und Klugheit gerühmte Grä-

Geschichte

Geschichte (Fortsetzung)

fin Eugénie von Montijo, die sich 1853 mit Napoleon III. vermählte. Ihr und ihrem kaiserlichen Gemahl verdankt Biarritz die Errichtung der pompösen Villa Eugénie, die als Nobelhotel (Hôtel du Palais) noch heute fortbesteht. Insbesondere in der "Belle Epoque", der Zeit zwischen 1890 und dem Ersten Weltkrieg, entfaltete sich eine städtebauliche Euphorie, deren Zeugnisse noch heute die wichtigsten Akzente in der Innenstadt setzen. Die Außenbezirke indessen sind inzwischen längst mit denen von Anglet und Bayonne zusammengewachsen.

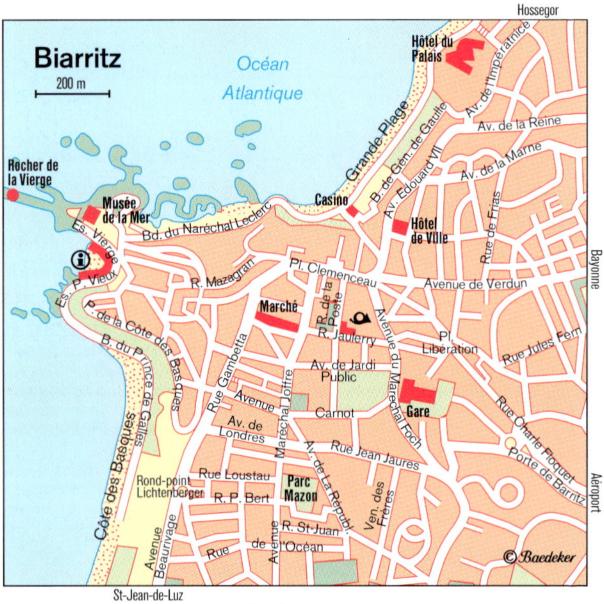

Sehenswertes in Biarritz

Grande Plage

Nordöstlich der Klippenkette, die vor der Altstadt in den Atlantik hinausragt, erstreckt sich die feinsandige Grande Plage ("Großer Strand" mit dem Casino Bellevue und dem Hôtel du Palais) bis zur Pointe Saint-Martin, deren 44 m hoher Leuchtturm eine weite Aussicht bietet. Dahinter schließt sich die gleichfalls zum Baden beliebte Plage de la Chambre d'Amour an. Der Name kommt daher, daß hier in einer Uferhöhle zwei Verliebte die Zeit vergessen haben und in der auflaufenden Flut ertrunken sein sollen. Bisweilen steht an den Stränden eine gewaltige, von der hohen See kommende Dünung an.

*Musée de la Mer

Direkt über der Klippenkette steht das Musée de la Mer (Meeresmuseum; geöffnet tägl. 9.30–12.00 und 14.00–18.00 Uhr, Juli–Sept. durchgehend), das auf vier Ebenen einen ausgezeichneten Einblick in die Meereskunde bietet.

Auf der Dachterrasse befinden sich eine reichhaltige ornithologische Galerie sowie als Hauptattraktionen des Museums das Seehund- und das Haifischbecken. Die Seehunde (Fütterung täglich 10.30 und 17 Uhr) stammen ausnahmslos aus französischen Küstengewässern. Von der Terrasse hat man außerdem einen prachtvollen Blick auf die wellenumtoste Klippenküste.

Der Rocher de la Vierge ragt weit in den Atlantik.

Musée de la Mer (Fortsetzung)

Die Seehund- und Haifischbecken reichen mit ihren Panzerglasscheiben in das eine Treppe tiefer gelegene Stockwerk, wo außerdem Schautafeln zur Meeresgeologie, eine Muschelsammlung und die Skelette von Meeressäugern zu sehen sind. Ein Nebenraum ist wechselnden Sonderausstellungen vorbehalten. Wiederum treppab, an einem Helmtaucher vorbei, kommt man zu der dem Fischfang gewidmeten Sammlung. Insbesondere dem Walfang, der bis zum 13. Jh. hier eine bedeutende wirtschaftliche Rolle gespielt hat, ist breiter Raum gewährt. Im Tiefgeschoß schließlich befindet sich das Aquarium, dessen 24 Becken die ganze Vielfalt der regionalen Meeresflora und -fauna zeigen.

Rocher de la Vierge
**Aussicht

Vom Museum führt eine Promenade hinaus zu den stark erodierten Konglomeratfelsen, dessen wichtigster der Rocher de la Vierge mit seiner Marienstatue ist. Von hier überblickt man insbesondere die sich nach Süden bis zum Fuß der Pyrenäen erstreckende Côte Basque und die gesamte Silhouette von Biarritz. Auf der höchsten Stelle des Rocher de la Vierge gibt es eine Orientierungstafel sowie ein Soldaten-Ehrenmal.

Vieux Port

Östlich vom Rocher de la Vierge liegt der von Felsriegeln gut geschützte Vieux Port (Fischerhafen).

Baskische Küste

→ Côte Basque

Bidart

Lage
7 km südwestlich von Biarritz

Der an der Steilküste gelegene kleine Ort Bidart wird als unprätentiöses Seebad besucht. Von der im Ortszentrum gelegenen Kapelle Sainte-Madeleine genießt man einen weiten Blick über Bergland und Küste. Auf dem kleinen Friedhof wurden zu Zeiten des Walfangs unbekannte Schiffbrüchige bestattet.

Bigorre (Landschaft) D 6–7

Lage und Allgemeines

Die historische Landschaft Bigorre, im Altertum Sitz der keltischen Bigerrionen, ist derjenige Teil der Gascogne, der sich um den weltberühmten Wallfahrtsort Lourdes ausdehnt. Hauptstadt der einstigen Grafschaft ist Tarbes. Im Süden ragen die Pyrenäengipfel auf, während sich nach Norden fruchtbare Ebenen ausbreiten. Heute ist die Bigorre praktisch identisch mit dem Département Hautes-Pyrénées.

Lourdes

→ dort

Blaye C 4

Département: Gironde
Höhe: 8 m ü.d.M.
Einwohnerzahl: 4000

Die Zitadelle von Blaye ist eine richtige kleine Stadt.

Lage und Allgemeines

Das Hafen- und einstige Festungsstädtchen Blaye liegt rund 35 km nördlich von Bordeaux über dem steilen östlichen Ufer der Gironde. Der Mündungstrichter wird hier von einer Autofähre überquert, die nach Lamarque führt und so das → Médoc zugänglich macht.

Die tiefgelegene Stadt und die Festung sind durch die Eisenbahnlinie und den schmalen Wasserlauf des Saugeron voneinander getrennt. Eine weithin geschätzte Spezialität der Stadt sind Schokolade und Pralinen, über deren Herstellung in früheren Zeiten man im Musée Marie-Caroline einiges erfahren kann.

Zitadelle in Blaye

Geschichte

Ursprünglich lag der Siedlungskern von Blaye direkt auf dem Hochufer der Gironde. Er wurde allerdings völlig niedergelegt, um der Zitadelle Platz zu machen, die von Vauban im Jahr 1689 angelegt wurde und als Vorposten von Bordeaux den Übergang über die Gironde beherrschte. Heute ist die Festung nicht zuletzt durch die Herzogin Marie-Caroline von Berry (1798 bis 1870) bekannt. Die adlige Dame hatte geplant, ihren Sohn Henri auf den französischen Thron zu bringen, und zu diesem Zweck die Bürger der Vendée gegen König Louis Philippe aufzustacheln versucht. Während ihrer Gefangenschaft in Blaye gebar die seit zwölf Jahren Verwitwete 1833 hier eine Tochter. Durch den Skandal war ihren politischen Ambitionen ein Ende gesetzt, und sie konnte kurz danach die Zitadelle verlassen.

Inneres

Die sich zwischen Stadtkern und Gironde erhebende, 33 ha große Zitadelle ist eine kleine, in sich abgeschlossene Stadt. Innerhalb der Ummauerung gruppieren sich kleine Häuschen, einstige Militärdepots und die Reste eines Minoritenkonvents, die heute zu einem Hotel mit Aussichtsrestaurant gehören.

*Aussicht

Von der Umwallung, deren Mauerkrone großenteils betreten werden kann, hat man einen schönen Blick über den Fluß (besonders reizvoll gegen Abend).

In einem der wenigen mehrstöckigen Gebäude zeigt die Ausstellung "Blaye – 700 Jahre Geschichte" Schiffsmodelle, nautische Instrumente, Seekarten, Dioramen und Tierpräparate.

Musée Marie Caroline

Wenige Schritte entfernt steht der Pavillon de la Place mit dem Musée Marie-Caroline. Es umfaßt eine Sammlung zur regionalen Süßwarenproduktion (Werkzeug, Geräte und Werbemittel), Wohnkultur aus dem 18. und 19. Jh., das einstige Zimmer der Herzogin mit Bücherschrank und Mobiliar aus dem Empire, sowie eine kleine Spezialsammlung zu regionalen Dichtern und Sängern. Fayencen und eine historische Apothekenausstattung aus dem einstigen Hospital von Blaye bilden den Abschluß.

Innerhalb der Zitadelle befindet sich auch ein kleiner Campingplatz.

Umgebung von Blaye

Centre Nucléaire

Etwa 20 km nördlich von Blaye steht am rechten Ufer der Gironde ein Kernkraftwerk mit einer installierten Maschinenleistung von 900 MW. Montags bis samstags kann das Kraftwerk besichtigt werden (tel. Auskunft unter 05 57 33 30 30).

Bordeaux

C 5

Département: Gironde
Höhe: Meereshöhe
Einwohnerzahl: 210 000

Lage und Allgemeines

Die prächtig am linken Ufer der Garonne knapp 50 km landeinwärts vom Meer bzw. 90 km von der Garonne-Mündung gelegene, überaus aktive Stadt Bordeaux ist Hauptort des Département Gironde und der Région Aquitaine, Sitz eines Erzbischofs und etlicher Hochschulen sowie der wichtigste Weinhandelsort im Südwesten Frankreichs. Der im landesweiten Vergleich an sechster Stelle stehende Hafen ist der bedeutendste Weinausfuhrhafen der Erde. Die umfangreiche Industrie umfaßt Fahrzeug-, Flugzeug- und Schiffbau, chemische Werke sowie Nahrungs- und Genußmittelproduktion.

Bordeaux

Geschichte

Das römische Burdigala war eine der bedeutendsten Städte Galliens, und seit der Römerzeit spielt auch der Weinbau in der Region eine überragende Rolle. Im Jahr 1137 wurde hier die Ehe des Prinzen Ludwig (später König Ludwig VII.) mit Eleonore von Aquitanien geschlossen, die allerdings nur bis 1152 Bestand haben sollte. Eleonores anschließende Vermählung mit Henri Plantagenêt brachte ihr reiches Erbe (das an Größe den Besitzungen der französischen Krone nicht nachstand) unter englischen Einfluß, unter dem die Stadt bis 1453 verblieb. Im Hundertjährigen Krieg (1337 bis 1453) mehrte sich der Wohlstand von Bordeaux, das mit sämtlichen Kriegsparteien Handel trieb; später trat der Handel mit den Kolonien (v.a. Antillen) hinzu. Als der Schwarze Prinz, ein Sohn des englischen Königs Eduard III., hier seine Residenz einrichtete, setzte ein erster städtebaulicher Schub ein. Mit dem Ende des Hundertjährigen Kriegs erlosch dann der englische Einfluß definitiv.

So hat Bordeaux im 17. Jahrhundert ausgesehen.

Eine neue Epoche der Stadtentwicklung bedeutete die Ära der Intendanten. Bis zum Beginn der Französischen Revolution waren dies die wichtigsten provinzialen Verwaltungsbeamten und direkt der Zentralmacht in Paris unterstellt; Richelieu machte sie zum wichtigsten innenpolitischen Herrschaftsinstrument der Krone. Es setzte eine städtebauliche Erneuerung größten Stils ein, deren Zeugnisse noch heute in weiten Teilen das Gesicht der Innenstadt prägen; parallel dazu entwickelte sich der Hafen zum bedeutendsten seiner Art in ganz Frankreich.
Empfindliche Einbußen brachte die von Napoleon I. gegen Großbritannien verhängte Kontinentalsperre, die Bordeaux fast vollständig von seinen traditionellen Seehandelspartnern trennte. Ein neuerlicher Aufschwung setzte dann in der Restauration (ca. 1815–1830) und mit der großflächigen Kultivierung der Landes ein.
Wenig bekannt ist, daß der spanische Maler und Grafiker Francisco de Goya von 1824 bis zu seinem Tod in Bordeaux gelebt hat. Sein einstiges Wohnhaus am Cours de l'Intendance ist heute eine Erinnerungsstätte.

Brücken

Im Stadtbereich wird die Garonne von fünf Brücken überspannt. Von Süden nach Norden sind dies der Pont d'Arcins (Autobahnring Süd), die Eisenbahnbrücke, der Pont Saint-Jean und der Pont de Pierre (Straßenbrükken) sowie ganz im Norden der knapp 1800 m lange Pont d'Aquitaine (Autobahnring Nord), der in 55 m Höhe über den Fluß führt.

Häfen

Die historischen Häfen im Innenstadtbereich verloren in dem Moment an Bedeutung, als der zunehmende Tiefgang der Schiffe ein Befahren der im oberen Teil relativ seichten Gironde unmöglich machte. Deshalb und wegen der günstigeren Expansionsmöglichkeiten hat man sukzessive die Hafenanlagen weiter stromabwärts gelegt, u.a. in die Gegend von → Blaye und Pauillac sowie dem geschützt unmittelbar hinter der Pointe de Grave gelegenen Verdon-sur-Mer, wo sich heute das Container-Terminal befindet.

Flughafen

Über den westlich jenseits des Autobahnrings gelegenen Flughafen Mérignac ist Bordeaux an das internationale Flugliniennetz angeschlossen.

Bordeaux Découverte

Beim Office de Tourisme (12 Cours du Trente Juillet) ist die Carte Bordeaux Découverte erhältlich, mit der man vielerlei Vergünstigungen erhält (z.B. ermäßigte Eintrittspreise).

Royan, Angoulême
Gare St-Louis

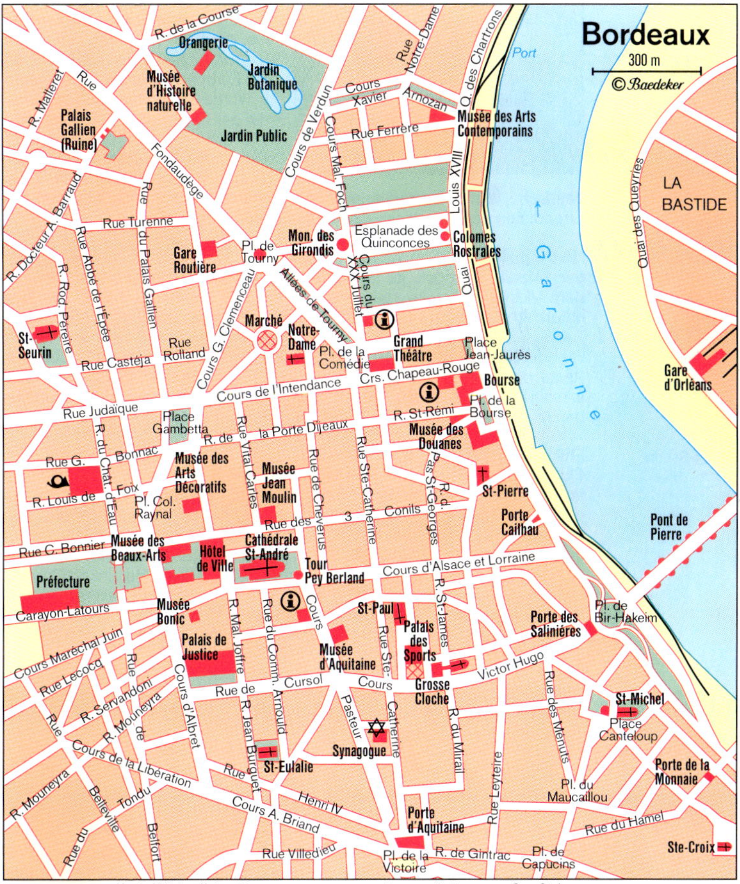

Musée Militaire, Université
Bayonne, Toulouse
Gare St-Jean

Périgueux

Sehenswertes

Quartier des Quinconces

**Grand Théâtre

Den belebten Mittelpunkt von Bordeaux bildet die auf dem einstigen römischen Forum angelegte Place de la Comédie. An ihr steht das 1773–1780 von dem Pariser Architekten Victor Louis errichtete Grand Théâtre, einer

Grand Théâtre (Fortsetzung)

der bedeutendsten Repräsentationsbauten Frankreichs. Seine Hauptfassade bildet eine Kolonnade aus zwölf korinthischen Säulen mit Gebälk und Balustrade, auf denen zwölf Statuen von Göttinnen und Musen stehen. Im Innern (Besichtigung nur mit Führung nach Voranmeldung) verdienen die reich dekorierten Treppenläufe, Foyers und Festsäle sowie der große Schauspielsaal besondere Beachtung.

Esplanade des Quinconces

Nördlich von der Place de la Comédie breitet sich die großzügige Esplanade des Quinconces aus, die 1818–1828 angelegt wurde und mit 12 ha zu den größten Plätzen Europas zählt. An der Westseite wurde 1895 das Brunnendenkmal der Girondisten aufgestellt (die Girondisten waren die gemäßigtbürgerliche Gruppierung der Französischen Revolution). Das bombastische, symbolbefrachtete Bronzemonument würdigt die Loyalität der Girondisten gegenüber der jungen Dritten Republik.

Jardin Public Musée d'Histoire Naturelle

Nordwestlich des Platzes und jenseits des breiten Cours de Verdun liegt der 1746–1756 angelegte Jardin Public mit dem Botanischen Garten und dem Musée d'Histoire Naturelle (geöffnet Mi.–Mo. 14.00–17.30 Uhr). Das naturhistorische Museum zeigt Mineralien, Fossilien und Tierpräparate.

Palais Gallien

Wenige Schritte westlich des Jardin Public stehen zwischen Häusern die Reste des Palais Gallien (3. Jh. n. Chr.), eines ehemals 15 000 Besucher fassenden Amphitheaters aus der römischen Kolonialzeit. Erhalten geblieben ist nur ein Zugang.

*Saint-Seurin

Etwa 500 m südlich steht die Kirche Saint-Seurin. Sie stammt aus dem 13.–14. Jh.; die Fassade erhielt 1831 ihr heutiges Aussehen. An der Südseite befindet sich, durch eine Vorhalle geschützt, ein reichverziertes Figurenportal aus dem 13./14. Jh. Von hier betritt man durch eine zweite, von einem Vorgängerbau aus dem 11. Jh. stammende Vorhalle mit interessanten Kapitellen das Kircheninnere. Im Chor befinden sich ein steinerner Abtstuhl und das Gestühl, beide aus dem 14./15. Jh.; in der linken Chorkapelle sind eine große spätgotische Altarwand mit Alabasterreliefs und eine Madonna aus dem 14. Jh. besonders beachtenswert. Die Krypta stammt aus dem 12. Jh. und birgt Reliquienschreine und Sarkophage aus dem 6. und 7. Jh. n. Chr.

Von hier gelangt man südöstlich zur verkehrsreichen Place Gambetta und auf dem Cours de l'Intendance, einer vielbesuchten Einkaufsmeile, zur Place de la Comédie zurück.

Faubourg des Chartrons

Nördlich der Esplanade des Quinconces und des Jardin Public erstreckt sich längs des linken Flußufers der Faubourg des Chartrons. Diese einstige Vorstadt geht auf einen im 14. Jh. gegründeten Kartäuserkonvent (daher der Name) zurück; später siedelten sich hier Kaufleute aus Nordeuropa (v.a. Briten, Hanseaten und Skandinavier) an, die vom alteingesessenen Bürgertum nicht in der Innenstadt geduldet wurden. Hier konzentrierte sich der ertragreiche Weinhandel und ab der Mitte des 18. Jh.s auch der Warenverkehr mit den Kolonien. Viele der prunkvollen Kaufmannshäuser prägen noch heute das Viertel.

*Musée d'Art Contemporain

Wenige Schritte nördlich der Esplanade des Quinconces stehen an der Rue Foy die Lagerhallen der einstigen Entrepôts Lainé. Seit 1984 hat hier

Historisches rund um den Wein im Musée des Chartrons.

Musée d'Art Contemporain (Fortsetzung)

das Musée d'Art Contemporain de Bordeaux (Museum für zeitgenössische Kunst) seinen Sitz. Die reichhaltigen Museumsbestände werden in Ausstellungen mit wechselnder Thematik präsentiert.

Cité Mondiale du Vin

An der Uferstraße erhebt sich der hypermoderne, großzügig verglaste Bau der Cité Mondiale du Vin. Dies ist das Weinhandelszentrum der Stadt.

Kreuzer "Colbert"

Nahebei liegt am Kai der Kreuzer "Colbert", der 1960–1990 in Dienst gewesene letzte Kreuzer der französischen Kriegsmarine. Hier kann man nachvollziehen, wie das Leben an Bord eines großen Schiffs abläuft. Das Museumsschiff besitzt auch ein Sonderpostamt.

Musée des Chartrons

An der Rue Borie (Nr. 41), wenige Schritte stadteinwärts vom Kreuzer "Colbert", wird im Musée des Chartrons die Geschichte des Bordelaiser Weinhandels wieder lebendig. In den Mauern eines einstigen Handelshauses zeigt das kleine Museum historische Weinflaschen, Etiketten und Dokumente.

Vinorama

Noch etwas weiter nördlich, am Beginn des Cours du Médoc, befindet sich das Vinorama, ein Wachsfigurenkabinett, dessen 75 Plastiken in dreizehn Dioramen die Geschichte der Stadt und des Weinbaus im Bordelais seit der gallo-römischen Epoche darstellen.
Zum Besuch gehört auch eine Weinprobe, bei der ein nach römischer Art erzeugter Wein, ein Wein der Art von 1850 und ein Gegenwartstyp verkostet werden können.

Conservatoire de la Plaisance

Weiter nördlich, auf dem Gelände einer 1943 von der deutschen Kriegsmarine angelegten U-Boot-Basis, befindet sich das Conservatoire International de Plaisance, nach eigener Einschätzung das weltweit größte Spezialmuseum für Sportschiffahrt. Der Schwerpunkt liegt auf unkonventionellen, avantgardistischen Konstruktionen.

Bordeaux-Lac

Zu beiden Seiten des nördlichen Autobahnrings erstreckt sich der Stadtteil Bordeaux-Lac.
Der 160 ha große See bildet das Zentrum eines Komplexes, der das Messegelände, den Kongreßpalast, einen Freizeitpark und eine Radrennbahn umfaßt.

Südliche Teile der Innenstadt

*Place de la Bourse

Südöstlich vom Theater liegt an der Garonne die 1730–1755 nach Plänen von Jacques und Jacques-Ange Gabriel angelegte Place de la Bourse mit dem Brunnen der drei Grazien. Die beiden Pavillons, die den Platz flankieren, sind das Zollamt und die Börse.

Musée des Douanes

An der Südseite des Platzes steht das Musée des Douanes (geöffnet Di. bis So. 10.00–12.00 und 13.00–17.00 Uhr). Hier sind Waffen, Uniformen und Arbeitsgerät aus den vielfältigen Aufgabenbereichen der französischen Zollverwaltung ausgestellt.

*Kathedrale

Im Süden der Altstadt erhebt sich die Kathedrale Saint-André, mit deren Bau um die Mitte des 12. Jh.s begonnen wurde. Sie besitzt eine schlichte Westfassade und reich geschmückte Querhausfassaden. Das nördliche Querhausportal (14. Jh.) zeigt im Tympanon das Abendmahl, die Himmelfahrt Christi und eine Maiestas Domini. Die gleichfalls an der Nordseite befindliche Porte Royale ist mit hervorragenden plastischen Bildwerken aus dem 13. Jh. geziert: in den Gewänden je fünf Apostel, im Türsturz die Auferstehung der Toten und im Tympanon das Jüngste Gericht. Dem einschiffigen Kirchenbau wurden etwa 1250–1400 das Querhaus und der überhöhte Chor angefügt. Im rechten Teil des Chorumgangs bemerkenswert eine Statuengruppe der Anna selbdritt (Anna mit ihrer Tochter Maria und dem Jesusknaben; 16. Jh.) und die schöne barocke Orgel. Der Kirchenschatz umfaßt vor allem Gemälde und Bilderhandschriften.

*Tour Pey Berland

Neben dem Chor der Kathedrale ragt die reichverzierte Tour Pey Berland auf. Von dem 47 m hohen Turm, der im 15. Jh. von dem gleichnamigen Bischof erbaut wurde, bietet sich eine weite Aussicht.

Hôtel de Ville

Gegenüber der Westfassade der Kathedrale steht das einstige erzbischöfliche Palais aus dem 18. Jh., das heute als Hôtel de Ville (Rathaus) dient. Es besitzt ein schönes Treppenhaus und gut ausgestattete Innenräume.

Musée des Arts Décoratifs

Nördlich, an der Rue Bouffard (Nr. 39), ist in dem schönen Hôtel Lalande (1779) das Musée des Arts Décoratifs (Kunstgewerbemuseum; geöffnet Mi.–Mo. 14.00–18.00 Uhr) eingerichtet, dessen Bestände aus der Zeit vom Mittelalter bis zum 18. Jh. stammen. Ausgestellt sind vor allem regionale Keramik und Fayencen, Mobiliar und Waffen.

*Musée des Beaux-Arts

Im Jardin de la Mairie, zwischen dem Rathaus und dem Cours d'Albret, stehen zwei Galeriebauten, deren nördlicher das Musée des Beaux-Arts (Museum der schönen Künste; geöffnet Mi.–Mo. 10.00–12.30 und 13.30–18.00 Uhr) beherbergt. Die Sammlung zeigt u.a. Werke von Perugino, Botticelli, Veronese, Tiepolo, Rubens und Cranach, ferner Werke neuerer Meister.

Musée d'Aquitaine

Das südlich gelegene Musée d'Aquitaine (geöffnet Di.–So. 10.00–18.00 Uhr) zeigt vielerlei zur Geschichte der Region, und zwar von der Prähistorie bis zur Gegenwart.

◀ *Die hypermoderne Cité Mondiale du Vin ist das Weinhandelszentrum von Bordeaux.*

Im südlichen Teil der Innenstadt liegt die weite Place de la Bourse.

*Pont de Pierre

Im Südosten der Innenstadt überspannt der 486 m lange Pont de Pierre, der 1813–1821 erbaut wurde, mit siebzehn Bogen die Garonne. Von der Brücke gewinnt man einen guten Überblick über die Hafen- und Kaianlagen. An ihrem westlichen (stadtwärtigen) Ende steht bei der Place Bir-Hakeïm die Porte de Bourgogne (oder Porte des Salinières) aus dem 18. Jahrhundert. Wenn man von hier dem Cours Victor Hugo folgt, kommt man zur Grosse Cloche, einem Torturm aus dem 13. und 15. Jahrhundert.

Saint-Michel

Südlich von der Place Bir-Hakeïm steht im gleichnamigen Stadtviertel die gotische Basilika Saint-Michel (15. Jh.) mit einem bemerkenswerten freistehenden Glockenturm von 109 m Höhe.

Sainte-Croix

Noch weiter südöstlich steht die im 12. und 13. Jh. erbaute Kirche Sainte-Croix mit ihrer interessanten Fassade.

Die Weinbaugebiete des Bordelais

Die weltberühmten Weinberge des Bordelais liegen in drei eng benachbarten Regionen, die durch den ausgleichenden Effekt des ozeanischen Klimas bevorzugt und zudem durch die großen Waldflächen der Landes vor den bisweilen heftigen Seewinden geschützt sind. Mit rund 100 000 ha Rebfläche ist das Bordelais das größte Qualitätsweinbaugebiet der Erde; hier wird etwa gleich viel Rot- und Weißwein gekeltert.

Entre-Deux-Mers

Die "Entre-Deux-Mers" ("zwischen zwei Meeren") genannte Weinbauregion südöstlich der Stadt wird im Nordosten von der Dordogne und im Südwesten von der Garonne begrenzt; nordöstlich der Dordogne erstrecken sich die Weinberge von → Saint-Emilion. Der klassische Entre-Deux-Mers (appellation contrôlée) ist ein ganz trockener, durchgegorener Weißwein von mindestens 11,5% Alkoholgehalt, dessen Reben auf Kalk- und Quarz-

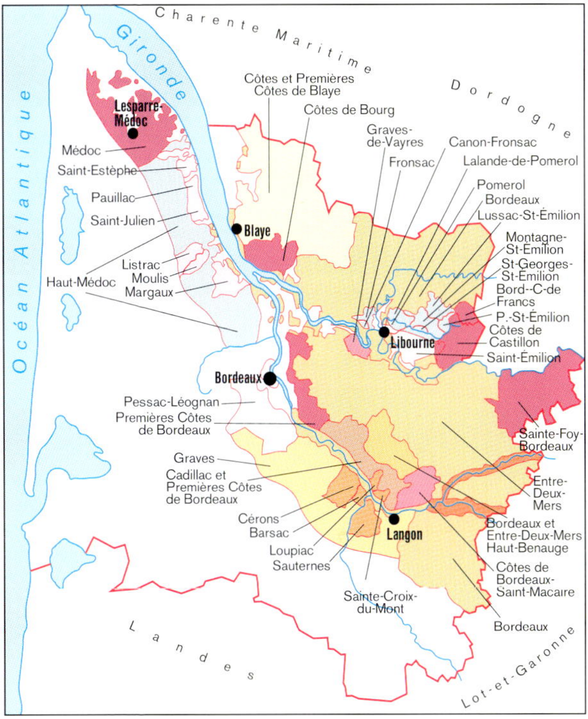

Die Weinbaugebiete im Bordelais

Entre-Deux-Mers (Fortsetzung)

boden kultiviert werden. Er harmoniert exzellent mit Fischgerichten und Meeresfrüchten, v.a. Austern (ein geflügeltes Wort der Region lautet: "Entre deux huîtres – Entre-Deux-Mers", d.h. zwischen zwei Austern einen solchen Wein).

Graves

In der Region Graves, südlich von Bordeaux und westlich der Garonne, vermutet man den Ursprung des Weinbaus im Bordelais, und schon lange dürfen die hiesigen Kreszenzen die Bezeichnung "Bordeaux-Wein" tragen. Die Rebflächen bilden einen rund 60 km langen und bis 12 km breiten Streifen zwischen dem Fluß und den Kiefernforsten der Landes. Angebaut werden blaue und weiße Rebsorten, doch nur die Weißweine der Region dürfen die Bezeichnung "Graves supérieur" führen. Nördlich von Bordeaux geht die Region Graves direkt in das nicht minder berühmte Weinbaugebiet des → Médoc über.

Sehenswertes im Bordelais

La Brède

Folgt man der vom südlichen Autobahnring in Richtung Agen/Toulouse führenden A 62 / E 2 (Autoroute des Deux Mers; parallel dazu auch Landstraße), so kommt man nach 12 km nach La Brède. Das zwischen Kleingewässern stehende Schloß verdankt sein heutiges Aussehen umfangreichen Erneuerungsarbeiten im 16.–18. Jh., die aus dem einstigen Wehrbau einen herrschaftlichen Wohnsitz gemacht haben. Hier wurde der Politiker und Philosoph Charles de Montesquieu (1689–1755) geboren. Zu besichti-

Bordeaux, La Brède (Fortsetzung)

gen sind das einstige Wohnzimmer und die Bibliothek Montesquieus sowie der Park.

Cadillac

Von La Brède erreicht man auf der N 113 den südöstlich jenseits der Garonne und am Rand der Premières Côtes de Bordeaux gelegenen kleinen Winzerort Cadillac (von Bordeaux auch Direktverbindung auf der dem rechten Garonne-Ufer folgenden D 113), der aus einer im 13. Jh. gegründeten Bastide hervorgegangen ist und wo heute weiße Dessertweine gekeltert werden. Das einstige Schloß der Herzöge von Epernon, um 1600 errichtet, wurde in der Zeit der Französischen Revolution weitgehend zerstört, aber später wiederaufgebaut. Heute ist es der Sitz der "Connetablie de Guyenne", der regionalen Winzer-Bruderschaft.

Bougon (Tumulus)

→ Niort

Bressuire C 3

Département: Deux-Sèvres
Höhe: 184 m ü.d.M.
Einwohnerzahl: 18 000

Lage und Allgemeines

Bressuire, die Hauptstadt des Bocage Bressuirais, ist das wichtigste Handelszentrum für Landwirtschaft und Viehzucht dieser fruchtbaren Landschaft, die sich südlich vom Unterlauf der Loire ausdehnt.

Sehenswertes in Bressuire

Château

Das wichtigste historische Gebäude der Stadt ist das auf einem Bergsporn stehende Schloß, einst Sitz der einflußreichen Herren von Beaumont. Innerhalb der Ummauerung (13. Jh.) sind noch das Corps de Logis aus dem 15. Jh. und ein neugotischer Erweiterungsbau aus dem 19. Jh. erhalten.

Notre-Dame

Die überwiegend gotische Kirche Notre-Dame zeigt die Eigenheiten des von der englischen Architektur beeinflußten Plantagenet-Stils (13. Jh.), wurde aber im späten 15. Jh. verändert und in der Renaissance um den 56 m hohen Turm erweitert. Die farbigen Glasfenster des Chors stammen aus dem 19. Jahrhundert.

Museum

Den Schwerpunkt der Museumsbestände bilden französische Keramik aus dem 14. bis 19. Jh. sowie die Geschichte der Vendée-Kriege. Volkskundliche Sammlungen ergänzen den Eindruck. Das Museum ist Mi.–Sa. von 14.00 bis 18.00 Uhr geöffnet.

Brouage B 4

Département: Charente-Maritime
Höhe: 2 m ü.d.M.
Einwohnerzahl: 150

Lage und Allgemeines

Das heute gut 3 km landeinwärts in der sumpfigen Küstenebene gelegene Brouage am gleichnamigen Flüßchen war ein bedeutender Hafen- und Handelsort, der durch den Salzhandel reich geworden war, ehe der Küstenbereich verlandete. Es ist der Geburtsort des Entdeckungsreisenden Samuel de Champlain (um 1570 bis 25.12.1635), der die französische Kolonisierung Kanadas einleitete und die Stadt Quebec gründete.

Allgemeines (Fortsetzung)

In die Geschichte eingegangen ist die Romanze, die sich hier im Jahr 1659 zwischen dem einundzwanzigjährigen "Sonnenkönig", Ludwig XIV., und Maria Mancini, einer Nichte des Kardinals Mazarin, abspielte. Der Kirchenfürst und Diplomat vereitelte die Heiratspläne des Paares, denn nach seiner Überzeugung forderte die Staaatsräson zwingend eine Verbindung des Monarchen mit Maria Theresia, der Tochter König Philipps IV. von Spanien. Die enttäuschte Maria Mancini zog sich in die Einsamkeit von Brouage zurück.

Geschichte

Heute erinnert fast nichts mehr daran, daß Brouage einst eine bedeutende Hafenstadt gewesen ist.

Wallanlagen

Die kleine einstige Garnisonstadt ist auf schachbrettförmigem Grundriß erbaut und von einer rechteckigen Wallanlage mit vorspringenden Eckbastionen umgeben. Man beginnt den lohnenden Rundgang bei der stattlichen Porte Royale, wo es außerhalb ausreichend Parkmöglichkeiten gibt. Die Mauerkrone ist praktisch vollständig begehbar und bietet einen weiten Blick in das von Kanälen und Brackwassertümpeln durchzogene Umland. Vorsicht ist geboten, da die Außenmauern ungesichert fast senkrecht abfallen (Kinder beaufsichtigen!). In der Basis der Ummauerung befinden sich die Reste unterirdischer Hafenanlagen.

*Rundgang

Die dreischiffige ehemalige Garnisonkirche ist klassizistisch, birgt aber noch gotische Elemente.

Saint-Pierre

Südlich der Kirche steht die Halle aux Vivres (ehem. Markthalle), mit 54 m Länge das größte Gebäude des Städtchens. Heute dient sie als Ausstel-

Halle aux Vivres

Brouage (Fortsetzung)

lungshalle und Heimstatt des Centre Européen d'Architecture Militaire (Europazentrum für Militärarchitektur).

Cambo-les-Bains **B 6**

Département: Pyrénées-Atlantiques
Höhe: 65 m ü.d.M.
Einwohnerzahl: 4000

Lage und Allgemeines

Das südöstlich von Biarritz im hügeligen Pyrenäenvorland an der Nive gelegene Cambo-les-Bains wird als Thermalbad besucht. Bekannt ist es als zeitweiliger Wohnort des Dichters Edmond Rostand (1868–1918), dessen Versdrama "Cyrano de Bergerac" seinen Weltruhm begründete.

Sehenswertes in Cambo-les-Bains

Kirche

Der alte Ortsteil Haut-Cambo liegt über der Nive. Am Rand eines steil zum Fluß abfallenden Plateaus steht die im 17. Jh. erbaute Kirche, auf deren Vorplatz viele jener eigenartigen baskischen Grabstelen stehen. Das einschiffige, von dreistöckigen Emporen umzogene Kircheninnere wird von einem bemalten hölzernen Tonnengewölbe überspannt und birgt einen reich vergoldeten Barockaltar.

Panorama

Von der nahen Aussichtsterrasse überblickt man das liebliche Tal der Nive und die sich im Südosten erhebenden Pyrenäenvorberge.

Baskischer Grabstein in Cambo-les-Bains.

Thermalquellen

Die Thermalquellen befinden sich im südöstlichen Ortsteil Bas-Cambo, das im übrigen von Villen aus der Zeit der Jahrhundertwende geprägt ist.

*Villa Arnaga

Von der Ortsmitte führt die Allée Rostand zu der nordöstlich etwas außerhalb gelegenen Villa Arnaga. Der Schriftsteller Edmond Rostand, außerhalb von Frankreich vor allem durch seinen neuromantischen Roman "Cyrano de Bergerac" bekannt geworden, ließ sich hier einen prachtvollen Park und ein stattliches Wohnhaus im baskischen Stil errichten (geöffnet April–Sept. tägl. 10.00–12.30 und 14.30 bis 18.30 Uhr). Das vom Jugendstil geprägte prunkvolle Innere, noch weitestgehend im Originalzustand erhalten, beherbergt zahlreiche Erinnerungsstücke an den Dichter, darunter Dokumente, Porträts und Kostümentwürfe zu dem 1910 entstandenen satirischen Drama "Chantecler", das allerdings ein Mißerfolg gewesen ist..

Umgebung von Cambo-les-Bains

Aïnhoa
Lage
10 km südwestlich

Das an der Route Bayonne–Pamplona gelegene, für den traditionellen ländlichen Baustil des Baskenlands charakteristische Aïnhoa zeigt entlang der Hauptstraße schöne, liebevoll restaurierte Häuser mit weiß ausgefugtem Fachwerk, die aus dem 17. und 18. Jh. stammen. In vergangenen Jahrhunderten zogen hier die Jakobspilger vorüber. Einen Blick verdient auch das Kircheninnere mit schönen Schnitzereien.

Hasparren

Auf der D 22 nach Nordosten fahrend, erreicht man zunächst den gleichfalls durch einen Schriftsteller bekannten Ort Hasparren. Hier lebte der Lyriker und Essayist Francis Jammes (1868–1938); in seinem einstigen Wohnhaus befinden sich ein ihm gewidmetes Museum und ein Kulturzentrum.

*Grotten von Isturitz und Oxocelhaya

Gut 10 km südöstlich von Hasparren kommt man zu den 1930 entdeckten Grotten von Isturitz und Oxocelhaya, deren bis 25 m hohe Hallen zahlreiche Tropfsteine enthalten. Ursprünglich waren die beiden übereinanderliegenden Höhlensysteme das Bett eines unterirdischen Flusses.

Museum

Zu den Höhlen gehört ein kleines Museum, das örtliche Funde aus der Altsteinzeit zeigt.

Capbreton

→ Hossegor

Cap Ferret

→ Arcachon

Cauterets

→ Lourdes

Charroux D 3

Département: Vienne
Höhe: 165 m ü.d.M.
Einwohnerzahl: 1500

Lage und Allgemeines

Der kleine Ort Charroux, etwa auf halber Strecke zwischen Poitiers und Angoulême weit am Oberlauf der Charente gelegen, war seit der letzten Jahrtausendwende Standort einer bedeutenden Benediktinerabtei, die bis ins späte 18. Jh. Bestand hatte.

Abtei Saint-Sauveur

Den nach der Französischen Revolution erfolgten Abriß haben nur der südöstliche Teil der großen Klosterkirche und ein Teil der Konventsgebäude überstanden. Markantester Teil ist der sich über der kreisförmigen Vierung erhebende romanische Turm. An ihn schließt sich der Kapitelsaal an, dessen romanischer Figurenschmuck das Jüngste Gericht und andere bibli-

Charroux, Saint-Sauveur (Fortsetzung)

sche Szenen zeigt. Hier befindet sich auch der bemerkenswerte Kirchenschatz.

Châtellerault D 3

Département: Vienne
Höhe: 60 m ü.d.M.
Einwohnerzahl: 35 000

Lage und Allgemeines

Die Industrie- und Handelsstadt Châtellerault liegt an der Vienne, einem linken Nebenfluß der Loire. Schon seit dem 14. Jh. gibt es hier eine bedeutende eisenverarbeitende Industrie, aus der sich u.a. eine lebhafte Waffenfabrikation entwickelt hat. Die Altstadt breitet sich über dem rechten (östlichen) Ufer der Vienne aus, während westlich der gewerbereiche Vorort Châteauneuf liegt. Châtellerault ist Sitz einer Zirkusschule.

Sehenswertes in Châtellerault

Saint-Jacques

Im südlichen Teil der Altstadt erhebt sich die Eglise Saint-Jacques, die bedeutendste Kirche der Stadt. Ihre Ursprünge gehen auf das 11. bzw. 13. Jh. zurück, doch wurden gegen Ende des 19. Jh.s Veränderungen vorgenommen, die den Gesamteindruck verfälschen. In früheren Jahrhunderten war sie als Station auf dem Pilgerpfad nach Santiago de Compostela viel besucht; im Innern steht eine farbig gefaßte Holzstatue des hl. Jakobus im Pilgergewand. Das Glockenspiel wurde im 19. Jh. angebracht.

Musée Municipal

Von der Kirche führt die Rue Sully zum Fluß. An ihr steht das Hôtel Sully, ein ansehnliches Stadtpalais aus dem 16. Jh. In ihm ist das städtische Museum (geöffnet Di.–So. 14.00–18.00 Uhr) eingerichtet, das die Themen Archäologie, bildende Künste und Textilien umfaßt und eine bedeutende Sammlung von Waffen aus den örtlichen Manufakturen besitzt.

Pont Henri IV

Die Vienne wird vom Pont Henri IV überspannt. Die Errichtung der Brücke geht auf die Initiative von Katharina von Medici, der Gemahlin König Heinrichs II., zurück.

Musée Auto Moto Vélo

Im Süden des Stadtteils Châteauneuf markieren zwei hohe Schornsteine aus der Frühzeit des Industriezeitalters den Standort des Fahrzeugmuseums (geöffnet tägl. 10.00–12.00 und 14.00–18.00 Uhr). Hier sind zahlreiche große Namen der Automobilgeschichte vertreten, u.a. Jaguar, Ferrari, Lamborghini, Maserati und Porsche.
Auf einer Wendeltreppe kann man zu Plattformen an den Schornsteinen hinaufsteigen, von wo man einen guten Blick über die Stadt hat.

Le Grand Pressigny

Lage: 30 km nordöstlich von Châtellerault

Wenn man der D 725 und nach etwa 10 km der links abzweigenden D 80 folgt, überquert man bei Lésigny die Creuse. Auf der anschließenden D 60 erreicht man den Ort Le Grand Pressigny, wo sich das Musée Départemental de Préhistoire (regionales Vorgeschichtsmuseum; geöffnet 9.30–12.00 und 14.00–17.00 Uhr) befindet. Es zeigt einschlägige Funde aus der Touraine und verfügt auch über Einrichtungen für Blinde.

Chauvigny

→ Poitiers

Civaux

→ Poitiers

Clisson

B 2

Département: Loire-Atlantique
Höhe: 42 m ü.d.M.
Einwohnerzahl: 5500

Lage und Allgemeines

Das Städtchen Clisson liegt sehr malerisch über der Sèvre Nantaise, in die hier die Moine mündet und die sich ihrerseits 25 km weiter nordwestlich bei Nantes in die Loire ergießt.

Geschichte

Was in Clisson zunächst auffällt, ist das deutlich an oberitalienische Muster erinnernde Stadtbild. Und dieser Eindruck kommt nicht von ungefähr, denn im Jahr 1794 wurde das Städtchen durch die Revolutionstruppen nahezu völlig dem Erdboden gleichgemacht, woraufhin es die meisten Bewohner verließen. Den Wiederaufbau realisierten die beiden aus Nantes stammenden Künstler François Cacault und Frédéric Lemot, die lange Zeit in Italien tätig gewesen waren.

Sehenswertes in Clisson

Viadukt

Die Durchgangsstraße (N 149) überquert auf einem hohen Viadukt das Tal der Moine. Von der Brücke bieten sich nach beiden Seiten lohnende Aus-

Das Städtchen Clisson zeigt ein überraschendes, an oberitalienischen Mustern orientiertes Bild.

In Tiffauges steht die große Ruine der einstigen Blaubart-Burg.

Viadukt (Fortsetzung)

blicke auf die Stadtsilhouette; unten am Fluß erstreckt sich ein hübscher kleiner Park mit alten Bäumen.

Eglise de la Trinité

Direkt nördlich des Viadukts steht etwas abseits die Eglise de la Trinité, ursprünglich ein Benediktinerpriorat, das im 11. Jh. an die Kanoniker von Saint-Augustin übergegangen ist. Wie sich aus der Baustruktur deutlich ablesen läßt, sind die oberen Teile der Kirche (insbesondere die Gewölbe) im frühen 19. Jh. vollständig erneuert worden.

La Garenne-Lemot

Südlich des Viadukts erstreckt sich der Landschaftspark La Garenne-Lemot mit der klassizistischen Villa Lemot, in der heute eine Kunststiftung eingerichtet ist. Ursprünglich war sie der Wohnsitz des Bildhauers François Frédéric Lemot (1772–1827), der sich um die Neugestaltung des Stadtbildes verdient gemacht hat und im nahen Freundschaftstempel begraben ist. Im ehem. Gärtnerhaus befindet sich eine Dokumentationsausstellung zum italienischen Einfluß auf Clisson.

Château

Von der Eglise de la Trinité führen die Rue de la Vallée und der die Sèvre überquerende Pont de la Vallée zum Schloß, einem massigen Baukörper, dessen Ursprünge auf das 13./14. Jh. zurückgehen und das als vorgeschobenes Bollwerk der Bretagne gegen ihre südlichen Nachbarn diente.

Notre-Dame

Nicht weit vom Schloß steht die Kirche Notre-Dame, die mit ihrem in den Winkel zwischen rechtem Nebenschiff und Apsis eingestellten Turm gleichfalls italienisches Gepräge zeigt.

Tiffauges

Wenn man Clisson auf der N 149 in südöstlicher Richtung verläßt und kurz hinter Torfou rechts auf die D 753 abbiegt, kommt man zu dem Städtchen

Tiffauges. Hoch über dem Tal stehen die Ruinen der Burg, die einst Stammsitz des berüchtigten "Blaubarts" Gilles de Rais (Gilles de Retz; 1404–1440) war. Das weitläufige Areal ist vollständig ummauert; im Hof befinden sich die Nachbauten mittelalterlicher Belagerungsmaschinen sowie Kampfbahnen für die im Sommer stattfindenden Ritterspiele. Beachtung verdienen die Reste der aus dem 12. Jh. stammenden Chapelle Saint-Vincent (schöne Krypta). Der Donjon (Wehrturm; 18 m hoch) wurde 1626 auf Befehl Richelieus geschleift; er gilt als Verlies von Blaubarts Opfern.

Clisson, Tiffauges (Fortsetzung)
Lage
17 km südöstlich von Clisson

Cognac C 4

Département: Charente
Höhe: 27 m ü.d.M.
Einwohnerzahl: 20 000

Lage und Allgemeines

In der zu beiden Seiten der Charente gelegenen Stadt Cognac erblickte 1494 Franz I., 1515–1547 König von Frankreich, das Licht der Welt. Enorme Berühmtheit gewann der Ort, nachdem im 18. Jh. Einwanderer von den Kanalinseln und aus Großbritannien den Einfall hatten, die nicht unbedingt zu den Spitzengewächsen zählenden Weine der Region zu Weinbrand zu destillieren. Insbesondere in England machte das starke Getränk Furore, und heute ist Cognac das Synonym für französische Spirituosen schlechthin.

*Kellereien

Die Keller der wichtigsten Cognac-Firmen befinden sich im Bereich des Altstadtrandes und beider Charente-Ufer.

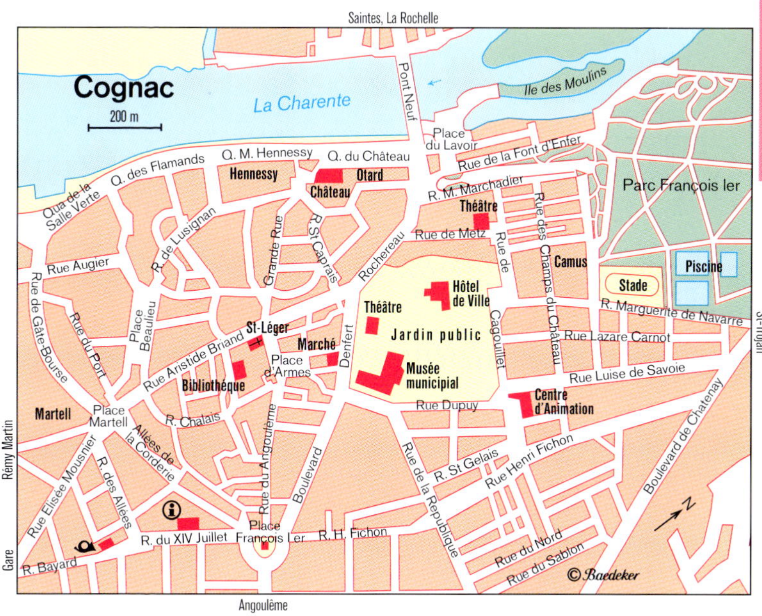

Hennessy

In unmittelbarer Nachbarschaft des alten Schlosses und des einstigen Stadttors (Porte Saint-Jacques) hat die Firma Hennessy ihren Sitz. Der im Dienst der Truppen Ludwigs XV. stehende irische Edelmann Richard Hennessy hatte sich nach seinem Armeedienst in der Charente niedergelassen und irgendwann ein Fäßchen des örtlichen Destillats an seine Lieben in der Heimat geschickt. Das war der erste Schritt zu einem Erfolg, der noch immer anhält.

Das Unternehmen führt regelmäßige Kellereiführungen durch (Voranmeldung Tel. 05 45 35 72 72), in deren Verlauf man auch das hauseigene Küfermuseum besichtigt.

Martell

Gleichfalls zu den großen Namen gehört das älteste Cognac-Handelshaus der Stadt, das 1715 von dem aus Jersey stammenden Jean Martell gegründet worden ist und seinen Sitz am südlichen Rand der Altstadt hat. Auch hier können Lagerkeller und Abfüllanlagen sowie das originalgetreue Modell eines historischen Weinhandelsschiffs aus dem 19. Jh. besichtigt werden (Voranmeldung Tel. 05 45 36 33 33).

In den Lagerkellern geht pro Jahr fast ebensoviel Cognac durch Verdunstung verloren, wie im ganzen Land getrunken wird.

Camus

Das dritte große Handelshaus im Stadtbereich ist die Firma Camus, die am nördlichen Rand der Innenstadt zu finden ist. Im Rahmen eines geführten Rundgangs (Voranmeldung Tel. 05 45 32 28 28) werden Lagerkeller, firmeneigene Böttcherei und Abfüllanlagen gezeigt und die Kunst der Cognac-Herstellung erläutert.

Rémy Martin

Östlich außerhalb der Innenstadt erreicht man das Betriebsgelände von Rémy Martin. Die Betriebsbesichtigung (Voranmeldung Tel. 05 45 35 76 66) wird ergänzt durch die Fahrt mit einem kleinen Touristenzug, der auch die nahen Weinberge erschließt.

Baedeker Special

Vom Geist des Weins

Wenn man der Überlieferung Glauben schenken darf, ist das für Frankreich charakteristischste geistige Getränk eine Erfindung der Briten. Wir erinnern uns: Seit der Zeit der Plantagenets waren die Verbindungen zwischen Südwestfrankreich und England vielfältig und stark. Aus der Gegend um Cognac bezogen englische Handelshäuser große Mengen von Landwein; und irgendwann kam ein pfiffiger Kopf auf die Idee, durch Destillation die Stärke des Getränks zu heben und zugleich das kostenträchtige Transportvolumen zu verringern. Das war die Geburtsstunde des Cognac, und noch heute lassen die Namen renommierter Brennereien wie Hennessy, Hardy, Hine oder Martell auf diese historischen Wurzeln schließen.

Heute darf nur diesen stolzen Namen tragen, was aus dem exakt definierten Gebiet kommt und aus den weißen Trauben der beiden Lagen "Grande Champagne" oder "Petite Champagne" destilliert worden ist. Der vorwiegend aus der Rebsorte "Ugni blanc" gekelterte, mit rund sieben Prozent recht alkoholarme Wein wird kurz nach der Vergärung in den traditionellen kupfernen Destillierblasen zweimal gebrannt (daher die Bezeichnung "biscuit") und das etwa siebzigprozentige Destillat – ohne Vor- und Nachlauf – dann in Lagerfässer aus Limousin-Eiche umgefüllt. Während des mindestens dreijährigen Reifungsprozesses verdunsten beträchtliche Alkoholmengen (man spricht von jährlich acht Millionen Litern), und von diesem "part des anges" (= Anteil der Engel) nährt sich ein genäschiger schwärzlicher Pilz, der die Mauern der Lagerkeller überzieht.

Cognac wird je nach Reifungsdauer in bestimmte Qualitätsklassen eingeteilt, wobei man durch Verschnitt verschiedener Destillate einen gleichmäßigen Gütestandard anstrebt. VSOP (Very Superior Old Pale) lagert mindestens fünf Jahre – meist aber bedeutend länger – im Faß; Napoléon etwa 15 Jahre. Die Qualitätsstufe XO wird nach etwa 30 Jahren erreicht, und der "Extra" kann um 50 Jahre alt sein. Eine zahlenmäßige Altersangabe auf dem Etikett ist allerdings nur für maximal fünf Jahre zulässig.

Innenstadt

Ancien Château Cognac Otard

Direkt neben der Kellerei Hennessy (s. zuvor) und der Porte Saint-Jacques steht etwas oberhalb der Charente das aus dem 15. und 16. Jh. stammende Alte Schloß, die Geburtsstätte Franz' I. Seit gut zweihundert Jahren lagern hier die Vorräte des Handelshauses Otard, das seine Existenz gleichfalls angelsächsischem Unternehmergeist verdankt. Eine Besichtigung ist nach Voranmeldung (Tel. 05 45 82 40 00) möglich.

Musée municipal

Östlich vom Schloß liegt am Rand der Altstadt der Park mit dem Hôtel de Ville (Rathaus) und dem Musée municipal (städtisches Museum; geöffnet Mi.–Mo. 10.00–12.00 und 14.00–18.00 Uhr). Es zeigt Sammlungen zur Regionalgeschichte (Fossilien, Mobiliar, Dokumente u.a.) sowie im Tiefgeschoß ein Cognac-Museum.

Cognathèque

Südlich vom Museum steht auf der Place François I ein Reiterstandbild des Monarchen. Wenige Schritte weiter erreicht man die Cognathèque, ein kleines Museum zur Cognac-Bereitung.

Verrerie Saint-Gobain

Eines der wichtigsten Industrieunternehmen in Cognac ist die Glashütte Saint-Gobain an der nahen Rue du Quatorze Juillet. Betriebsführungen werden durch das Office de Tourisme vermittelt.

Les Routes du Cognac

In der Umgebung der Stadt sind drei touristische Routen ausgewiesen, die zu landschaftlichen und kulturellen Sehenswürdigkeiten führen.

Vallée de l'Antenne

Die Route erschließt die nordwestliche Umgebung von Cognac. In Louzac Saint-André stehen die romanische Kirche Saint-Martin und die aus der selben Epoche stammende Kirche Saint-André mit figurengeschmückter Fassade. In Saint-Sauvant lohnen die Wehrkirche und die alten Gassen einen Blick. Über Saint-Césaire und Villars-les-Bois mit ihren romanischen Kirchen kommt man nach Burie mit einem Ecomusée, ehe man über Saint-Sulpice-de-Cognac und das Schloß von Cherves-Richemont nach Cognac zurückkehrt.

Grande Champagne

Die Route erschließt das Weinbaugebiet südöstlich von Cognac, wo das Ausgangsmaterial für den Cognac gedeiht.

Jarnac

Jarnac besitzt eine Kirche mit spätromanischer Krypta und einige alte Cognac-Handelshäuser; in der Maison Courvoisier ein Cognac-Museum. Der in Jarnac geborene ehem. französische Staatspräsident François Mitterrand (1916–1996) hat der Stadt eine beachtenswerte Kunstsammlung geschenkt (Donation F. Mitterrand, tgl. 10.00–13.00 und 14.00–19.00 Uhr).

Bassac

Etwa 3 km südöstlich von Jarnac, in Bassac, gründeten die Benediktiner um die Jahrtausendwende eine Abtei, die heute dem Orden der hl. Therese vom Kinde Jesu gehört. Die Klosterkirche ist hochgotisch, der Lettner und das Chorgestühl in der Renaissance eingefügt. An der rechten Wand des Kirchenschiffs ist das Grab der Klosterstifter, Wardrad des Reichen und seiner Gemahlin Rixendis. An die rechte Seite der Kirche sind die im 17./18. Jh. erneuerten Konventsgebäude angefügt.

Segonzac

Die ursprünglich romanische Kirche von Segonzac wurde im 16. Jh. verändert; der Ort ist zudem Sitz der Université Internationale des Eaux-de-Vie et des Boissons Spiritueuses.

Route de l'Art Roman

Ausgangs- und Endpunkt dieser Route ist der Ort Châteaubernard, wo es einen Dolmen (prähistorische Grabkammer) gibt. Entlang der Strecke stehen viele kleine Kirchen aus romanischer Zeit.

Condom D 6

Département: Gers
Höhe: 81 m ü.d.M.
Einwohnerzahl: 7000

Lage und Allgemeines

Die kleine Stadt Condom liegt an der Baïse, einem linken Nebenfluß der Garonne, im Pyrenäenvorland. Von wirtschaftlicher Bedeutung ist die Herstellung von und der Handel mit Armagnac, zu dessen Verschiffung der Fluß schon früh kanalisiert worden ist.

Sehenswertes in Condom

Cathédrale Saint-Pierre

Die ehem. Kathedrale Saint-Pierre, bis 1789 Bischofskirche, ist zu Beginn des 16. Jh.s im Stil der spätesten Gotik ("style flamboyant") errichtet worden, hat aber später mancherlei Änderungen erfahren. So stammen die farbigen Chorfenster aus dem 19. Jh., während diejenigen im Langhaus um 1970 von der traditionsreichen Glasmalerwerkstatt in Limoges ausgeführt wurden. Auch der Kreuzgang zeigt den deutlichen Einfluß des Historismus.

Armagnac-Museum

Im Musée de l'Armagnac (geöffnet Mo.–Sa. 10.00–12.00 und 14.30–18.30 Uhr) sind historische Destillationsapparate, Weinpressen, Glasflaschen und sonstiges Gerät ausgestellt, des weiteren eine Karte, auf der die einstigen Handelswege verzeichnet sind. Heute werden auf den Kanälen Bootsexkursionen veranstaltet.

Umgebung von Condom

Flaran

Rund 8 km südlich erreicht man auf der D 930 die alte Zisterzienserabtei Flaran, deren Kirche und Kreuzgang aus dem 12. Jh. stammen. Das ehem. Haus des Priors, wo der Besichtigungsrundgang beginnt, wurde im Barock angefügt. Von dem schönen romanischen Kreuzgang ist nur ein Flügel erhalten geblieben; im einstigen klösterlichen Bereich befindet sich eine Ausstellung zum Pilgerweg nach Santiago de Compostela. Die Kirche beeindruckt durch geradezu asketische Kargheit.

Cordouan (Leuchtturm)

→ Royan

Côte Basque B 6

Lage und Allgemeines

Als "Côte Basque" (Baskische Küste) bezeichnet man den rund 35 km langen Küstenstrich zwischen der Mündung des Adour bzw. → Biarritz und der französisch-spanischen Grenze bei Hendaye/Irun. Im Gegensatz zu den nördlich anschließenden, feinsandigen und gradlinigen Stränden ist dieser Bereich felsig und stark zerklüftet und bietet oftmals wildromantische Landschaftsbilder.

Basken

Die Basken, ein nichtindogermanisches Volk, das sich selbst Euskaldunak nennt, siedeln am Golfe de Gascogne (Golf von Biskaya) zu beiden Seiten der französisch-spanischen Grenze, und zwar etwa 700 000 auf spanischer und 100 000 auf französischer Seite. Während auf der spanischen Seite die Unabhängigkeitsbestrebungen der militanten baskischen Sepa-

Die Wellen der Biskaya brechen sich an den Felsen der wildromantischen Küste zwischen Bayonne und Hendaye.

ratisten immer wieder für Schlagzeilen sorgen, scheint man sich in Frankreich miteinander arrangiert zu haben. Die in den letzten Jahrzehnten allenthalben in Europa zu beobachtende Regionalisierung hat auch den französischen Basken zu einer Renaissance ihrer ursprünglichen Sprache und Kultur verholfen. Sichtbarstes Zeichen sind die zweisprachigen Ortsschilder, denen man immer häufiger begegnet.

Die baskische Sprache, die allerdings im täglichen Gebrauch keine allzu große Rolle spielt, ist das einzige vorindogermanische Idiom, das sich in Europa erhalten hat. Ihre philologischen Wurzeln sind noch fast nicht erforscht; vermutete Verwandtschaften mit afrikanischen oder kaukasischen Sprachen sind reine Spekulation. Zudem haben zahlreiche Entlehnungen aus dem keltischen und romanischen Sprachraum das Erscheinungsbild des Baskischen immer wieder verändert.

**Corniche Basque

Von → Saint-Jean-de-Luz führt die Corniche Basque (D 912) landschaftlich höchst reizvoll über der Küste hin zu dem an der Mündung des Grenzflusses Bidassoa gelegenen Ort Hendaye (14 km), wobei sich immer wieder herrliche Ausblicke auf die Küste und das oft stürmische Meer öffnen.

Bayonne

→ dort

Biarritz

→ dort

Saint-Jean-de-Luz

→ dort

Baskische Sportarten

s. Special S. 242

Côte d'Argent

→ Landes

Coulon C 3

Département: Deux-Sèvres
Höhe: 15 m ü.d.M.
Einwohnerzahl: 2000

Lage und Allgemeines

Coulon, der Hauptort des → Marais Poitevin, liegt rund 10 km westlich von Niort an der Sèvre Niortaise und am östlichen Rand des als "Venise Verte" ("grünes Venedig") gerühmten Parc Naturel Régional, der sich bis zur Atlantikküste erstreckt.

Sehenswertes in Coulon

Aquarium

An der Place de l'Eglise befindet sich das Aquarium de la Venise Verte. Es zeigt eine Vielzahl einheimischer und exotischer Fische; ein 30 m langes Diorama präsentiert die Fauna und Flora der Gegend.

An der nahen romanisch-gotischen Kirche fällt die Außenkanzel auf.

Maison des Marais Mouillés

Die Verwaltung des regionalen Naturparks unterhält in der Maison des Marais Mouillés an der Place de la Coutume ein beeindruckendes Museum. Das Maraiscope zeigt, wie die Bewohner der sumpfigen Küste einst gelebt haben; ferner gibt es Sammlungen zum traditionellen Bootsbau und zum Fischfang sowie eine historische Wohnstube aus dem späten 19. Jahrhundert.

Coulon (Fortsetzung), Bootsausflüge

Beliebt sind Bootsfahrten auf dem weitverzweigten, verwunschenen Kanalnetz der Küstenebene. Die flachen Boote werden mit einer langen Stange gestakt.

Touristenzug

Von Coulon gehen nicht nur die von vielen Unternehmen angebotenen Bootsfahrten aus, sondern auch ein Schmalspurzug, der in 75 Minuten eine 20 km lange Rundfahrt absolviert.

Dampierre-sur-Boutonne

→ Marais Poitevin

Dax B 6

Département: Landes
Höhe: 12 m ü.d.M.
Einwohnerzahl: 20 000

Lage und Allgemeines

Das durch seine heilkräftigen Thermalquellen bekannte Dax, das Aquae Tarbellicae der Römerzeit, liegt rund 30 km landeinwärts vom Golfe de Gascogne am Adour, der hier die natürliche Trennlinie zwischen dem hügeligen Pyrenäenvorland der Chalosse und den nördlich anschließenden weiten Ebenen der Landes bildet. Aus der Nähe der Stadt stammt der Ordensgründer Vinzenz von Paul (1584–1660).

Sehenswertes in Dax

Fontaine chaude

In der südlich des Adour sich ausbreitenden Altstadt befindet sich die Fontaine chaude (heiße Quelle), der Ursprung des Flüßchens Nèhe. In das rechteckige Becken ergießen sich stündlich 100 000 Liter des 65 °C heißen, heilkräftigen Kalzium-Sulfat-Wassers. An der Hauptfront des Säulenkarrees, das die Quellfassung umgibt, befinden sich eine Erinnerungstafel

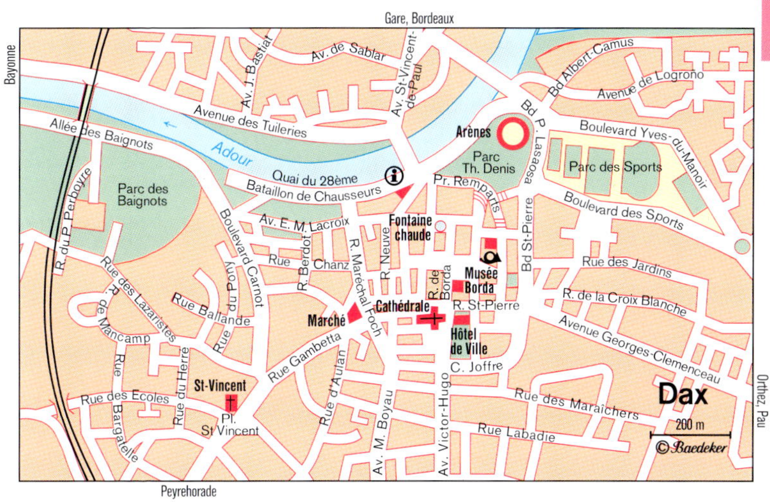

Die heißen Quellen von Dax bilden den Ursprung des Flüßchens Nèhe und werden auch wegen ihrer Heilkraft geschätzt.

Fontaine chaude (Fortsetzung)

für das 1933 gefeierte zweitausendjährige Jubiläum des Thermalbads und die aus Messing gegossenen, löwenköpfigen Brunnenrohre, zu denen die Kurgäste der nahen Hotels strömen.

Musée Borda

Von der Fontaine Chaude nach Süden gehend, erreicht man an der Rue Cazade (Nr. 27) das in einem Palais aus dem 17. Jh. eingerichtete Musée Borda (geöffnet Mo., Mi.–Sa. 14.30–18.30 Uhr). Es ist benannt nach dem aus Dax stammenden Seefahrer und Mathematiker Jean-Charles de Borda (1733–1799), der maßgeblich an der Entwicklung des metrischen Systems beteiligt war. Die umfangreichen Sammlungen zeigen u.a. zahlreiche Bronzestatuetten aus gallo-römischer Zeit, bildende Kunst aus dem 13.–15. Jh. sowie Exponate zur Regionalgeschichte und afrikanische Kunst.

Crypte archéologique

Gegenüber dem Museum birgt die archäologische Krypta die Reste eines römischen Tempels aus dem 2. Jh. n. Chr. (Auskunft im Musée Borda).

Kathedrale

Wenige Schritte weiter südlich erreicht man die Kathedrale Notre-Dame. Der heutige klassizistische Bau steht an der Stelle eines 1645 eingestürzten gotischen Vorgängerbaus, von dem im linken Querhausarm noch ein fast unversehrtes schönes Portal erhalten ist.

Musée du Foie Gras

Im Nordosten der Innenstadt, nahe dem Parc Théodore Denis, befindet sich an der Rue des Jardins das Musée du Foie Gras, das der kulinarischen Spezialität von Dax, der Gänseleber, gewidmete Museum (geöffnet Mo.–Sa. 10.00–12.00 und 14.00–17.00 Uhr). Hier wird erklärt, wie sich die Geflügelzucht seit dem alten Ägypten entwickelt hat und welche Rolle die Gänseleber in der Gastronomie spielt.

Arènes

Im bereits genannten Park werden in der Arena um den 15. August Stierkämpfe veranstaltet, und zwar sowohl die unblutigen Courses Landaises als auch die Corridas nach spanischem Muster, die mit dem Tod des Stiers enden.

Dax, Arènes (Fortsetzung)

Remparts

In der Nähe des Parks sind Reste der einstigen Stadtbefestigung von Dax erhalten.

Musée ALAT

Südlich der Stadtmitte liegt der Militärflugplatz und in seiner Nähe (Avenue de l'Aérodrome) das Musée de l'Aviation Légère de l'Armée de Terre (ALAT; Heeresfliegermuseum; geöffnet Mo.–Sa. 14.30–17.30 Uhr), wo Modelle von Hubschraubern und Flächenflugzeugen sowie zahlreiche Dokumente ausgestellt sind.

Saint-Paul-les-Dax

Am nordwestlichen Rand der Innenstadt steht etwas erhöht die ursprünglich romanische Kirche aus dem 11. Jh., deren Apsis mit Flachreliefs aus der Erbauungszeit (einige wurden allerdings kürzlich durch etwas grobe Kopien ersetzt) geziert ist.

Ecomusée de la Vendée (Musée Daviaud)

→ Saint-Gilles-Croix-de-Vie

Flaran (Abtei)

→ Condom

Fontenay-le-Comte C 3

Département: Vendée
Höhe: 23 m ü.d.M.
Einwohnerzahl: 15 000

Lage und Allgemeines

Die industrie- und gewerbereiche Stadt Fontenay-le-Comte liegt beiderseits der Vendée, die weiter südwestlich in die Sèvre Niortaise mündet und der historischen Landschaft den Namen gegeben hat. In der humanistischen literarischen Tradition der Stadt ist der an klassisch-antiken Vorbildern geschulte Satiriker Nicolas Rapin (1539–1608) von Bedeutung, ferner der neulateinische Dichter René Rapin (1621–1687). Der 1540 hier geborene François Viète gilt als Begründer der neuzeitlichen Algebra.

In den Religionskriegen wurde die dem reformierten Bekenntnis nahestehende Stadt achtmal belagert; 1621 wurde sie eingenommen und ihre Befestigungsanlagen geschleift. Damit einher ging auch der wirtschaftliche Niedergang der einstmals wohlhabenden Textil- und Lederstadt.

Stadtrundgang

Auf dem Straßenpflaster ist mit einem großen geschwungenen F ein Stadtrundgang ausgeschildert.

Sehenswertes in Fontenay-le-Comte

Musée Vendéen

Die Altstadt liegt auf einer Hügelflanke über dem nordwestlichen Ufer der Vendée. Unterhalb der hübschen Place Viète steht das im einstigen Pfarrhaus eingerichtete Musée Vendéen (geöffnet Di.–So. 14.00–18.00 Uhr), das der Kultur und Geschichte des Bas-Poitou gewidmet ist und altes Mobiliar, bildende Kunst sowie archäologische Sammlungen (darunter besonders beachtenswert die gallo-römischen Gläser) umfaßt.

Notre-Dame

Östlich gegenüber dem Museum erhebt sich die wuchtige Kirche Notre-Dame mit ihrem 82 m hohen Turm. Sie wurde im frühen 14. Jh. auf Resten eines romanischen Vorgängerbaus errichtet, von dem noch die Krypta (11. Jh.) erhalten ist. In der Renaissance wurde um 1540 die Chapelle Brisson angefügt. Die farbigen Glasgemälde stammen größtenteils aus dem 19. Jh.; die Apsis wird fast völlig durch den großen frühbarocken Altar verstellt.

Parc Baron

Folgt man von der Kirche der Rundgangmarkierung nördlich bergan, so kommt man zum Parc Baron, einem hügeligen Landschaftspark mit alten Bäumen, in dem die Ruine des einstigen herzoglichen Schlosses steht. Von hier hat man einen guten und umfassenden Blick auf die Kirche Notre-Dame und die Dächer der Unterstadt.

Fontaine des Quatre Tias

Nach Durchquerung des Parks kehrt man auf der Rue du Château zur Oberstadt zurück, wobei man an der schönen Fontaine des Quatre-Tias (Vier-Röhren-Brunnen; 1542) vorbeikommt, die dem Andenken der humanistischen Denker der Stadt gewidmet ist.

Unterstadt

Man überquert auf dem Pont des Sardines die Vendée und erreicht die Place du Dauphin, an der beherrschend das Palais Royal (ehem. Königsschloß; 17. Jh.) steht.

*Château de Terre-Neuve

Über den Pont-Neuf kehrt man zur Place Viète (s. zuvor) zurück und verläßt die Innenstadt in Richtung Luçon. Über die Rue Brisson erreicht man das Château de Terre-Neuve, das ursprünglich im späten 16. Jh. für den Dichter Nicolas Rapin erbaut und um die Mitte des 19. Jh.s durch den Grafiker Octave de Rochebrune im Zeitgeschmack großzügig ausgestattet worden ist. Von 1941 bis 1943 lebte und arbeitete hier der belgische Romancier Georges Simenon, geistiger Vater des Kommissars Maigret. Beachtung

Im etwas außerhalb von Fontenay-le-Comte gelegenen Château de Terre-Neuve arbeitete der Romancier Georges Simenon.

verdienen die offenen Kamine, die Kassettendecken aus der Renaissance und Holzvertäfelungen aus dem Loire-Schloß Chambord.

Château de Terre-Neuve (Fortsetzung)

Vouvant bei Fontenay-le-Comte

Lage
10 km nördlich von Fontenay-le-Comte

Die von Fontenay in Richtung Bressuire führende D 938 zieht westlich an dem schönen Waldgebiet der Forêt de Mervent-Vouvant vorüber. Statt der kürzeren Direktverbindung lohnt sich der Umweg durch diese Gegend. Vorbei am Barrage de Mervent, der die Vendée zu einem großen Trinkwasserreservoir aufstaut, erreicht man den Parc Zoologique du Gros Roc und wenig später den Vogelpark von Pagnolle. Dann führt eine Stichstraße zur Grotte du Père Montfort, die heute als Wallfahrtsziel besucht wird. Schließlich kommt man nach Vouvant, das seine Existenz der legendären Fee Melusine (vgl. → Lusignan) verdanken soll. Von der einstigen Burg, die auf dem Bergsporn über dem Tal der Mère steht, ist nur noch die 36 m hohe Tour Mélusine, der von 1242 stammende Bergfried, übriggeblieben. Vom Dach bietet sich ein schöner Rundblick. Weiterhin verdient auch die teilweise noch romanische Kirche Beachtung.

Futuroscope

→ Poitiers

Gascogne

B–D 5–7

Départements: Gers, Landes, Hautes-Pyrénées, Gironde, Lot-et-Garonne, Tarn-et-Garonne, Haute-Garonne, Ariège

Lage

Die historische Landschaft Gascogne erstreckt sich zwischen dem Atlantik (Golfe de Gascogne), den Pyrenäen und der Garonne. Hauptstadt des einstigen Herzogtums (seit 768) ist Auch. In der Zeit der Engländerherrschaft (1259–1453) bildete es einen Teil der Guyenne (Aquitanien). Nach Beendigung des Hundertjährigen Kriegs fiel das Gebiet 1453 an die französische Krone.

Namensherkunft

Der Name "Gascogne" leitet sich her vom Stamm der Vasconen (Basken), die im 1. Jh. Teile des Baskenlandes bewohnten und um 600 n. Chr. auch die heutige Gascogne besiedelten. Seit jeher gelten die Gascogner als verwegene, selbstsichere Haudegen; der literarische Archetypus des tollkühnen Helden ist der durch Alexandre Dumas' Roman "Die drei Musketiere" romantisch idealisierte Comte d'Artagnan.

Gavarnie

→ Lourdes, Umgebung

Gironde

C 4

Départements: Charente-Maritime, Gironde

Lage und Allgemeines

Die Gironde ist der breite Mündungstrichter, den die Flüsse Garonne und Dordogne nach ihrer Vereinigung nördlich von Bordeaux bilden. Auf einer Länge von 75 km dehnt er sich auf eine Breite von zuletzt 10 km aus. Der

Gironde, Allgemeines (Fortsetzung)

Wasserstand unterliegt den Gezeiten des Atlantik. Bei Blaye/Lamarque und bei Royan/Verdon-sur-Mer wird der Strom von Autofähren überquert; nördlich von Blaye dient das Flußwasser zur Kühlung einer Kernkraftanlage. Zwischen dem westlichen Ufer der Gironde und der Atlantikküste dehnen sich die berühmte Weinbauregion des Médoc und die von riesigen Kieferforsten bedeckte und von Strandseen durchsetzte Küstenebene aus. Steiler und stärker strukturiert ist das östliche Ufer, dessen hügeliges Hinterland intensiv landwirtschaftlich genutzt wird. Die Störe der Gironde waren lange Zeit Grundlage einer einträglichen Kaviargewinnung, aber inzwischen haben Industrieabwässer den einstigen Fischreichtum stark beeinträchtigt.

Reiseziele

→ Royan, → Talmont, → Blaye, → Bordeaux, → Médoc

Le Grand-Pressigny

→ Châtellerault

Guéthary

→ Saint-Jean-de-Luz

Hagetmau

→ Orthez

Hendaye

→ Saint-Jean-de-Luz

Hossegor B 6

Département: Landes
Höhe: 4 m ü.d.M.
Einwohnerzahl: 3000

Lage und Allgemeines

Hossegor an den schier endlosen honigfarbenen Sandstränden der Côte Sauvage (wilde Küste) ist ein altbekanntes Seebad mit schönem Hinterland und seit etlichen Jahren ein Mekka der Surfer, die auf schmaler Planke vor den hohen Wellenkämmen hingleiten. Alljährlich im August tragen die Professionals dieses Sports hier ihre Weltmeisterschaftswettkämpfe aus.

Sehenswertes in Hossegor

**Strand

Vor dem Boulevard du Front de Mer, der von niederen, gepflegten Häusern gesäumt ist, dehnt sich der breite, feinsandige Strand, der südlich am Passe du Boucarot endet und weit im Norden ein FKK-Gelände umfaßt.

Lac Marin d'Hossegor

Der Hauptteil des Siedlungsgebiets liegt zwischen dem Meer und dem Lac Marin d'Hossegor. Der Strandsee, aus einem Altwasserarm des Adour ent-

Fischmarkt in Hossegor.

Lac d'Hossegor (Fortsetzung)

standen, steht über den Canal d'Hossegor und den Passe du Boucarot mit dem Atlantik in Verbindung, weshalb sein Wasser salzhaltig ist und sich mit den Gezeiten hebt und senkt. Am Ufer liegen viele herrliche Villengrundstücke.

Golfplatz

Weiter landeinwärts kommt man zum Golfplatz (18 Löcher), der direkt an den Wasserlauf des Bourret grenzt.

Capbreton

Ecomusée
Casino

Beim Port de Plaisance (Sporthafen) überquert eine Brücke den Bourret und führt zur Nachbargemeinde Capbreton. Hier sollte man sich das Ecomusée de la Pêche et de la Mer nicht entgehen lassen. Es zeigt Fossilien, Mineralien, Meeresflora und -fauna sowie Schiffsmodelle und historisches Fanggerät. Von der zugehörigen Terrasse überblickt man den Ozean und die Hafeneinfahrt.
Im selben Gebäude ist auch das Spielkasino (Roulette, Black Jack u.a.) zu finden.

Isturiz und Oxocelhaya (Grotten)

→ Cambo-les-Bains

Jarnac

→ Cognac, Les Routes du Cognac

La ...

s. Hauptnamen

Landes (Landes de Gascogne) B–C 4–5

Départements: Landes, Gironde

Lage und Allgemeines

Der Begriff "Landes", keltischen Ursprungs, bezeichnet karge, sumpfige Heidelandschaften. Die Landes de Gascogne, um die es in diesem Reiseführer geht, sind das Gebiet zwischen der Gironde, der Atlantikküste und dem Adour, der bei Bayonne ins Meer mündet. Der südliche Teil der Landes ist im wesentlichen identisch mit dem gleichnamigen Département; der nördliche Teil reicht in das Département Gironde hinein.

Geschichte

Erdgeschichtlich sind die Landes ausgesprochen jung, denn ihre Ursprünge gehen auf das Quartär (ca. 2,5 Mio. Jahre) zurück; die Herausbildung der sandigen Ablagerungsebene erfolgte sogar erst in historischer Zeit. Der beständige Seewind trägt noch heute große Sandmengen landwärts, wo sich endlose Ketten von Wanderdünen gebildet haben.
Viele Jahrhunderte lang waren die Landes eine karge, wenig bewirtschaftete und dünn besiedelte Region, deren landschaftliches Relief in ständiger Bewegung war. Vielfältig waren die Pläne, die Gegend zu stabilisieren und wirtschaftlich nutzbar zu machen, aber konkrete Schritte in dieser Richtung erfolgten erst gegen Ende des 18. Jh.s, als der Ingenieur Nicolas Brémontier die Wanderdünen durch großflächige Anpflanzung von Büschen und Strandkiefern befestigte. Im Laufe der Jahre entstand so der heute mit knapp 1 Mio. ha größte zusammenhängende Wald Europas.
Ein zweites Problem allerdings bestand bis zum Deuxième Empire, der Regierungszeit Napoleons III., fort: Der Sandboden lag einer wasserundurchlässigen Schicht harten Sandsteins auf, was zu Grundwasserstauungen führte und die landwirtschaftliche Nutzbarkeit gering hielt. Der Ingenieur Jules Chabrelent ließ an verschiedenen Stellen diese Schicht durchstoßen, wodurch der Grundwasserpegel absank und die Urbarmachung weitere Fortschritte machte.

Wirtschaft

Hand in Hand mit der großflächigen Aufforstung ging ein wirtschaftlicher Aufstieg, denn das von den Kiefern gewonnene Harz brachte bis in die jüngste Vergangenheit guten Gewinn. Heute indessen gibt es fast keine Harzzapfer mehr. Hingegen haben Papier- und Zellstoffwerke eine große wirtschaftliche Bedeutung erlangt; in der Nähe von Biscarrosse werden Erdölvorkommen ausgebeutet.
Ein zweites Standbein der Wirtschaft war die Schaf- und Ziegenzucht. Die Hirten bewegten sich auf hohen Stelzen durch das Sumpfland, das sie auf diese Weise weithin überblicken und so ihre Herden vor Raubtieren rechtzeitig in Sicherheit bringen konnten. Heute sieht man diese malerischen Gestalten allerdings nur noch bei folkloristischen Veranstaltungen.

Warnung

Die riesigen, im Sommer extrem trockenen Kiefern- und Ginsterbestände sind der permanenten Gefahr von Flächenbränden ausgesetzt, die sich mit enormer Geschwindigkeit ausbreiten und wegen der ziemlich dünnen Besiedlung des Hinterlandes praktisch nicht wirkungsvoll bekämpft werden können. Daher muß man mit Brennbarem (auch Zigaretten) sehr vorsichtig umgehen. Auch muß man beachten, daß unter ungünstigen Umständen Glasscherben wie Brenngläser wirken und trockene Pflanzenteile entzünden können.

Die auf Stelzen gehenden Hirten der Landes konnten weit ins Land blicken. Heute sieht man sie nur noch auf Folklorefesten. ▶

Bei Lacanau finden die Wellenreiter ein Dorado.

Sgraffiti auf den Resten des Atlantikwalls.

Landschaftsbild

Die ziemlich dünn besiedelte Sandebene wird meerwärts von einer fast lückenlosen Dünenkette begrenzt, an deren Ostseite sich Strandseen aneinanderreihen. Entlang der Küste haben sich in den letzten hundert Jahren viele Seebäder entwickelt, die von den schier endlosen geradlinigen Sandstränden profitieren und auch die wichtigsten Siedlungsschwerpunkte im Gebiet der Landes bilden. Auch bei Windstille steht an der Küste oft eine überaus kräftige, von der hohen See kommende Dünung an, die heute den Surfern und Wellenreitern optimale Bedingungen bietet, aber unerfahrenen Schwimmern gefährlich werden kann.
Ein großer Teil der Landes östlich von Arcachon wurde als Parc Régional Naturel des Landes unter Schutz gestellt.

Die einzige größere Lücke im Küstensaum bildet die Bucht von Arcachon, die knapp 20 km ins Land eingreift. Die Waldungen des Hinterlandes werden von einem grobmaschigen Straßennetz durchzogen; Teile der Landes sind als Truppenübungsplätze ausgewiesen.

**Fahrt durch die Landes Girondines

Vorbemerkung

Ausgangspunkt des nachstehenden Routenvorschlags ist die Bucht von → Arcachon. Die Rundfahrt verläuft parallel zur Atlantikküste nach Norden bis zur Gironde-Mündung und führt durch das weinberühmte Médoc sowie an den Außenbezirken von Bordeaux vorüber nach Arcachon zurück.

Man verläßt → Arcachon wie auf der dort beschriebenen Fahrt um die Bucht. Bei Lège-Cap-Ferret wendet man sich nach Norden und folgt der D 3.

Lacanau

Die Strecke führt nun eben und in langen Geraden durch endlose Kiefernwälder. Direkt beim Ort ist der Lac de Lacanau mit schönem Sandstrand und klarem Wasser in das Waldland gebettet; es gibt einen kleinen Sporthafen.
Die Strecke führt jetzt an einem Golfplatz vorüber und westlich nach Lacanau-Océan, einer sehr hübschen, modernen Sommerkolonie in dicht mit Kiefern bestandenem Dünengelände. Der großartige feinsandige Strand ist stellenweise leider durch Reste des einstigen Atlantikwalls verunziert.

Maubuisson
Bombannes

Parallel zum Strand geht es weiter nach Norden und bei der Straßenteilung rechts nach Maubuisson, das an der Südspitze des Lac d'Hourtin-Carcans liegt und wo das Musée des Arts et Traditions Populaires des Landes Einblick in Kultur und Volkskunde der Region gewährt. Nördlich liegt am Seeufer das Freizeitzentrum Bombannes mit seinem vielseitigen Angebot. Hinter Maubuisson führt die Route über den Kanal hinweg, der den See mit dem südlich gelegenen Lac de Lacanau (s. zuvor) verbindet.

Moulin de Vensac
*Pointe de Grave

Auf langen Geraden erreicht man die Abzweigung zur historischen Windmühle von Vensac und danach die Pointe de Grave, die direkt gegenüber von → Royan an der Gironde-Mündung gelegene Landspitze (Schiffsverbindung; Fährhafen). Die Stichstraße endet auf der Landzunge unterhalb des Bunkers, auf dessen Plattform sich zwei Orientierungstafeln befinden. Es bietet sich ein herrlicher Blick auf die Küstenlinie und den vorgelagerten Leuchtturm von Cordouan (→ Royan). Der Strand besteht aus feinem Sand; wegen der heftigen Meeresströmungen ist hier aber das Baden verboten. Im nahen Leuchtturm informiert ein kleines Museum über die Geschichte des Phare de Cordouan, der auch Ziel von Bootsausflügen ist.

Médoc

Für die Rückfahrt wählt man die nach Bordeaux führende N 215, die lohnende Abstecher in das → Médoc ermöglicht. Von → Bordeaux gelangt man schließlich auf der N 250 nach Arcachon zurück.

Von der Pointe de Grave kommt man per Schiff nach Royan oder zum Phare de Cordouan.

**Von Arcachon nach Bayonne

Auch diese Strecke geht von → Arcachon aus, von wo man zunächst nach Pyla-sur-Mer und zur Dune du Pilat (beides → Arcachon) fährt. Der Dünensaum ist ein bei Drachen- und Gleitschirmfliegern beliebtes Terrain; auch gibt es zahlreiche Reitstationen.

Biscarrosse

Über das Seebad Biscarrosse-Plage kommt man nach Biscarrosse, einer verstreut in Kieferngehölzen gelegenen Feriensiedlung an der Nordspitze des gleichnamigen Sees. Sehenswert ist das in einer Gruppe einstöckiger Pavillons und einer großen verglasten Halle eingerichtete Musée Historique de l'Hydraviation (Wasserflugzeug-Museum; tgl. 14.00–18.00, Juli/August 10.00–19.00 Uhr), das Originalflugzeuge, Modelle und Motoren zeigt.

Parentis-en-Born

Unweit vom östlichen Ende des Lac de Biscarrosse, in dem es einige Bohrplattformen gibt, liegt Parentis-en-Born mit dem Musée du Petrole (Erdölmuseum). Weiter geht es durch Kiefern- und Eichenmischwald.

Mimizan

Die nächste Etappe ist Mimizan mit dem am Strand gelegenen Ortsteil Mimizan-Plage. Der gute Sandstrand wird durch die Flußmündung zweigeteilt. Am Rand von Mimizan-Ville steht der Turm einer ehem. Benediktinerabtei, an der dank der künstlich angelegten Bepflanzung die Wanderdüne zum Stillstand gekommen ist. Im Innern der Turmbasis verdient das reich mit Skulpturen gezierte Portal der einstigen Kirche Aufmerksamkeit. Ein paar Schritte weiter das Musée de Mimizan (die volkskundliche Abteilung direkt jenseits der Straße).

Levignacq

An der D 652 folgt der kleine Ort Saint-Julien-en-Born, von wo der Abstecher auf einer Nebenstraße landeinwärts nach Levignacq lohnt. Das Orts-

Idyllisch liegt das Kirchlein von Levignacq.

Levignacq (Fortsetzung)

bild wird geprägt von den für die Landes charakteristischen niedrigen Fachwerkhäusern. Besonders interessant ist die Kirche; das einschiffige Innere wird von einem hölzernen Tonnengewölbe überspannt, das lückenlos mit im späten 18. Jh. gemalten Bildern religiösen Inhalts bedeckt ist. Im unverkleideten Gewölbe des Altarraums ist eine Anzahl gotischer Wandmalereien erhalten.

Hossegor

Nun kehrt man auf die D 652 zurück, die abseits der Küste über → Hossegor und Capbreton zu der einstigen Seehafenstadt → Bayonne führt.

*Ecomusée de la Grande Lande

Lage nördlich von Mont-de-Marsan

Im Bereich des regionalen Naturparks liegt bei Marquèze das Ecomusée de la Grande Lande, das angeblich älteste Freilichtmuseum Frankreichs. In dem weitläufigen Gelände stehen viele historische Häuser und Wirtschaftsgebäude. Hier kann man anhand der reichhaltigen Exponate nachvollziehen, wie die Bewohner der Gegend im 19. Jh. gelebt haben. Hier werden auch historische Haustierrassen gehalten, und in der Saison zeigt man traditionelle Handwerks- und Landwirtschaftstechniken wie die Harzgewinnung, die Feldarbeit und die Verarbeitung natürlicher Rohstoffe wie Flachs etc.

**Côte d'Argent

Als "Côte d' Argent" ("Silberküste") bezeichnet man die flache, in langen Geraden verlaufende Sandküste der Landes zwischen der Pointe de Grave (gegenüber von → Royan) und der Mündung des Adour bei → Bayonne. Der Küstensaum ist auf weite Strecken von langen Dünenhügeln begleitet, an deren meerwärtigem Fuß sich zahlreiche Seebäder entwickelt haben,

Landes, Côte d'Argent (Fortsetzung)

während landwärts einige große Strandseen liegen. Die Côte d'Argent ist nicht zuletzt bei den Surfern und Wellenreitern sehr beliebt. Gelegentlich trifft man auch noch auf Reste des von der deutschen Wehrmacht angelegten Atlantikwalls.

Arcachon → dort

Le ...

s. Hauptnamen

Ligugé (Abtei)

→ Poitiers

Lourdes C 6

Département: Hautes-Pyrénées
Höhe: 410 m ü.d.M.
Einwohnerzahl: 16000

Lage und Allgemeines

Lourdes, einer der berühmtesten und meistbesuchten katholischen Wallfahrtsorte, liegt am nördlichen Pyrenäenrand, wo der Gave de Pau in das Vorland tritt.

Der am Pyrenäenrand gelegene Ort Lourdes wird alljährlich von mehreren Millionen Pilgern besucht.

Geschichte

Die Wallfahrt hat ihren Ursprung in den Marienerscheinungen, die das Hirtenmädchen Bernadette Soubirous (1844–1879) im Jahr 1858 in der nahe am Gave de Pau gelegenen Grotte de Massabielle hatte, und der durch Bernadette in der Grotte gegrabenen Quelle, die noch heute besteht und deren Wasser als heilkräftig gilt. Bernadette, die 1860–1866 im städtischen Spital Hilfsdienste leistete, trat 1866 in ein Kloster in Nevers ein und erlag dort ihrer schweren Krankheit. 1925 wurde sie selig-, 1933 heiliggesprochen. Franz Werfel hat der Heiligen in seinem 1941 erschienenen Roman "Das Lied von Bernadette" ein literarisches Denkmal gesetzt. Lourdes ist heute alljährlich das Ziel mehrerer Millionen Pilger.

Sehenswertes in Lourdes

Innenstadt

Das eigentliche Stadtzentrum bildet die Place Peyra; unweit östlich steht die neuromanische Kirche Sacré-Cœur, die 1877–1903 errichtete Hauptkirche der Stadt. Südwestlich des Platzes befindet sich das sog. Cachot ("Loch", ehem. Gefängnis), von 1856 bis 1863 der Wohnraum der sechsköpfigen Familie Soubirous.

Château fort

Weiter westlich erhebt sich über dem rechten Ufer des Gave de Pau die mächtige Burg (13.–17. Jh.), zu der man mit einem Aufzug hinauffahren kann. In ihrem Innern befindet sich ein Pyrenäen-Museum (Archäologie, Keramik, Volkskunde).

Cité religieuse (korrekte Kleidung erwünscht)

Die Cité religieuse wurde auf dem Landvorsprung am linken Ufer des Gave de Pau errichtet, der vom Fluß halbkreisförmig umschlossen wird. Dorthin gelangt man über den Boulevard de la Grotte und den Pont Saint-Michel. Unmittelbar hinter der Brücke beginnt die Esplanade des Processions, über die fast allabendlich eine bei der Grotte (s. unten) beginnende Lichterprozession zur Esplanade du Rosaire (s. unten) zieht. Unter der südlichen Hälfte der Esplanade wurde 1958 anläßlich der Hundertjahrfeier die Basilique souterraine Saint-Pie-X angelegt. Der mächtige unterirdische Raum (12 000 m^2), von einer 200 m langen und 80 m breiten Betondecke überspannt, faßt rund 20 000 Personen.

Pavillon Notre-Dame

Südöstlich der Höhlenkirche steht nahe am Fluß der Pavillon Notre-Dame. Das in diesem Gebäude untergebrachte Museum dokumentiert das Leben der hl. Bernadette und die Geschichte der Wallfahrt; das Musée d'Art Sacré du Gemmail zeigt die unterschiedlichen Techniken der Glasmalerei.

Basilique du Rosaire

Die Esplanade des Processions mündet westlich auf die Esplanade du Rosaire, auf der die bei der Grotte (s. unten) beginnende tägliche Sakramentsprozession endet und anschließend die Krankensegnung stattfindet. An der Westseite des Platzes erhebt sich die 1885–1889 in neuromanisch-byzantinischem Stil errichtete Basilique du Rosaire mit reichem Mosaikschmuck.

Basilique supérieure

Von beiden Seiten der Esplanade du Rosaire führen Rampen hinan zu der auf der Höhe des Grottenfelsens stehenden neugotischen Basilique supérieure, die 1864–1871 erbaut und 1876 geweiht wurde (70 m hoher Glokkenturm). Im Innern gibt es zahlreiche Votivgaben; unter der Kirche eine große Krypta.

Grotte de Massabielle

Nördlich unterhalb der Basilika, dem Flußufer zu, liegt die 12 m breite und 10 m tiefe Grotte de Massabielle, in der Bernadette ihre Marienvisionen hatte. In der Erscheinungsnische steht eine 1863 nach der Schilderung der hl. Bernadette von dem Lyoner Bildhauer Joseph Hugues Fabisch geschaffene marmorne Madonnenstatue; links von der Grotte in der Felswand zahlreiche Wasserhähne für das Quellwasser.

Calvaire

Von der Südseite der Basilika gelangt man auf dem von gußeisernen Statuen gesäumten Chemin du Calvaire auf den Kalvarienberg. Von hier westlich hinab und in 10 Min. vorbei an den in Kapellen umgewandelten Grottes des Spélugues, in denen Werkzeug aus prähistorischer Zeit gefunden worden ist.

Umgebung von Lourdes

Höhlen

Ganz in der Nähe liegen mehrere interessante Grotten: die Grotte des Sarrazins, die Grotte du Loup und die Grotte du Roy.

*Grotte de Bétharram

Etwa 16 km westlich von Lourdes liegt bei dem ebenfalls als Wallfahrtsziel besuchten Ort Bétharram die gleichnamige Grotte. Sie ist in mehreren Ebenen auf insgesamt knapp 3 km begehbar, und der unterirdische Fluß kann mit dem Boot befahren werden.

Béout

2 km südlich von Lourdes befindet sich die Talstation einer auf den 792 m hohen Aussichtsberg Béout führenden Schwebebahn. Nahe der Bergstation wurde in einer 82 m tiefen Höhle Werkzeug aus vorgeschichtlicher Zeit gefunden.

Pic de Jer

Unweit östlich erreicht man die Talstation der auf den 948 m hohen Pic de Jer führenden Bergbahn, von dessen Gipfel sich ein noch umfassenderer Rundblick bietet.

Argelès-Gazost

Lage
12 km südlich von Lourdes

Das u.a. wegen seiner Schwefelquellen besuchte Städtchen liegt im Tal des oberen Gave de Pau. Es besitzt einen reizvollen Kurpark; von der in der Oberstadt stehenden Tour Mendaigne (17. Jh.) hat man einen schönen Blick.

Saint-Savin

Abseits der nach Cauterets (s. unten) weiterführenden Straße liegt die einstige Benediktinerabtei Saint-Savin (11./12. und 14. Jh.), seinerzeit der religiöse Mittelpunkt der Bigorre. Erhalten ist in der Kirchenfassade ein schönes romanisches Portal; Beachtung verdient auch der Kirchenschatz.

*Pic de Pibeste

Einer der besten Aussichtspunkte in den Pyrenäen ist der 1349 m hohe Pic de Pibeste, den man zu Fuß von dem nördlich von Argelès gelegenen Weiler Ouzous ersteigen kann (hin und zurück ca. 5 Std.).

*Cauterets

Lage
25 km südlich von Lourdes

Folgt man von Argelès-Gazost dem Tal des Gave de Cauterets aufwärts, so erreicht man das herrlich zwischen Pyrenäengipfeln gelegene Thermalbad Cauterets. Hier gibt es 24 schwefelhaltige Quellen mit Temperaturen von 36–53 °C. Eindrucksvolle Ausflugsziele liegen in den Vallées de Cauterets, die in den Parc National des Pyrénées (Pyrenäen-Nationalpark) eingreifen.

Bagnères-de-Bigorre

Lage
30 km östlich von Lourdes

Auch das am Oberlauf des Adour gelegene Bagnères-de-Bigorre ist ein vielbesuchtes Thermalbad. Mittelpunkt der Innenstadt sind die Allées des Coustous; unweit östlich davon steht die im 14./15. Jh. erbaute Kirche Saint-Vincent. Um die Place des Thermes konzentriert sich das Kurleben; im Musée Salies eine gute Keramiksammlung.

**Grottes de Médous

Unweit talaufwärts kommt man zu den bei einem Schlößchen gelegenen Grottes de Médous, einer der größten Sehenswürdigkeiten der Pyrenäen. Das erst 1948 entdeckte Höhlensystem wurde von einem Bach ausgewaschen, der die Wasserbecken des hübschen, von alten Bäumen beschatteten Schloßparks speist. Das Wasser stammt aus einer nahen Versickerungsstelle des Flusses Adour. Die Grotte mit ihren prächtigen Tropfsteinen kann auf einer Bootsfahrt erkundet werden.

Tarbes bei Lourdes

Lage
20 km nordöstlich von Lourdes

Auf der N 21 gelangt man in nordöstlicher Richtung nach Tarbes, der in einer fruchtbaren Ebene am Adour gelegenen Hauptstadt des Département Hautes-Pyrénées und Geburtsort des Marschalls Foch (1851–1929). Beachtung verdient in erster Linie der nördlich vom Zentrum gelegene Jardin Massey. Im Park befindet sich das Musée Massey, das archäologische Funde sowie Gemälde aus dem 15.–19. Jh. zeigt. Eine Sonderabteilung (Musée des Hussards) widmet sich der Geschichte dieser legendenumwobenen Waffengattung.

**Cirque de Gavarnie

Lage
ca. 50 km südlich von Lourdes

Südlich von Lourdes (N 21 und D 921) kommt man zum Cirque de Gavarnie, einer der größten landschaftlichen Sehenswürdigkeiten im französischen Pyrenäenraum. Es handelt sich um einen in rund 1600 m Höhe gelegenen Felskessel, der von herrlichen Dreitausendern eingefaßt ist. Die Grande Cascade, deren Ursprung bereits auf spanischem Boden liegt, ist mit 422 m der höchste Wasserfall Europas.

Luçon B 3

Département: Vendée
Höhe: 10 m ü.d.M.
Einwohnerzahl: 9000

Lage und Allgemeines

Der alte Bischofssitz Luçon, vor der Verlandung der Vendée-Küste ein nicht unbedeutender Hafen, liegt heute knapp 20 km landeinwärts in der von Kanälen durchzogenen Küstenebene. Meerwärts erstreckt sich der Parc Régional Val de Sèvre.

Geschichte

Die erste urkundliche Erwähnung fand Luçon im 7. Jh. anläßlich der Gründung eines Benediktinerklosters durch den hl. Philbert von Noirmoutier. Im Jahr 1606 wurde Armand-Jean du Plessis, Herzog von Richelieu, hier zum Bischof geweiht und hatte das Amt bis 1623 inne – obgleich ihm sein Bistum das armseligste und schmutzigste von ganz Frankreich schien. Nicht zuletzt wegen ihrer Nachbarschaft zur Hugenottenhochburg La Rochelle hatte die Stadt in den Religionskriegen sehr zu leiden, doch gewann sie bald ihre Bedeutung als geistiger und geistlicher Mittelpunkt der Vendée zurück.

Sehenswertes in Luçon

Notre-Dame

Den Stadtmittelpunkt bildet die weite Place Richelieu, an deren Südseite sich an der Stelle des einstigen Benediktinerklosters die Kathedrale Notre-Dame erhebt. Sie wurde im 13.–15. Jh. stark erweitert, aber in der Folgezeit immer wieder beschädigt und erneuert, so daß sie heute eine Vielzahl von Baustilen in sich vereint. Langhaus und Chor sind von der Romanik und Gotik geprägt, der Turm im 17. Jh. entstanden und im 19. Jh. erneuert sowie die Fassade mit ihren klassizistischen Elementen im späten 18. Jh. neu gestaltet. An der Nordflanke der Kathedrale ist ein gut erhaltenes romanisches Portal zu sehen.

Bischofspalais

Direkt an die Südseite der Kathedrale grenzt das Bischofspalais, zu dem ein ausgezeichnet erhaltener Kreuzgang aus dem 16. Jh. gehört.

Jardin Dumaine

Nordwestlich der Kathedrale, hinter dem Hôtel de Ville (Rathaus), breitet sich der 4 ha große Jardin Dumaine aus, in dem es eine Freilichtbühne und

einen Konzertpavillon gibt; eine Anzahl von in Tierform gestutzten Büschen illustriert die Fabeln von La Fontaine.

Luçon, Jardin Dumaine (Fortsetzung)

Nordöstlich vom Park steht jenseits der Rue Georges Clemenceau der 1637 erbaute Ursulinerinnenkonvent. Beachtenswert ist die Kapelle, deren flach gewölbte Decke mit Malereien aus dem 17. Jh. geziert ist. Dargestellt sind Passionsszenen, eine Allegorie der Musik und das Elysium.

Chapelle des Ursulines

Lusignan

D 3

Département: Vienne
Höhe: 135 m ü.d.M.
Einwohnerzahl: 3000

Lage und Allgemeines

Die kleine Stadt Lusignan liegt an und auf einem Höhenrücken, der von der Vonne umflossen wird. Sie ist verbunden mit der Sage von der schönen Melusine, die als Ahnfrau des Grafengeschlechts von Lusignan gilt. Sie soll eine Meerfrau gewesen sein, die sich mit einem Sterblichen vermählte, aber in ihr Geisterreich zurückkehren mußte, als ihr Gemahl sie in ihrer Nixengestalt erblickt hatte. Auf ihre magischen Kräfte führt die Volkssage die Gründung der Burg von Lusignan sowie der Städte La Rochelle und Parthenay zurück.

Sehenswertes in Lusignan

Château

Die Ruine der einstigen gräflichen Burg steht am Ende des Bergsporns; in den erhalten gebliebenen Räumen hat man ein kleines regionalgeschichtliches Museum eingerichtet. Nahebei gibt es eine Aussichtsplattform, von der man den malerischen Fluß überblickt.

Kirche

Auch die Kirche, im 11. Jh. entstanden, geht auf die Grafen von Lusignan zurück. Der stattliche romanische Bau besitzt eine dreischiffige Krypta; die Vorhalle wurde im 15. Jh. angefügt.

Tumulus de Bougon

→ Niort, Umgebung

Maillezais

C 3

Département: Vendée
Höhe: 14 m ü.d.M.
Einwohnerzahl: 1000

Lage und Allgemeines

Der kleine Ort Maillezais liegt am nördlichen Rand des → Marais Poitevin, der sich westlich bis zum Pertuis Breton erstreckenden, von einem dichten Kanalnetz durchzogenen Küstenebene.

Sehenswertes in Maillezais

Abtei

Erhöht über dem Ort steht die weithin sichtbare Ruine der im 11. Jh. an der damaligen Meeresküste erbauten Abtei Saint-Pierre, die zeitweise auch Zentrum eines Bistums war. Im 13. Jh. wurde sie von einem angeblichen Nachkommen der schönen Melusine (vgl. → Lusignan) zerstört; die heutige erhaltene Bausubstanz stammt allerdings zu einem weitaus größeren Teil aus dem 15. und 16. Jahrhundert.

◂ *Die Fassade der Kathedrale von Luçon ist vom Barock geprägt.*

Maillezais, Abtei (Fortsetzung)

Auch von den Konventsgebäuden sind beachtliche Reste erhalten geblieben. Sie beherbergen u.a. ein Lapidarium.

Maison des Vieux Métiers

Im Ort zeigt die Maison des Vieux Métiers die Handwerkstradition des Marais Poitevin; angegliedert sind ein kleiner botanischer Garten und ein Aquarium mit einheimischen Fischen.

Marais Poitevin B–C 3

Départements: Vendée, Charente-Maritime
Fläche: 80 000 ha

Lage und Allgemeines

Bis weit in historische Zeit hinein reichte der Atlantik bis in die Nähe der Stadt Niort. Erst dann begann sich, bedingt durch die Sedimentablagerungen der Sèvre Niortaise, die Küstenlinie nach Westen, zur Baie de l'Aiguillon hin, zu verlagern, und dieser Vorgang dauert noch heute an. Man unterscheidet das feuchte, von zahllosen Kanälen und Wasserläufen durchzogene Marais Mouillé, das in poetischer Umschreibung auch "Venise Verte" ("Grünes Venedig") genannt wird, und das künstlich entwässerte, landwirtschaftlich genutzte Marais Désséché. Ein großer Teil des Sumpflandes (insgesamt ca. 15 000 ha) steht heute unter Landschaftsschutz.

Parc Naturel Régional du Marais Poitevin

*Landschaftsbild

Im Marais Mouillé haben Kanäle die Straßen ersetzt; man spricht von insgesamt 25 000 Kilometern Wasserwegen. Die endlos scheinende Ebene ist von großen Weideflächen und lichtem Wald bedeckt; die Kanäle, auf

Das Marais Poitevin wird auch "grünes Venedig" genannt.

Marais Poitevin, Landschaftsbild (Fortsetzung)

denen flache Ausflugsboote und die Kähne der Moorbauern hingleiten, werden von Pappeln und Erlen gesäumt. Das riesige Feuchtbiotop bietet Lebensraum für Zugvögel, Fischotter, Bisamratten und eine Vielzahl von Amphibien und Reptilien. Für Angler schließlich ist das Marais ein Dorado, das seinesgleichen sucht.

Maisons du Parc

Eine für das Verständnis der regionalen Kultur sehr wichtige Einrichtung sind die sieben Maisons du Parc: meist historische Gebäude, in denen museale Sammlungen und Dokumentationen zu den verschiedenen Aspekten des Marais zu finden sind.
Die Maison de l'Eau et de la Forêt, in der alten Mühle von La Mothe-Saint-Héray, zeigt lokale Gebräuche und Volkstrachten sowie eine geologische Sammlung und einen kleinen botanischen Garten.
In → Coulon sollte man die Maison des Marais Mouillés besuchen.
Mitten im Trockenlegungsgebiet um Chaillé-les-Marais wird in der Maison du Petit Poitou gezeigt, wie die Menschen das Marais Désséché urbar gemacht haben.
Nahe an der Baie de l'Aiguillon liegt Esnandes; hier informiert die Maison de la Mytiliculture über die Muschelzucht in den küstennahen Gewässern.
Eine schöne alte Wassermühle in Nieul-sur-l'Autise zeigt, wie in früheren Zeiten die Müller gearbeitet und gelebt haben.
Der Baudet du Poitou ist vermutlich die älteste Eselrasse Europas. In Dampierre-sur-Boutonne kann man die zottigen Tiere in ihrer Aufzuchtstation besuchen.
Das Poitou hat eine lange protestantische Tradition. Die Maison du Protestantisme in La Couarde-Beaussais dokumentiert die hugenottische Reformation.

Ausflüge

Am beliebtesten sind Bootstouren auf den Kanälen. Anlegestellen (embarcadères) finden sich fast an allen Orten im Marais Poitevin.
Die flache Küstenlandschaft bietet auch ideale Voraussetzungen für Radwanderer. Verleihstationen gibt es fast überall.
Ähnlich zahlreich sind die Reitställe; wer mehrere Tage durch das Marais bummeln will, kann sich auch eine sog. Roulotte, einen von einem Pferd gezogenen Zigeunerwagen, mieten.

Coulon

→ dort

Marennes B 4

Département: Charente-Maritime
Höhe: 10 m ü.d.M.
Einwohnerzahl: 5000

Lage und Allgemeines

Marennes, die wohl bekannteste Austernstadt Frankreichs, liegt an der Seudre, die sich hier in eine weite, von riesigen Muschelzuchtbecken durchsetzte Mündungsebene ergießt. Unmittelbar vor der Küste, über eine Straßenbrücke zu erreichen, liegt die Insel → Oléron.

Sehenswertes in Marennes

Saint-Pierre-de-Sales

Das markanteste Gebäude der kleinen Stadt ist die gotische Kirche Saint-Pierre-de-Sales. Ihr 85 m über der Küstenebene aufragender Turm diente auch als Seezeichen. In 55 m Höhe befindet sich eine Aussichtsplattform; zur Turmbesteigung (291 Stufen) wendet man sich an das direkt gegenüber stehende Haus Nr. 28.

Vidéorama

Im nahen Bureau de Tourisme informiert das Vidéorama de l'Huître über die berühmte Austernzucht von Marennes.

Marennes ist berühmt für seine Austernzucht.

Marennes (Fortsetzung), La Gataudière

Nördlich vom Ortszentrum, jenseits der nach Oléron führenden Durchgangsstraße, steht das Château de la Gataudière, ein stattlicher Barockbau, der von François Fresneau, dem Entdecker des Kautschuks, errichtet worden ist. Heute wird es von Nachkommen der Familie Bonaparte bewohnt.

La Cayenne

Von der Ortsmitte führt eine hübsche Route am Kanal entlang zu den Austernparks im Bereich des Vororts La Cayenne. Das am Kanal gelegene Restaurant La Cayenne unterhält ein kleines Austernmuseum.

Austernparks

Rings um La Cayenne gibt es eine Unzahl von Austernbecken. Vom kleinen Hafen gehen Bootsexkursionen aus, auf denen man die Austernparks besichtigen und eine Menge über die Zucht dieser berühmten Delikatesse erfahren kann.

Médoc B–C 4

Département: Gironde

Lage und Allgemeines

Das Médoc, ein Teil des weinberühmten Bordelais (→ Bordeaux), erstreckt sich am linken (westlichen) Ufer der Gironde. Im weiteren Sinne bezeichnet man so das Dreieck zwischen der Gironde, der Atlantikküste und der gedachten Linie Arcachon–Bordeaux; der Weinbau indessen beschränkt sich auf einen direkt an die Gironde anschließenden Gebietsstreifen von rund 80 km Länge und maximal 15 km Breite.

Weinbau

Man unterscheidet zwei Regionen: das Haut-Médoc reicht von Blanquefort vor den Toren von Bordeaux bis Saint-Seurin-de-Cadourne rund 45 km nördlich; dann schließt sich bis zur Pointe de Grave das Bas-Médoc an.

Nicht umsonst werden die stattlichen Weingüter des Médoc "châteaux" genannt.

Weinbau (Fortsetzung)

Der ausgesprochen karge, magere Kiesboden des Médoc ist entscheidend für die hohe Qualität der hiesigen Kreszenzen. Es werden fast nur rote Traubensorten (Cabernet, Cabernet-Sauvignon, Merlot) angebaut.

*Fahrt durch das Médoc

Die von → Bordeaux ausgehende Route folgt der D 2 in nördlicher Richtung. Sie führt durch die flache Rebhügellandschaft am linken Ufer der Gironde, wo sich die "Châteaux" genannten weltberühmten Weingüter aneinanderreihen.

Château Margaux

Das Château Margaux gehört zu den großen Namen des Médoc. Wie viele seinesgleichen hat es keine allzu weit zurückreichenden Wurzeln; es wurde zu Beginn des 19. Jh.s erbaut. Kelter und Lagerkeller können besichtigt werden, allerdings nicht während der Zeit der Lese, da dann alle Arbeitskräfte im Weinberg gebraucht werden.

Château Maucaillou

In diesem Weingut kann man sich außer den Lagerkellern auch das kleine Weinbaumuseum ansehen, wo man allerlei Wissenswertes über den Médoc-Wein erfährt. Dann fährt man am von Vauban angelegten Fort Médoc vorüber und durch den Flußhafenort Pauillac zum Schloß Mouton-Rothschild.

**Château Mouton-Rothschild

Das Château Mouton-Rothschild, wohl das berühmteste Weingut des Médoc, liegt etwas abseits der Durchgangsstraße und ist wegen der spärlichen Beschilderung nicht ganz leicht zu finden. Hinter Pauillac folgt man einer links abzweigenden schmalen Nebenstraße und erreicht bei einem am Rand stehenden Obelisken mit goldenem Stern das repräsentative Hauptportal der stattlichen Domäne. Neben den Kellern lohnt vor allem

Médoc, Château Mouton-Rothschild (Fortsetzung)

das gleichfalls in alten Gewölben eingerichtete Museum einen Besuch (nur nach Voranmeldung; Tel. 05 56 73 21 29). Der Hausherr hat hier alles zusammengetragen, was er zum Thema "Wein und Kunst" finden konnte – Gemälde, Plastiken, Gobelins, Prunkgeschirr und hervorragende Goldschmiedearbeiten aus dem 16./17. Jh.; ferner gibt es eine Abteilung moderner Kunst, u.a. mit Werken des US-amerikanischen Plastikers Richard Lippold.

Wer genügend Zeit hat, kann seine Fahrt bis zur Pointe de Grave gegenüber von → Royan fortsetzen und auf der schnellen N 215 durch das Landesinnere nach Bordeaux zurückkehren.

Médous (Grotten)

→ Lourdes, Umgebung

Melle C 3

Département: Deux-Sèvres
Einwohnerzahl: 5000

Lage und Allgemeines

Melle, etwa 25 km südöstlich von Niort im engen Tal der Béronne gelegen, gehörte zu den wichtigen Stationen am Pilgerweg nach Santiago de Compostela. Schon im 7. Jh. gab es hier eine Münzprägeanstalt für das in der Nähe geförderte Silber; bis ins späte 19. Jh. spielte auch die Zucht der Poitou-Esel eine große Rolle, der als Tragtier geschätzt wurde und erst in der Zeit der Massenmotorisierung an Bedeutung verloren hat.

Die romanische Kirche Saint-Hilaire in Melle.

Sehenswertes in Melle

Das bedeutendste Baudenkmal der kleinen Stadt ist die Kirche Saint-Hilaire am westlichen Ufer des hier von einer Brücke überspannten Flüßchens. Der in der klaren Romanik des Poitou errichtete, harmonische Bau ist berühmt durch den "Reiter von Melle", die über dem reichverzierten linken Seitenportal stehende Plastik, deren ikonographische Bedeutung noch immer nicht völlig geklärt ist. Im Innern beeindrucken die skulpturengeschmückten Kapitelle.

*Saint-Hilaire

Über die genannte Brücke erreicht man die Durchgangsstraße (D 948), der man nach Osten folgt, um zur gleichfalls romanischen Kirche Saint-Savinien zu gelangen. Seit 1801 ist sie profaniert, und heute findet hier alljährlich im Sommer ein Musikfestival statt.

Saint-Savinien

Die dritte der romanischen Kirchen steht im Norden der kleinen Stadt. Saint-Pierre steht auf einer Anhöhe über der Béronne; Beachtung verdient der bildhauerische Schmuck an den Außenfronten.

Saint-Pierre

Umgebung von Melle

Die Silberminen, denen Melle zur Zeit der fränkischen Könige seine Wohlhabenheit verdankte, liegen rund 1 km südlich bei Le Loubeau. Im Hochsommer finden täglich Führungen durch die alten Stollen statt.

Silberminen

Folgt man von Melle der D 948 in Richtung Niort, so kommt man zu dem 7 km entfernt gelegenen Ort Celles-sur-Belle, wo einst eine Benediktinerabtei stand. Zu ihr gehörte die Kirche Notre-Dame, noch heute das vielbesuchte Ziel einer am ersten Septembersonntag stattfindenden Wallfahrt. Weitbekannt ist das eigenartige romanische Fächerportal, das vom im 16. Jh. zerstörten ersten Kirchenbau stammt.

Celles-sur-Belle

Die sich an die Kirche anschließenden ausgedehnten Konventsbauten sind im 16. Jh. von François Leduc errichtet, aber auch in der Folgezeit nie ganz vollendet worden.

Merment-Vouvant (Wald von)

→ Fontenay-le-Comte

Mimizan

→ Landes

Mirande D 6

Département: Gers
Höhe: 174 m ü.d.M.
Einwohnerzahl: 4000

Das Städtchen Mirande mit dem Beinamen "la Jolie" (= die Anmutige), hervorgegangen aus einer mittelalterlichen Bastide (= Wehrdorf), liegt ungefähr auf halber Strecke zwischen Tarbes und Auch im hügeligen Pyrenäenvorland. Charakteristisch ist das schachbrettförmige Straßenraster, wie es vielen Wehrsiedlungen eigen ist.

Lage und Allgemeines

Baedeker Special

Zweckarchitektur des Mittelalters

Eine Siedlungsform, die man in Südfrankreich vielerorts antrifft, ist die Bastide. Ursprünglich bedeutet der aus dem Okzitanischen stammende Begriff schlicht "Bauwerk", aber im engeren Sinn bezeichnet er die Wehrsiedlungen, die zwischen 1140 und 1350, also in der Zeit der Territorialkämpfe und der kriegerischen Auseinandersetzungen zwischen Frankreich und England, entstanden sind. Zunächst wurden nur massige, ausschließlich dem Schutz dienende Wehrtürme, die sog. Donjons, errichtet. Bei Gefahr zog man die Leitern ein, die von draußen zum hochgelegenen Eingang führten, und war so relativ sicher vor dem Ansturm der Feinde, konnte sich aber so gut wie nicht selbst zur Wehr setzen.

Zu Beginn des 13. Jahrhunderts entstanden als neuer Typus des Verteidigungsbaus die Wehrkirchen. Massive Kirchenbauten wurden von einem starken Mauerkranz umzogen, der dank Schießscharten und Pechnasen eine aktive Verteidigung zuließ.

Die Castelnaux (Wehrdörfer) sind aus Siedlungen entstanden, die sich im Schutz von Bauten des geistlichen oder weltlichen Adels entwickelt hatten. Unter dem Schirm und Schutz des Grundherrn war gut sein.

Besonders viele Bastides sind in der Guyenne und der Gascogne entstanden. Es handelt sich um planmäßig angelegte Neugründungen, die meist auch im Schutz des Grund- und/oder des Landesherrn standen. Da die Bewohner dieser Wehrdörfer praktisch zeitlebens "im Dienst" waren, blieb ihnen die Ableistung eines weiteren Wehrdienstes erspart, und auch steuerlich gab es Vorteile. Zudem genoß Asyl, wer auch immer die Bastide betrat.

Die Stadtplanung erfolgte fast immer nach ähnlichen Schemata: regelmäßiger Grundriß, zentral gelegener Markt-, Exerzier- und Versammlungsplatz. Jeder Bürger erhielt ein Grundstück innerhalb und ein Stück Ackerland außerhalb der Mauern zugewiesen.

Wie zweckmäßig das Planungsprinzip schon damals war, erkennt man daran, daß die neugegründeten Garnisonstädte des 17. bis 19. Jahrhunderts (z.B. Brouage oder La Roche-sur-Yon) im Grunde den gleichen Vorgaben folgten, sie vielleicht nur noch perfektionierten.

Einen guten Eindruck dieser mittelalterlichen Zweckarchitektur bietet der Circuit des Châteaux Forts et Castelnaux, der von Mirande ausgeht.

Sehenswertes in Mirande

Musée des Beaux-Arts

In der Ortsmitte steht das Musée des Beaux-Arts et des Arts Décoratifs (Kunst- und Kunstgewerbemuseum; geöffnet Mo.–Sa. 10.00–12.00 und 15.00–18.00 Uhr). In dem modernen Zweckbau sind italienische, flämische und französische Gemälde aus dem 15.–19. Jh. sowie südwestfranzösische Fayencen ausgestellt.
An der Rue de l'Eveché verdienen einige mittelalterliche Häuser mit schönen Fachwerk-Obergeschossen ("maisons à colombages") Beachtung.

Kirche

An der Ostseite der Rue de l'Eveché erhebt sich die im 15. Jh. errichtete wehrhafte Kirche mit ihren massigen Strebepfeilern.

Circuit des Bastides et Castelnaux bei Mirande

Länge: ca 100 km

Diese Route ("Rundfahrt der Wehrstädte und Burgen") führt zu den wichtigsten Wehrbauten westlich von Mirande. Man verläßt das Städtchen auf der N 21 südwestlich in Richtung Tarbes. Hinter dem Festungsstädtchen Miélan erreicht man den Aussichtspunkt Puntous de Laguian, wo sich ein hervorragender Panoramablick über die Pyrenäenkette auftut. Dann kehrt man auf der selben Straße zurück bis zur Abzweigung (links) der nach Norden führenden D 3.

Tillac

Der kleine Ort Tillac mit seinen hübschen Fachwerkbauten wird vom Turm der einstigen Festung und der im 14. Jh. erbauten Kirche überragt. Weiter fährt man direkt auf der D 3 oder mit einem kurzen Umweg über Saint-Christaud nach Marciac.

Marciac

Auch die Gründung von Marciac geht auf eine Bastide aus dem 13. Jh. zurück. Die Kirche Notre-Dame besitzt einen 90 m hohen Turm; nahebei das Musée d'Histoire Naturelle (Naturkundemuseum). Bei der Weiterfahrt kommt man am nördlichen Ortsrand an einem 25 ha großen, hübschen See vorbei.

Beaumarchès

Den westlichsten Punkt der Rundfahrt erreicht man bei Beaumarchès, das gleichfalls eine alte Wehrkirche besitzt. Deren Portal zeigt einen sehenswerten Figurenfries. Weiter folgt man der D 946, die ostwärts auf dem aussichtsreichen Hügelkamm entlangführt.

Bassoues
Montesquiou

Schon von weitem erkennt man den Wehrturm von Bassoues, der erstiegen werden kann. Dann kommt man nach Montesquiou über dem Tal der Osse. Auch hier sind Reste der mittelalterlichen Befestigung erhalten.

Über L'Isle-de-Noé (reizvoller Abstecher zur Bastide Barran mit ihrem eigenartigen Kirchturm) und weiter auf der D 939 kehrt man nach Mirande zurück.

Montaigne (Château)

→ Saint-Emilion

Mont-de-Marsan C 6

Département: Landes
Höhe: 58 m ü.d.M.
Einwohnerzahl: 28 000

Lage und Allgemeines

Mont-de-Marsan, die Hauptstadt des Département Landes, geht auf einen befestigten Ort ("castelnau") zurück. Es liegt reizvoll an der Vereinigung von Midou und Douze zur Midouze. Von wirtschaftlicher Bedeutung sind Geflügelzucht und Holzwirtschaft; zu den meistbesuchten Veranstaltungen gehören die Stierkämpfe (sowohl die unblutigen "courses landaises" als auch die "corridas" nach spanischem Muster) und die verschiedenen Pferderennen.

Sehenswertes in Mont-de-Marsan

Musée Despiau-Wlérick

Der Altstadtkern erstreckt sich auf der Landzunge, die zwischen Douze (nördlich) und Midou (südlich) vor deren Vereinigung zur Midouze liegt. An der zentral gelegenen Place Marguerite de Navarre erheben sich zwei

Musée Despiau-Wlérick (Fortsetzung)

sorgsam restaurierte mittelalterliche Häuser, die einst Teil der umfangreichen, starken Stadtbefestigung waren und in denen seit einigen Jqhren das Musée Despiau-Wlérick eingerichtet ist. Das Museum ist in erster Linie dem Werk der beiden aus Mont-de-Marsan stammenden Bildhauer Charles Despiau (1874–1946) und Robert Wlérick (1882–1944) gewidmet, die als Mitglieder der Gruppe "Sculpteurs Indépendants" die Erneuerung der französischen Skulptur im Sinne der Klassik eingeleitet haben.

Ausgestellt sind in erster Linie Großplastiken, Porträtbüsten und Kleinbronzen; im Treppenhaus befindet sich eine kleine Fayencen- und Glassammlung.

Von der Dachterrasse des Museums überblickt man das Gassen- und Dächergewirr der Innenstadt.

Am nördlichen Ufer der Douze erstreckt sich der schöne Parc Jean Rameau.

Pont du Commerce

Unterhalb des Zusammenflusses von Douze und Midou wird die Midouze vom Pont du Commerce überspannt. Die Brücke gewährt einen schönen Blick auf die "trois rivières".

Im Zentrum von Mont-de-Marsan vereinigen sich Midou und Douze zur Midouze.

Umgebung von Mont-de-Marsan

Labastide d'Armagnac

Knapp 30 km nordöstlich von Mont-de-Marsan (Zufahrt über die D 932 und D 933) liegt rechts etwas abseits der Durchgangsstraße der Ort Labastide d'Armagnac. Im Zentrum des einstigen Festungsstädtchens lohnt die Place Royale mit ihren alten Häusern einen Blick; im Office de Tourisme eine Sammlung alter Volkstrachten.

Im 1,5 km südöstlich außerhalb gelegenen Gemeindeteil Géou steht die romanische Kirche Notre-Dame, die ihren Beinamen "des Cyclistes" der Tatsache verdankt, daß hier viele Radsportler ihre Trophäen gestiftet haben.

Ecomusée de l'Armagnac

In der Nähe von Labastide befindet sich ferner das Ecomusée de l'Armagnac (Freilichtmuseum) mit Ausstellungen zur Pilzzucht und Armagnac-Destillation.

Ecomusée de la Grande Lande

→ Landes

Mouilleron-en-Parèdes

→ Pouzauges

Nantes

B 2

Département: Loire-Atlantique
Höhe: 10 m ü.d.M.
Einwohnerzahl: 265 000

Lage und Allgemeines

Die alte bretonische Hafenstadt Nantes, heute Hauptstadt des Département Loire-Atlantique sowie Universitäts- und Bischofssitz, liegt zu beiden Seiten der sich in mehrere Arme verzweigenden Loire, die von hier aus bis zur 55 km entfernten Mündung für Schiffe befahrbar ist. Von Norden mündet die zuletzt unterirdisch fließende Erdre, auf der auch Ausflugsschiffe verkehren.

Geschichte

In gallo-römischer Zeit hieß der Ort Condevincum oder Civitas Namnetum. Um 850 eroberten ihn die Bretonen, und in der Folgezeit war er Sitz der Herzöge der Bretagne. Im Jahr 1532 fiel das Herzogtum an die französische Krone.
Am 13. April 1598 wurde das Edikt von Nantes erlassen, mit dem Heinrich IV. den Hugenottenkriegen ein Ende setzte. In ihm wurde zwar der Katholizismus als Staatsreligion bestätigt, doch erhielten die Reformierten Glaubens- und in gewissen Grenzen auch Kultfreiheit.
Dank seines Hafens entwickelte sich Nantes im 16. Jh. zu einer reichen Handelsstadt, deren Wohlstand sich seit der Mitte des 17. Jh.s auf den lebhaften Sklavenhandel für die karibischen Besitzungen Frankreichs gründete.
Berüchtigt wurde Nantes in der Zeit der Französischen Revolution: Jean-Baptiste Carrier, Abgeordneter des Nationalkonvents, ließ zahlreiche politische Gegner in der Loire ertränken. Für diese Eigenmächtigkeit wurde er zum Tod verurteilt und guillotiniert.
Im 19. Jh. ging die Bedeutung des Hafens stark zurück, da die immer größer werdenden Seeschiffe den Unterlauf der Loire nicht mehr passieren konnten. Auch heute sind Schiffe mit größerem Tiefgang auf den Vorhafen

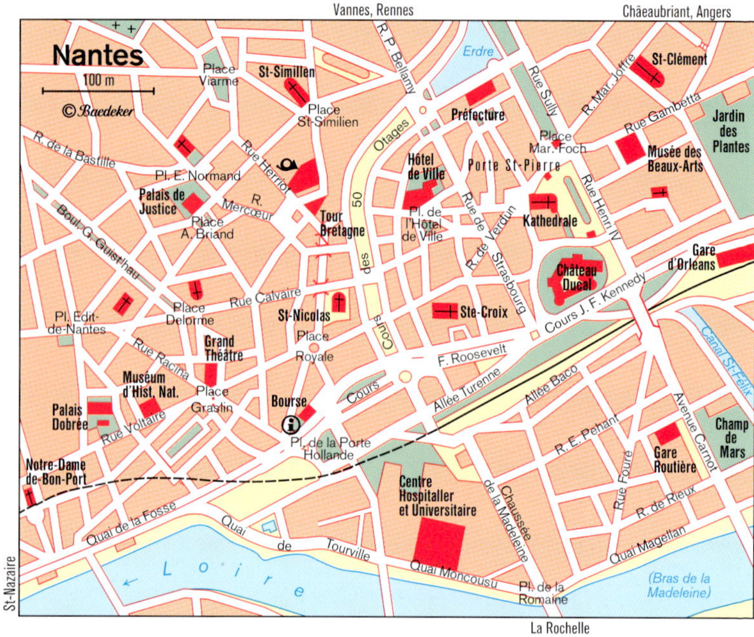

Geschichte (Fortsetzung)

in Saint-Nazaire angewiesen. Die Stadt zeigt im wesentlichen ein modernes Gesicht und besitzt viele Neubaugebiete.

Flughafen

Der Flughafen Nantes-Atlantique wird in erster Linie von den Inlandsflügen der Air Inter bedient.

Sehenswertes in Nantes

*Château des Ducs de Bretagne

Das Herzogsschloß (geöffnet Juli, Aug. tägl. 10.00–12.00 und 14.00–18.00 Uhr; Sept.–Juni Di. geschlossen) erhebt sich fast mitten in der Stadt. An der Stelle waren bereits in gallo-römischer Zeit eine Befestigungsanlage und im 12. und 13. Jh. eine Burg errichtet worden. Zeitweise diente sie auch als Gefängnis, und Mitte des 15. Jh.s saß hier der einstige Waffengefährte von Jeanne d'Arc und später wegen der Ermordung vieler Kinder zum Tode verurteilte Gilles des Rais (1404–1440) ein. Unter Franz II., Herzog der Bretagne, war 1466 mit dem Bau des im Innern gelegenen Schlosses begonnen worden. Im Laufe der nächsten Jahrhunderte wurde es immer wieder vergrößert. Seine Tochter Anne de Bretagne wurde im Schloß geboren; 1499 heiratete die 22jährige Witwe in der Schloßkapelle ihren Schwager und Cousin König Ludwig XII.; 1532 wurde hier das Edikt über die “ewige Union von Ländern und Herzogtum der Bretagne mit dem Königreich Frankreich” verlesen; 1598 unterschrieb hier Heinrich IV. das Edikt von Nantes. Im Jahr 1800 explodierten in der Tour des Espagnols (Spanischer Turm) Pulvervorräte, dabei wurden große Teile der Mauer und u. a. die Kapelle zerstört.

Von der Place Marc-Elder aus gelangt man über eine im 18. Jh. angelegte Brücke zur ehemaligen Zugbrücke, die links von der Tour du Pied-de-Biche (einer seiner Räume ähnelt im Grundriß einem Tierfuß) und rechts von der Tour de la Boulangerie (Bäckereiturm; an der Außenseite das Wappen

Nantes

Ehemalige Burg der Herzöge

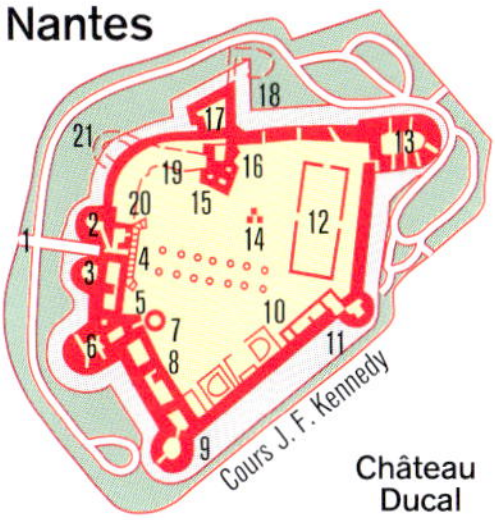

1 Zugang
2 Tour du Pied de Biche
3 Tour de la Boulangerie
4 Grand Gouvernement (Musée d'Art populaire régional/Musée de ferronnerie et céramique)
5 Tour de la Couronne d'Or
6 Tour des Jacobins
7 Puits (Ziehbrunnen)
8 Grand Logis
9 Tour du Port
10 Petit Gouvernement
11 Tour de la Rivière
12 Harnachement (Musée des Salorges)
13 Tour du Fer à Cheval
14 Reste der ursprünlichen Burg
15 Loge du Concierge
16 Vieux Donjon
17 Bastion Mercœur
18 Tour au Doc
19 Vieux Logis
20 Chapelle
21 Tour des Espagnols

© Baedeker

Château des Ducs de Bretagne (Fortsetzung)

des Herzoghauses) flankiert wird. Durch den Saal der drei Kamine (Salle des trois cheminées) gelangt man in den Innenhof, wo früher Turniere veranstaltet wurden. Eine Pflastersteinreihe auf dem Boden zeigt den ehem. Verlauf der gallo-römischen und mittelalterlichen Mauern.

Grand Gouvernement

Eine elegante Doppelfreitreppe aus dem 17. Jh. führt hinauf zum Eingang des nach einem Brand 1684 wieder aufgebauten Grand Gouvernement. Zu Zeiten der Herzöge befanden sich hier die Gefängnisse (im Untergeschoß), darüber die Räume der Wachen und die Küchen; im ersten und zweiten Stock folgten die fürstlichen Wohnräume und im Dachgeschoß die Zimmer der Bediensteten. Heute berherbergen sie das regionale Volkskunstmuseum (Musée d'Art Populaire Régional); auf zwei Stockwerken sind Trachten und Hauben aus verschiedenen Landesteilen der Bretagne und der Vendée vom 17. bis 19. Jh., Gebrauchsgegenstände, eine schöne Möbelsammlung sowie Erzeugnisse aus Nantaiser Gießereien, Kunstschmieden, Fayencerien und Töpfereien ausgestellt.
Der zierliche Treppenturm (Tour de la Couronne d'Or) mit seinen italienisch anmutenden Loggien schließt sich südlich an. Davor steht ein Steinbrunnen mit einem schmiedeeisernen Baldachin, der die bretonische Herzogskrone darstellt.

Grand Logis

Es folgt das eindrucksvolle Grand Logis (Großer Wohnbau) mit seinen reich verzierten fünf Lukarnen auf dem Dach. Seine beiden unteren Geschosse entstanden für Franz II., seine Tochter Anne ließ ihn aufstocken.
Das Petit Gouvernement (Kleiner Gouverneursbau) im Renaissancestil wurde für Franz I. erbaut; sein kleiner Anbau im Osten, der Pavillon de la Rivière (Flußpavillon), folgte im 18. Jh.; im großen Zeughaus (harnachement), 1784 für Pferdegeschirr und Rüstungen errichtet, befindet sich das Schiffahrtsmuseum (Musée des Salorges). Es wurde 1928 von zwei Konservenfabrikanten gegründet und erinnert an die abenteuerliche Nantaiser Schiffahrts-, Handels- und Kolonialgeschichte.

Musée d'Art décoratif

In der Tour du Fer à Cheval (Hufeisenturm) aus dem 16. Jh. befindet sich das sehenswerte Musée d'Art décoratif (Kunstgewerbemuseum) mit zeitgenössischer Textilkunst.

*Cathédrale Saint-Pierre-et-Saint-Paul

Über die Rue Mathelin Rodier gelangt man zur nördlich des Schlosses gelegenen Place Saint-Pierre. Gegenüber einheitlichen Häuserfronten aus dem späten 19. Jh. erhebt sich die St.-Petrus-und-St.-Paulus-Kathedrale an der Stelle mehrerer Vorgängerbauten. Mit dem Bau der heutigen gotischen Kirche war 1434 begonnen worden; ihre Weihe fand erst im Jahr 1891 statt.

1972 zerstörte ein Brand den Innenraum der Kathedrale, die vollständig restauriert und 1985 abermals geweiht wurde. Trotz der langen Bauzeit wirkt die Kathedrale sehr einheitlich. Die von zwei 63 m hohen Türmen flankierte Westfassade besitzt ein schönes spätgotisches Fenster über dem Hauptportal, in dessen Zentrum sich die Statue des hl. Petrus erhebt. Die Reliefs am nördlichen Seitenportal erzählen die Leidensgeschichte der Märtyrer Rogatianus und Donatianus (304); am Fuß des Südturms befindet

Im Schloß zu Nantes residierten die bretonischen Herzöge.

Kathedrale (Fortsetzung)

sich eine (beschädigte) Außenkanzel. Das Gewölbe des fünfjochigen, 102 m langen Hauptschiffs ist 37,70 m hoch.

Herzogsgrabmal

Im rechten Querschiff steht das bedeutendste Kunstwerk der Kathedrale, das Grabmal Franz' II. (gest. 1488). Seine Tochter Anne de Bretagne hatte den bretonischen Künstler Michel Colombe mit seiner Fertigstellung beauftragt. Das aus italienischem und belgischem Marmor von 1502 bis 1507 gearbeitete Monument, ein Meisterwerk der französischen Renaissance, zeigt die Liegefiguren des Herzogs und seiner zweiten Frau Marguerite de Foix; Engel halten die Kopfkissen; zu Füßen des Herzogs symbolisiert ein Löwe seine Macht, der Windhund der Herzogin steht für ihre Treue.
Am Anfang des Chorumgangs führt eine Treppe in zwei Krypten aus dem 11. Jh.; in der ersten ist der Kathedralschatz ausgestellt, hinter ihr befindet sich die Bischofsgruft; unterhalb des Chors gibt es eine dritte Krypta, in der eine Dauerausstellung zur Geschichte der Kathederale zu sehen ist.

Psalette

Südlich der Kathedrale hat sich der spätgotische Anbau der Psalette (Kapitelhaus von 1502) erhalten.

Tour Saint-Pierre

Auf der Nordseite der Kathedrale erhebt sich der im 15. Jh. auf Überresten der mittelalterlichen Stadtmauer erbaute Turm Saint-Pierre.

Place Maréchal Foch

Von der Place Saint-Pierre gelangt man durch die Rue de l'Evêché zur großzügig angelegten, von Gebäuden aus dem 18. Jh. gesäumten Place Maréchal Foch, in deren Mitte die Statue Ludwigs XVI. steht. Sie soll die einzige sein, die während der Französischen Revolution nicht vom Sockel gestürzt wurde.

*Musée des Beaux-Arts

Das zu den wichtigsten Provinzmuseen Frankreichs gehörende Musée des Beaux-Arts (Museum der Schönen Künste; geöffnet Mi.–Mo. 10.00–12.00 und 13.00–17.45, So. 11.00–17.00 Uhr) ist in einem stattlichen Gebäude aus dem späten 19. Jh. untergebracht. Seine umfangreichen Sammlungen (über 2000 Arbeiten) umfassen Werke vom 13. bis zum 20. Jh.; diese sind auf zwei Stockwerken in den großen, um den Innenhof herum angelegten Galerien in chronologischer Reihenfolge ausgestellt.

Musée des Beaux-Arts (Fortsetzung)

Etwas östlich, gegenüber dem Hauptbahnhof, liegt der schöne Botanische Garten. Er ging aus einem 1688 gegründeten Apothekergarten hervor, der aus Platzgründen 1805 in das Gelände eines Ursulinenkonvents verlegt wurde. In den fünfziger Jahren des 19. Jh.s entstand hier ein Landschafts\park im englischen Stil.

*Jardin des Plantes

Südlich des Herzogsschlosses liegt die 1926–1938 an die Stadt und die südwestlich davon gelegene Insel Gloriette angeschlossene ehem. Insel Feydeau. Ursprünglich befanden sich hier mehrere kleine Sandbänke, die ab 1722 zu solidem Bauland aufgeschüttet wurden. Wegen ihrer Nähe zum Hafen und zur Stadt ließen sich auf der Insel dann vor allem reiche Reeder nieder.

*Ile Feydeau

Zwischen dem Cours Olivier de Clisson und der Place de la Petite Hollande stehen prächtige Häuser im klassizistischen Stil (die Rue Kervégan gehört zu den schönsten Sträßchen in Nantes); schöne schmiedeeiserne Gitter und Balkone sowie Steinmasken über Tor- und Fensterstürzen schmükken die Fassaden der Häuser. Am Cours Olivier-de-Clisson Nr. 4 liegt das Geburtshaus von Jules Verne.

In dem teils für den Autoverkehr gesperrten Viertel um Sainte-Croix stehen noch schöne alte Häuser, u. a. an der Place Sainte-Croix. Die gleichnamige Kirche aus dem 17. Jh. steht an der Stelle der ehem. Burgkapelle; sie wird vom alten Stadtglockenturm (1848) überragt. Das Eckhaus mit zwei Giebeln an der Place du Change ist aus dem 15./16. Jh.; auf der Place du Bouffay stand im 10. Jh. die Burg der Grafen der Bretagne. Seit dem 15. Jh. findet hier ein bunter Gemüsemarkt statt (jeden vormittag außer montags).

Sainte-Croix

Westlich der Rue de Strasbourg steht das eigentlich aus drei Gebäuden bestehende Hôtel de Ville (Rathaus): das Hôtel de Derval ist ursprünglich von 1578, 1606 wurde es umgebaut, das Hôtel de Rosmadec entstand 1653, das Hôtel de Monti de Rezé im 17. Jahrhundert.

Hôtel de Ville

Westlich des mehrspurigen Cours des 50 Otages erstreckt sich das zum größten Teil in der ersten Hälfte des 18. Jh.s nach den Plänen des Architekten Mathurin Crucy erbaute Stadtviertel um die Plätze Place Royale, Place du Commerce und Place Graslin.

Cours des 50 Otages

Über die Rue Saint-Nicolas erreicht man die gleichnamige, 1854 in neugotischem Stil erbaute Kirche (wegen der Neigung des Geländes erhielt sie ihre Nord-Süd-Ausrichtung). Von ihrem 85 m hohen Glockenturm bietet sich ein guter Blick über die Stadt. In der Nähe der Kirche sind Reste der alten Stadtbefestigung erhalten.

Einer der zentralen Plätze dieses Viertels ist die etwas westlich gelegene Place Royale, die mitsamt der sie umgebenden Gebäude 1790 nach Plänen von Crucy an der Stelle der mittelalterlichen Porte Saint-Nicolas erbaut wurde. In der Platzmitte steht ein großer Brunnen aus bläulichem Granit (1865, Henri Diollet). Seine Marmorfigur auf der Spitze symbolisiert die Stadt Nantes, seine vier an den Ecken sitzenden Figuren (Ducommun de Locle) stellen die Nebenflüsse der Loire dar: Cher, Erdre, Loiret und Sèvre.

Place Royale

Die beliebte Geschäftsstraße Rue Crébillon mit ihren eleganten Läden verbindet die Place Royale mit der Place Graslin. Auf der Höhe der Rue Santeuil liegt der Eingang zur berühmten Passage Pommeraye. In ihrem Stilgemisch aus Stuckwerk, Büsten, Säulen, Kandelabern und schmiedeeiser-

*Passage Pommeraye

Passage Pommeraye (Fortsetzung)

nen Gittern gehört sie sicher zu den schönsten Beispielen ihrer Art (Architekten: J.-B. Buron, H. Durand-Gasselin). So wundert es nicht, daß sie u. a. vom Filmemacher Jacques Demy in "Ein Zimmer in der Stadt" gepriesen wurde.

*Place Graslin

Die Rue Crébillon mündet auf die halbkreisförmige Place Graslin (das 's' wird nicht ausgesprochen!). Der dem Pariser Odéon nachempfundene Platz trägt den Namen des reichen Finanzmanns Jean-Joseph-Louis Graslin (er war oberster Steuereinnehmer für die königlichen Landgüter). Dieser hatte der Stadt den Grund und Boden abgekauft und M. Crucy mit der Bebauung des Platzes, einschließlich des Theaters und der umliegenden Gebäude beauftragt. Ein gewaltiger Säulenportikus schmückt die Fassade des Theaters, acht Musen stehen auf seinem Vordach. Das Theater war 1788 eingeweiht worden; acht Jahre später brannte es vollständig ab, und 1810 wurde es nach Originalplänen wieder aufgebaut.

Brasserie la Cigale

Unbedingt einen Besuch wert ist die ebenfalls an dem Platz gelegene Brasserie de la Cigale, ein Café-Restaurant mit üppiger Jugendstil-Ausstattung.

Place du Commerce

Jenseits der Rue de la Fosse erstreckt sich die belebte Place du Commerce, der ehem. Weinhafen. In der alten Börse (Bourse; 1790 von Crucy erbaut) mit ihrer Kolonnade ist heute das Verkehrsamt untergebracht.

Quai de la Fosse

Vor der Zuschüttung der Loire-Arme befand sich hier die Hauptanlegestelle der großen Handelsschiffe. Heute erinnern daran noch einige vornehme Reeder- und Lagerhäuser aus dem 18. Jh. sowie im umliegenden Viertel Seemannskneipen und ein paar Straßennamen. In der Mitte des Quais (Nr. 24) steht die 1985 erbaute Mediathek, in der die Bibliothek und das Buchdruckmuseum untergebracht sind (Musée de l'Imprimerie; geöffnet Di., Do., Fr. 14.00–18.00, Mi. und Sa. 10.00–12.00, 14.00–18.00 Uhr).

Musées départementaux de Loire-Atlantique

Westlich von der Place Graslin liegen an der Place Jean V die drei Gebäude Manoir de la Touche (15. Jh.), Palais Thomas Dobrée (1895) und Musée Archéologique, die unter der Bezeichnung "Musées départementaux de Loire-Atlantique" zusammengefaßt sind (geöffnet Mi.–So. 10.00–12.00 und 13.00–17.45 Uhr). Thomas Dobrée (1810–1895) war ein wohlhabender Reeder aus Nantes, der sein ganzes Leben leidenschaftlich Kunstgegenstände sammelte. Um ihnen einen würdigen Rahmen zu verschaffen, baute er ein nach ihm benanntes Museum, das in seinem Todesjahr eingeweiht wurde.

*Palais Thomas Dobrée

Die außergewöhnliche, im Palais Dobrée untergebrachte Sammlung (der Eingang liegt an der Place Jean V) umfaßt Exponate aus vielen Jahrhunderten und Erdteilen. Ein besonders wertvolles Stück ist ein herzförmiges Reliquiar von 1514, in dem einst das Herz der Anne de Bretagne aufbewahrt war. Zu sehen sind außerdem Teile von Nantaiser Kirchenbauten, Elfenbein- und Alabasterarbeiten aus dem Mittelalter, Emailarbeiten vom 12.–14. Jh., Manuskripte (11.–16. Jh.) und wertvolle Bücher in Dobrées ehemaliger Bibliothek, Mobiliar, Gobelins, Porzellan, Gemälde und Graphiken, darunter Werke von Dürer, Rembrandt und Callot.

*Musée Archéologique

Im Archäologischen Museum (Eingang Rue Voltaire) sind im ersten Stock griechische und etruskische Keramik sowie eine kleine ägyptische Sammlung zu sehen; der zweite Stock ist der lokalen Geschichte gewidmet.

Manoir de la Touche

Im Manoir de la Touche (zwischen beiden Gebäuden) sind heute Sammlungen zur Französischen Revolution und zum Aufstand in der Vendée (1793 bis 1796) zu sehen. Der Anführer der Revolutionsgegner, François-Athanase Charette (1763–1796), war 1796 in Nantes erschossen worden.

*Musée d'Histoire Naturelle

Zwischen Place Graslin und Palais Dobrée liegt in der Rue Voltaire Nr. 12 das Naturkundemuseum (in der 1821 erbauten ehem. Münze). Es infor-

Musée d'Histoire Naturelle (Fortsetzung)

miert über die regionale Fauna, Paläontologie und Mineralogie; es besitzt eine schöne Muschelsammlung, ein Vivarium mit Reptilien und Insekten (geöffnet tgl. außer Mo., So. vormittags und Fei. 10.00–12.00 und 14.00 bis 18.00 Uhr).

Musée Naval Maillé-Brézé

Am Loire-Ufer (Quai de la Fosse, auf der Höhe der Gare Maritime) liegt der 1956/1957 gebaute ehem. Zerstörer "Maillé-Brézé", der heute als Schiffsmuseum dient (geöffnet: tgl. 14.00–18.00 Uhr).

Musée de la Poupée et des Jouets anciens

Im Puppen- und Spielzeugmuseum (39, Bd. Saint-Maignan, etwas nordwestlich vom Schiffsmuseum Maillé-Brézé) sind Exponate von 1830 bis 1930 zu sehen (geöffnet: 16. Apr.–15. Sept. Mi.–Sa. 14.30–17.30 Uhr).

Butte Sainte-Anne

Im Westen der Stadt (in Verlängerung des Quai de la Fosse und der Rue de l'Hermitage) erhebt sich die kleine Butte Sainte-Anne. Von hier bietet sich ein schöner Ausblick über den Hafen und zur Insel Beaulieu.

Musée Jules Verne

Die Stadt Nantes hat dieses weit im Südwesten, in der Nähe des Flußhafens, gelegene Museum (geöffnet Mi.–Mo. 10.00–12.00 und 14.00–17.00 Uhr) ihrem weltberühmt gewordenen Sohn Jules Verne (1828–1905) gewidmet. Es zeigt Gegenstände aus dem persönlichen Besitz des Schriftstellers sowie Modelle (darunter besonders originell die im Maßstab 1:1 ausgeführte Raumkapsel aus dem Roman "Reise um den Mond") und Zeichnungen zu seinen technisch-utopischen Werken, von denen einige in zeitgenössischen Ausgaben zu sehen sind; des weiteren Kinderspielzeug mit einschlägiger Thematik, Werbeplakate für seine Bücher und deren Verfilmungen sowie eine reiche Sammlung an Vorläuferliteratur.

Vom Kopf der Freitreppe, die direkt neben dem Museum abwärts zum Fluß führt, bietet sich ein guter Ausblick.

Bei Saint-Nazaire überspannt eine äußerst kühn geschwungene Brücke die Mündung der Loire.

Umgebung von Nantes

Saint-Nazaire A 2

Lage
50 km westlich von Nantes

Die bedeutende Hafen- und Industriestadt Saint-Nazaire liegt an der Mündung der Loire in den Atlantischen Ozean. Mit dem Aufschwung der Industrie im 19. Jh. entwickelte sie sich aus einem kleinen Fischerdorf zu einem Schiffsbauzentrum. Da die Loire selbst im Unterlauf für die neuen großen Schiffe zu flach war, wurde der Hafen von Saint-Nazaire großzügig ausgebaut; heute bildet er den Vorhafen von Nantes.
Im Zweiten Weltkrieg legten die Deutschen eine große U-Boot-Basis an; im weiteren Verlauf der Kampfhandlungen wurde Saint-Nazaire völlig zerstört. Der Wiederaufbau nach 1945 geschah nach neuer, großzügiger Planung.

Hafen

Der lebhafte Hafen umfaßt mehrere Becken am rechten Ufer der Loire. Ein besonders instruktiver Überblick über die großen Hafenbecken und die einstige U-Boot-Basis bietet sich von dem Aussichtsturm zwischen dem Bassin Saint-Nazaire und dem Fluß.

Ecomusée

Am östlichen Rand des Bassin Saint-Nazaire befindet sich das Ecomusée, das über die Entwicklung von Stadt und Hafen unterrichtet. Nördlich jenseits der Schleuse liegt in einem alten U-Boot-Bunker das französische Unterseeboot "Espadon", dessen Inneres im Rahmen einer Führung besichtigt werden kann.

Gegenüber vom Ecomusée steht im flachen Wasser das der amerikanischen Sklavenbefreiung gewidmete Denkmal "Abolition de l'Esclavage" (1991) von J.-C. Mayo.

Nahe beim Avant-Port erstreckt sich ein weiter Strand.

*Loire-Brücke

Am Übergang der Loire in den Atlantik überspannt die 1972–1975 gebaute Straßenbrücke die Flußmündung. Sie ist mit insgesamt 2636 m Länge und bis 61 m Höhe ein beachtenswertes Beispiel moderner Zweckarchitektur. Von oben bieten sich nach beiden Seiten höchst reizvolle Ausblicke.

Saint-Brévin-les-Pins

Am südlichen Ufer des Mündungstrichters liegt der Ort Saint-Brévin-les-Pins; am dortigen Hafenbecken gibt es ein kleines Marinemuseum.

Pornic

Lage
30 km südlich von Saint-Nazaire

Die von der Loire-Brücke kommende Durchgangsstraße (D 213) verläuft weiterhin etwas landeinwärts parallel zu der an Seebädern reichen Côte de Jade (Jadeküste). Pornic ist ein beliebter Ferienort an der

In Pornic steht eine Burg des "Blaubarts" Gilles de Rais.

Der Lac de Grand-Lieu ist ein interessantes Naturschutzgebiet.

Pornic (Fortsetzung)

Baie de Bourgneuf, in die hier der Canal de Haute Perche mündet. Der Fischerhafen liegt im östlichen Teil des Orts; im Westen, nahe beim Strand, das einst von Wassergräben umzogene Château (Schloß). Unweit westlich außerhalb stehen die prähistorischen "Druidensteine".

Vom kleinen Hafen in Pornic besteht eine Schiffsverbindung mit der Insel → Noirmoutier.

Bourgneuf-en-Retz

An der parallel zur Küste weiterführenden Durchgangsstraße folgt nach 15 km der Ort Bourgneuf an der gleichnamigen Bucht. Das Musée du Pays de Retz, in einem alten Klostergebäude untergebracht, veranschaulicht die ländliche Kultur des Retz, der hügeligen Landschaft zwischen der Atlantikküste und der Loire bei Nantes.

Passay

Lage
13 km südlich von Nantes

Wenn man die Innenstadt von Nantes nach Süden in Richtung Sait-Philbert verläßt, erreicht man den etwas abseits der Durchgangsstraße gelegenen kleinen Ort Passay, der nicht zuletzt wegen seiner Fischlokale einen Besuch lohnt.

Lac de Grand-Lieu

Unmittelbar westlich von Passay erstreckt sich in einem unter Naturschutz stehenden, sumpfigen Gelände der Lac de Grand-Lieu. Er wird von einem 5 km langen Wanderpfad umzogen; die Gehzeit beträgt etwa 2 Stunden, bei nassem Wetter sind Gummistiefel nötig.

Maison du Pêcheur

Am Ortsrand steht die Maison du Pêcheur, ein kleines Museum mit Dokumenten zum Schutzgebiet, historischem Fischfanggerät und einer gut gepflegten Aquarienabteilung. Das Observatoire ist ein 11 m hoher Beobachtungsturm mit Orientierungstafeln; im obersten Stock des Treppenhauses

Nantes, Passay (Fortsetzung)

werden auf einem großen Fernsehmonitor Bilder aus dem Schutzgebiet live gezeigt.
Die Mitnahme eines Feldstechers ist zu empfehlen.

Niort C 3

Département: Deux-Sèvres
Höhe: 28 m ü.d.M.
Einwohnerzahl: 57 000

Lage und Allgemeines

Niort, die Hauptstadt des Département Deux-Sèvres, liegt an der Sèvre Niortaise, rund 80 km südwestlich von Poitiers. Die ursprüngliche Römergründung Novum Ritum erhielt unter Eleonore von Aquitanien erhebliche kommunale Freiheiten, und dank des Flußhafens blühte der Handel auf. Schon seit dem 14. Jh. gibt es bedeutende Textil- und namentlich Handschuhmanufakturen, deren Bedeutung ungebrochen ist.

Sehenswertes in Niort

Donjon

Unmittelbar am Fluß erhebt sich der massige Donjon (Wehrturm; 12. Jh.), der Rest eines Schlosses, das unter Heinrich II. begonnen und unter Richard Löwenherz vollendet wurde. Im Innern befindet sich ein Museum, dessen Schwerpunkt u.a. auf der traditionsreichen örtlichen Handschuhmanufaktur liegt, das aber außerdem auch volkskundliche Sammlungen umfaßt. Vom Eingangsgeschoß führt eine Treppe abwärts zum Lapidarium (hier auch antike Gläser und römische Terra Sigillata). Vom Dach des Donjon (Orientierungstafel) hat man einen guten Blick über die Stadt.

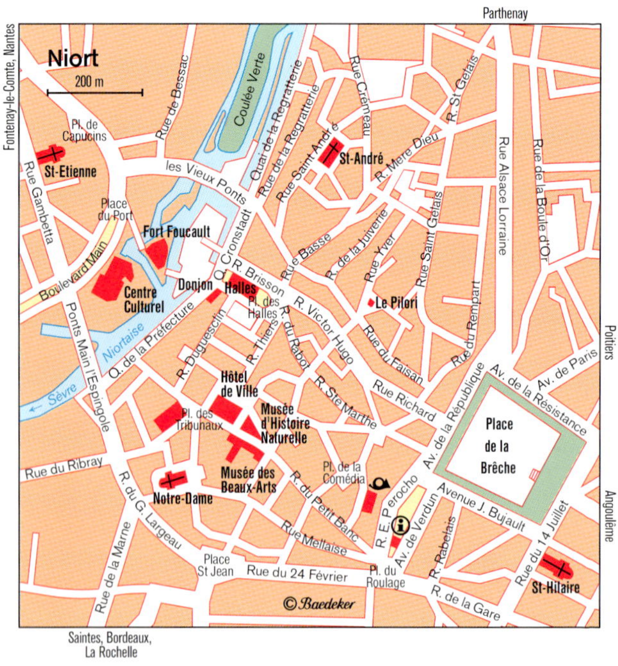

Der wehrhafte Donjon von Niort beherbergt heute ein vielseitiges regionalgeschichtliches Museum.

Gegenüber dem Donjon bemerkt man die Gußeisen- und Glaskonstruktion der Halles (Markthalle), ein gutes Beispiel für die Zweckarchitektur des 19. Jahrhunderts.

Halles

Weiter östlich steht in der Altstadt das im 16. Jh. erbaute einstige Bischofspalais, allgemein "Pilori" genannt. Im Innern finden Ausstellungen zu wechselnden kulturellen Themen statt.

Le Pilori

Im südlichen Teil der Altstadt, nahe dem im 19. Jh. nach Renaissancevorbildern entstandenen, etwas überladenen Rathaus, befindet sich das Musée des Beaux-Arts (Kunstmuseum), das Gemälde aus dem 17.–19. Jh. sowie orientalische und islamische Kunst zeigt.

Musée des Beaux-Arts

In der Nähe befindet sich auch das Musée d'Histoire Naturelle (Naturhistorisches Museum), wo Mineralien, Fossilien und Tierpräparate ausgestellt sind.

Musée d'Histoire Naturelle

Tumulus de Bougon

Man erreicht den Tumulus (Grabhügel) von Bougon am besten, indem man von Niort auf der N 11 östlich bis vor La Crèche fährt, dann auf der N 247 die Autobahn (A 10) überquert und der D 5 folgt.

Lage
ca. 30 km östlich von Niort

Die rund 6000 Jahre alte megalithische Nekropole liegt außerhalb von Bougon in einem Gehölz. Insgesamt sind fünf Grabhügel freigelegt und restauriert worden. Für die umfangreichen Gräberfunde wurde ein neues Museum errichtet.

Celles-sur-Belle

→ Melle

Noirmoutier (Ile de Noirmoutier) A 2–3

Département: Vendée
Inselfläche: 58 km²
Bewohnerzahl: 9000

Lage und Allgemeines

Die Insel Noirmoutier, knapp 20 km lang und bis zu 7 km breit, liegt rund 40 km südlich der Loire-Mündung vor der Atlantikküste. Sie bildet den südlichen Abschluß der Baie de Bourgneuf, an deren Nordseite der Badeort Pornic (→ Nantes, Saint-Nazaire) liegt.

Straßenbrücke

Von dem Straßenknotenpunkt Beauvoir-sur-Mer gelangt man südwestlich zu den Orten La-Barre-de-Monts und Fromentine, von wo eine 1971 eröffnete Straßenbrücke (Benutzungsgebühr) über das Watt zur Südspitze der Insel führt.

*Passage du Gois

Eine interessante zweite Zufahrt bildet der westlich von Beauvoir beginnende 4,15 km lange Passage du Gois, eine im 19. Jh. angelegte Pflasterstraße, die bei Flut mehrere Meter hoch von Wasser bedeckt ist und nur zur Zeit der Ebbe für jeweils 2–3 Stunden befahren werden kann. An den Zufahrtsstraßen stehen Anzeigetafeln, die über die sich täglich ändernden Benutzungszeiten informieren. An der Passage sind in größeren Abständen Holzgerüste errichtet, auf denen man Zuflucht findet, falls man von der Flut überrascht worden ist. Längere Aufenthalte im Watt sind möglichst zu vermeiden.

Insel Noirmoutier

Die Insel Noirmoutier ist überwiegend flach und sandig. Vor allem im Nordteil gibt es größere Kiefernwaldungen; gute Sandstrände sind insbesondere an der dem offenen Meer zugewandten Westseite zu finden. Von wirt-

Der vom Festland nach Noirmoutier führende Passage du Gois steht bei Flut mehrere Meter unter Wasser.

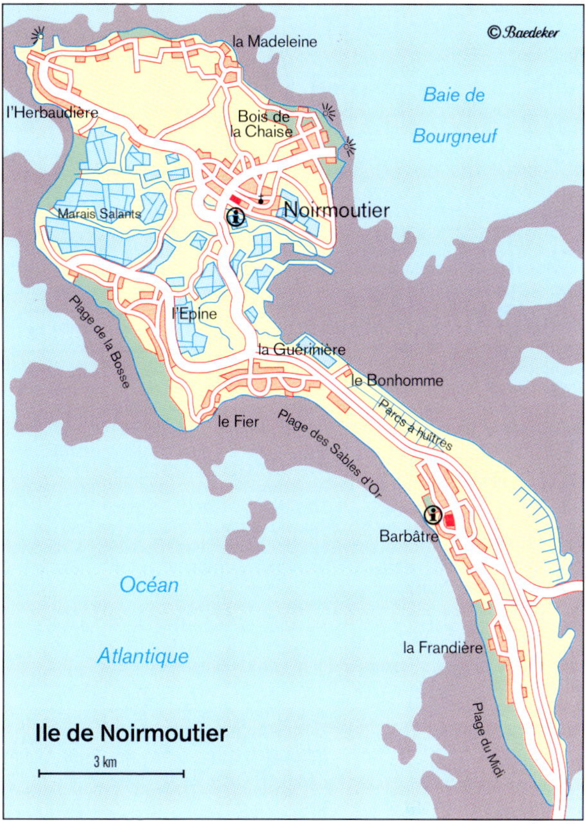

schaftlicher Bedeutung sind die großen Salzgärten, in deren flachen Becken durch stufenweise Verdunstung aus Meerwasser Salz gewonnen wird. Die bei Ebbe trockenfallenden weiten Wattflächen dienen der Zucht von Miesmuscheln (moules) und Austern (huîtres). Sehr geschätzt sind auch die Frühgemüse der Insel. Im Sommer herrscht lebhafter Tourismus.

Insel Noirmoutier (Fortsetzung)

La Guérinière

Museum

Etwa in der Mitte der Insel liegt La Guérinière. Hier wurde 1987 das Musée des Traditions de l'Ile eröffnet, das in acht Räumen eine volkskundliche und regionalgeschichtliche Sammlung (Fischerei, Landwirtschaft und Handwerk, Volkstrachten u.a.) zeigt.

Noirmoutier-en-l'Ile

Der Hauptort von Noirmoutier liegt im breiteren Nordteil der von einer autobahnähnlichen Straße durchzogenen Insel. Südlich und westlich des Ortes

Baedeker Special

Ebbe und Flut

Vor den flachen Küsten der Vendée und des Poitou erstrecken sich riesige Wattflächen, die teils zur Muschelzucht genutzt werden. Sie bestehen aus Sand und Schlick und werden regelmäßig von den Gezeiten überspült und wieder freigegeben.

Das Watt verdankt seine Entstehung den Gezeiten, dem regelmäßigen Wechsel von Hoch- und Niedrigwasser. Diese wiederum sind das Ergebnis der Anziehungskräfte zwischen Erde, Mond und Sonne. Der Mond umkreist die Erde in 24 Stunden und 50 Minuten einmal, und auf der ihm zugewandten Seite der Erdkugel bildet sich, durch die Masse des Erdtrabanten angezogen, ein "Wasserberg", während die Fliehkraft auf der mondabgewandten Seite einen zweiten solchen verursacht. Diese beiden Flutberge umlaufen den Globus, so daß sich an einem bestimmten Beobachtungspunkt zweimal täglich (und zwar, entsprechend dem Mondumlauf, mit 12 Stunden und 25 Minuten zeitlichem Abstand) Hochwasser und zweimal Niedrigwasser einstellt. Doch auch die viel weiter entfernte, aber ungleich massereichere Sonne spielt in diesem Geschehen mit. Stehen Sonne und Mond (bezogen auf die Erde) in einer Linie, was bei Voll- und Neumond der Fall ist, so addieren sich ihre Anziehungskräfte; es entsteht eine Springflut oder Springtide. Stehen Sonne und Mond (wiederum bezogen auf die Erde) rechtwinklig zueinander, so subtrahieren sich die Kräfte; das Ergebnis ist eine Nippflut oder Nipptide. Neben diesen kosmischen Ursachen beeinflussen z.B. Winde die Tidenhöhe erheblich: Bei ablandigem Wind wird die Flut teilweise abgehalten, bei auflandigem Wind verstärkt. Die Flut bringt es auch mit sich, daß in den Unterläufen der Flüsse das Wasser landeinwärts strömt, was noch im Binnenland deutlich zu beobachten ist.

Die Gezeiten sind Naturkräfte von einer Gewalt, die sich viele Binnenländer nicht vorstellen können. Das trockengefallene Watt sieht harmlos aus und verlockt zu Spaziergängen, auf denen man leicht die Zeit vergißt – und plötzlich ist die Flut da. Das hereinströmende Wasser entwickelt stellenweise eine unglaubliche Geschwindigkeit, so daß man ihm zu Fuß nicht entkommt. Zudem können Priele (Rinnen, durch die das Gezeitenwasser zu- oder abströmt) den Weg abschneiden. Oberstes Gebot sollte daher sein, den Gezeitenkalender zu Rate zu ziehen, der die sich täglich ändernden Zeiten für Hoch- und Niedrigwasser angibt. So befinden sich z.B. an den Zufahrtsstraßen zur Insel Noirmoutier große Anzeigetafeln, auf denen die Passierbarkeit des Passage du Gois genau angegeben ist und an die man sich strikt halten sollte.

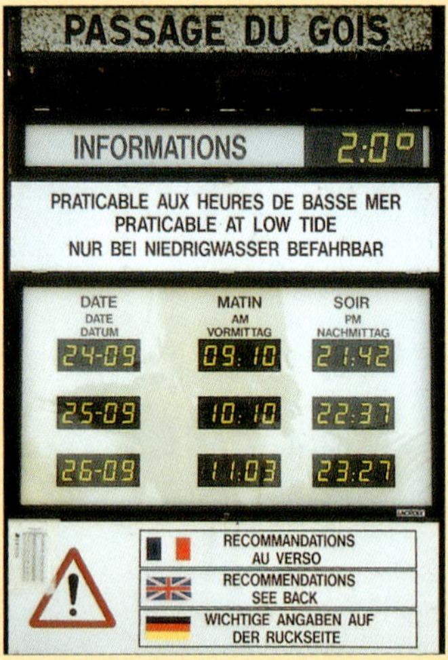

erstrecken sich Salzgärten, nördlich das Waldgebiet des Bois de la Chaise mit vielen Ferienhäuschen.

Noirmoutier-en-l'Ile (Fortsetzung)

Der Ortskern liegt abseits der vielbefahrenen Durchgangsstraße; in der geschmackvoll gestalteten Fußgängerzone finden sich viele Restaurants, Boutiquen und Ladengeschäfte.

Eglise Saint-Philibert

Die östlich der Fußgängerzone stehende Kirche Saint-Philibert ist ein teilweise noch romanischer Bau (9.–11., 14. und 17. Jh.), dessen mächtiger Turm seit 1875 einen abgebrannten hölzernen Turm ersetzt. Im Hauptschiff hängt von der Decke das Modell einer mit 50 Kanonen bestückten Fregatte von 1802.

Besonders sehenswert ist die Krypta (12. Jh.), die erst im 19. Jh. wiederentdeckt wurde. In dem 8,50 × 6 m großen überwölbten Raum steht das sog. Grab des hl. Philibert (11. Jh.).

Die neue Badelandschaft "Océanile".

Château

Gegenüber der Kirche steht das guterhaltene, wehrhafte kleine Schloß (Château; Mi.–Mo. 10.00–12.00 und 14.30–17.30 Uhr), das zum Teil noch aus dem 12. Jh. stammt. Lohnend ist ein Rundgang auf der Wehrmauer. Im Donjon (Wehr- und Wohnturm) hat man ein kleines Museum (Mineralien, präparierte Vögel, Marinegeschichte, englische Fayencen u.a.) eingerichtet; vom Dach bietet sich namentlich nach Süden und Osten ein reizvoller Blick auf den kleinen Hafen und die Salinen.

*Aquarium

Direkt bei dem kleinen Kanalhafen befindet sich das sehenswerte Aquarium "Sealand". Hier wird in einer beachtlichen Zahl von teilweise raumhohen Glasbecken eine Vielfalt von Meerespflanzen und -tieren aus dem Atlantik und dem Mittelmeer (darunter Haie und Schildkröten) gezeigt. Im Zentrum der Anlage befindet sich das Becken mit Kalifornischen Seelöwen.

Musée de la Construction Navale

Geht man vom Aquarium ein Stück den Kanal entlang, so kommt man zum Musée de la Construction Navale (Schiffbaumuseum). Der große hölzerne Schuppen, in dem es eingerichtet ist, diente früher als Salzspeicher. Ausgestellt ist eine Anzahl von Booten aus der Region; auf dem Boden große Aufrißpläne; ferner Takelwerk und Beschläge, Schiffsmodelle, Flaschenschiffe u.a.

Maison du Sel

In der gleichen Gebäudegruppe wie das Schiffbaumuseum ist auch die Maison du Sel (Salzhaus, nur im Juli und August geöffnet) zu finden, wo man die Gewinnung von Meersalz kennenlernen und auch Salz und Salzprodukte kaufen kann.

Océanile

An der Ortseinfahrt befindet sich die neue Bade- und Freizeitlandschaft "Océanile" mit Frei- und Hallenbad, Wasserrutschbahnen, Picknickgelände, Restaurant u.a.

Bois de la Chaise

Nördlich vom Inselhauptort erstreckt sich der Bois de la Chaise, ein sehr schönes, dichtes Gehölz aus Steineichen und anderen Hartlaubgewächsen. Der Wald wird von herrlichen, feinsandigen Stränden begleitet, im

Hummerkörbe im Hafen von L'Herbaudière.

Waldesinnern liegen viele schattige Park- und Picknickplätze. Am Strand von Saint-Pierre gibt es eine kommunale Segelschule sowie Gelegenheit zum Fallschirmfliegen mit Bootsschlepp.

L'Herbaudière

L'Herbaudière, der am weitesten nördlich gelegene Inselort, ist in erster Linie ein recht bedeutender Fischerhafen, wo täglich der Fang (neben Fisch auch Hummer, Langusten und andere Krusten- und Schalentiere) versteigert wird.

Nouaillé-Maupertuis (Abtei)

→ Poitiers

Oléron (Ile d'Oléron) B 3–4

Département: Charente-Maritime
Inselfläche: 175 km²
Bewohnerzahl: 18 000

Lage und Allgemeines

Die Insel Oléron, mit einer Ausdehnung von 30 km Länge und bis zu 6 km Breite die nach Korsika zweitgrößte Insel des französischen Mutterlandes, ist der Atlantikküste im Bereich der Charente-Mündung vorgelagert. Zwischen Oléron und dem Festland liegt die Meerenge des Pertuis d'Antioche. Hier bildet das Fort Boyard eine weithin sichtbare Landmarke; heutzutage finden hier spektakuläre sportliche Kampfspiele statt.

Auf der Insel Oléron spielt die Zucht von Austern und Muscheln eine bedeutende wirtschaftliche Rolle.

Vor allem im östlichen Teil der Insel erstrecken sich in der Flachwasserzone ausgedehnte Austernbänke. Auch der Fischfang und der Anbau von Frühgemüse sind wirtschaftlich von Bedeutung.

Von La → Rochelle besteht eine regelmäßige Schiffsverbindung nach Saint-Denis und Boyardville.

Viadukt

Von dem Festlandsstädtchen → Marennes, das gleichfalls wegen seiner Austern berühmt ist, führt der Viaduc d'Oléron, eine 3027 m lange Straßenbrücke, zum Südteil der Insel.

Château d'Oléron

Château d'Oléron

Château d'Oléron, der Hauptort der Insel, liegt kurz hinter der Straßenbrükke an der Ostseite. Direkt an der Küste erhebt sich die Zitadelle, deren Bau von Kardinal Richelieu in Auftrag gegeben und 1630 begonnen wurde. Erweiterungen erfolgten gegen Ende des 17. Jh.s durch Vauban; im Zweiten Weltkrieg entstanden durch Beschuß schwere Schäden. Der Zugang erfolgt von der Ortsmitte über die Vorwerke und durch die Porte Royale

Die Zitadelle wacht über den Hafen von Château d'Oléron.

Château d'Oléron (Fortsetzung)

(Haupttor) oder direkt vom Hafenbecken über eine Rampe. Ein Rundgang durch das Festungsareal ist beschildert.

Im Hauptgebäude (17. Jh.) ist das Mémorial des Soldats de la Nouvelle France eingerichtet, eine Erinnerungsstätte mit historischen Panoramen aus Kanada und Louisiana. Des weiteren gibt es hier eine Ausstellung von Mineralien, Fossilien, Muscheln, Wirbeltierpräparaten und Schiffsmodellen. Auf der am weitesten seewärts gelegenen Plattform eine Orientierungstafel (guter Blick über das Watt zum Festland).

Hafen

Am Fuß der Zitadelle, über die erwähnte Rampe zu erreichen, liegt der kleine Hafen, der in erster Linie den flachen Pontonkähnen der Austernzüchter dient. Hier befindet sich u.a. eine Austernhandlung, der eine etwas hochtrabend "Museum" genannte kleine Sammlung von Muschelschalen, Schneckengehäusen und Mollusken angegliedert ist. Malerisch sind die bunt gestrichenen Geräteschuppen der Fischer.

Saint-Trojan-les-Bains

Südwestlich der Straßenbrücke liegt das Seebad Saint-Trojan am Rand der Forêt de Saint-Trojan, eines ausgedehnten Kiefernwaldes. Auch hier gibt es am Hafen ein kleines Austernmuseum. Durch die Dünenlandschaft verkehrt im Sommer ein bei den Badegästen sehr beliebtes Schmalspurbähnchen.

*Grande Plage

Westlich jenseits des Waldes breitet sich die prachtvolle, feinsandige Grande Plage (Großer Strand) aus. Beim Baden und Schwimmen ist hier immer – auch bei Windstille – etwas Vorsicht am Platz, da auch dann, wenn hier die Luft ruhig ist, eine kräftige Brandung vom offenen Atlantik her anstehen kann. Die Dünenlandschaft, teilweise eingezäunt, ist ein sehr empfindli-

Grande Plage (Fortsetzung)

ches ökologisches System, das man außerhalb der Fußpfade nicht betreten sollte

Grand-Village

Freilichtmuseum

Grand-Village liegt nordwestlich von Saint-Trojan. Direkt neben der Mairie (Bürgermeisteramt) befindet sich das Gelände der "Maison Paysanne Oléronaise" und der "Maison de las Coiffe et du Costume Oléronnais", ein kleines Freilichtmuseum, das alte Bauern- und Fischerkultur sowie historische Kostüme zeigt. Es ist von Ostern bis Ende September geöffnet.

Petit-Village

Port des Salins

Einen instruktiven Überblick über die traditionelle Salzgewinnung der Insel zeigt in Petit-Village der Port des Salins. Im Hafenbecken liegen einige historische Schiffe; durch die nahen Salzgärten führt ein Lehrpfad, an dem vor allem die verschiedenen Halophyten (salzliebende Pflanzen) interessant sind. Auch wird hier die Salzgewinnung durch stufenweises Verdunsten von Meerwasser veranschaulicht.

Dolus

**Parc des Oiseaux

An der von Château d'Oléron nach Nordwesten durch das Inselinnere verlaufenden D 734 folgt nach 11 km der kleine Ort Dolus. Unweit nördlich außerhalb liegt das Vogelschutzgebiet "Le Marais des Oiseaux". In einem flachen, weitläufigen und teilweise bewaldeten Feuchtbiotop leben hier etwa sechzig verschiedene Vogelarten. Von dem stählernen Aussichtsturm bietet sich ein guter Rundblick.

Parc des Myocastors

Nahe beim Vogelpark befindet sich der Parc des Myocastors, ein großes Freigehege, in dem Sumpfbiber (Nutria; Myocastor coypus) gezüchtet werden und das auch besichtigt werden kann.

La Cotinière

Nördlich der Grande Plage (s. zuvor) wird die Westküste felsiger und rauher, weshalb sie "Côte Sauvage" genannt wird. Hier liegt das Hafenstädtchen La Cotinière; am Hafen gibt es ein Aquarium mit kleiner Muschelsammlung. Interessant sind die Fischversteigerungen in der "criée" (Auktionshalle; geöffnet Mo.–Sa. 6.00–16.00 Uhr).

Saint-Pierre d'Oléron

Inselhauptort ist Saint-Pierre im geographischen Zentrum von Oléron. Vor dem Rathaus steht ein Denkmal für den Schriftsteller Pierre Loti (1850 bis 1923). Der Kirchturm besitzt in 32 m Höhe eine Aussichtsplattform. Das kleine Inselmuseum (Musée oléronais Aliénor d'Aquitaine) zeigt alte Volkskultur sowie Dokumente zu Leben und Werk von Pierre Loti.

Boyardville

*Plage des Saumonards

Bei Boyardville, an der Ostküste der Insel, erstreckt sich die Plage des Saumonards, ein herrlicher, weiter Badestrand mit feinem goldbraunem Sand an der Forêt des Saumonards, einem ausgedehnten, schönen Kiefernforst. Das direkt an der Zufahrtsstraße gelegene Fort des Saumonards ist militärisches Sperrgebiet und daher nicht zugänglich.

Baedeker Special

Salz aus dem Meer

Kochsalz (chemisch Natriumchlorid) ist der wichtigste mineralische Bestandteil der menschlichen Nahrung. Seit Jahrtausenden war es Quelle des Reichtums wie auch Gegenstand heftiger Streitigkeiten. Man gewinnt es im Binnenland meist auf bergmännische Weise, in Küstennähe aus Meerwasser, von dem ein Liter ungefähr dreißig Gramm Salz enthält.

Voraussetzung für die Meersalzgewinnung ist ein relativ warmes Klima. An den flachen Küsten wurden seit dem 11. Jahrhundert große, durch Erdwälle voneinander getrennte Becken angelegt, die immer flacher werden und in die das Meerwasser eingeleitet wird. Je flacher die Becken sind und je mehr Wasser in den einzelnen Stufen verdunstet, umso höher steigt der Gehalt an Natriumchlorid an, bis dieses im letzten Becken aus der übersättigten Lösung auszukristallisieren beginnt. Dann wird mit breiten hölzernen Schiebern das Rohsalz zusammengeschoben und zu Hügeln zwischen den Salinenbecken aufgehäuft.

Heute spielt die Gewinnung von Meersalz wirtschaftlich keine allzu große Rolle mehr; zu mühsam ist die ständige Pflege der Salzgärten und zu gering die Verdienstmöglichkeiten. Nur auf Noirmoutier und Ré sowie an den zwischen diesen Inseln gelegenen Festlandsküsten gibt es noch Salinenbecken. Allerdings wird in etlichen Museen die reiche ländliche Kultur gepflegt und gezeigt, die sich bis ins 19. Jahrhundert hinein dank des Wohlstandes entwickeln konnte, den die Meersalzgewinnung in längst vergangenen Zeiten möglich gemacht hat. Und ein Säckchen voll grobkörnigen Salzes aus dem Atlantik ist auch ein beliebtes Souvenir, das der heimischen Küche zugute kommt.

In den Flachwasserzonen um Oléron wird nach einem jahrhundertealten Verfahren aus Meerwasser Salz gewonnen.

Fort Boyard

Dem Strand vorgelagert ist das Fort Boyard, das zu Beginn des 19. Jh.s als Schutz für die Charente-Mündung gebaut wurde, aber nie von militärischer Bedeutung gewesen ist. Der mächtige, glattflächige Bau auf annähernd elliptischen Grundriß ist weithin zu sehen.

Heute ist die einstige Festung bekannt für die Kampfspiele, die das französische Fernsehen hier veranstaltet. International renommierte Sportler treten in den geheimnisvollen Gewölben und auf dem Zinnenkranz zu waghalsigen Wettbewerben an, deren Erlös wohltätigen Zwecken zugute kommt.

Ile d'Aix

Jenseits des Forts liegt im Pertuis d'Antioche die kleine Insel → Aix (Bootsverbindung von Boyardville).

Saint-Georges

Saint-Georges ist die flächenmäßig größte Gemeinde der Insel. Im Zentrum des ruhigen Orts steht eine hübsche offene Markthalle in Holzbauweise. An den Platz grenzt die schöne, teilweise noch romanische Kirche (11./12. Jh.). Ihr Inneres wird von frühgotischen Gewölben überspannt; im rechten Querhausarm eine Vitrine mit dem Modell einer Viermastbark.

Saint-Denis

Phare de Chassiron

Die Inselhauptstraße führt weiter nach Saint-Denis, dem nördlichsten Inselort. Von hier ist es nicht mehr weit zum Phare de Chassiron. Der schwarz und weiß gestrichene Leuchtturm ist 50 m hoch und kann erstiegen werden; von oben hat man einen herrlichen Rundblick.

Oloron-Sainte-Marie C 6

Département: Pyrénées-Atlantiques
Höhe: 221 m ü.d.M.
Einwohnerzahl: 11 000

Lage und Allgemeines

Oloron-Sainte-Marie, der Hauptort des Haut-Béarn, liegt südwestlich von Pau im Pyrenäenvorland sowie an der Vereinigung des Gave d'Aspe und des Gave d'Ossau zum Gave d'Oloron. Einst war es eine wichtige Station am Jakobsweg nach Santiago de Compostela.

Sehenswertes in Oloron-Sainte-Marie

*Sainte-Marie

Südwestlich vom Zentrum steht die einstige Kathedrale Sainte-Marie aus dem 11.–14. Jh. mit einem prächtigen romanischen Portal, das reich mit Bildwerken geschmückt ist (darunter eine Darstellung der Kreuzabnahme). Der in der gotischen Sakristei untergebrachte Kirchenschatz umfaßt liturgische Gewänder u.a.

Sainte-Croix

Zwischen Gave d'Ossau und Gave d'Aspe erhebt sich der Hügel, der einst die Römersiedlung Iluro getragen hat und heute das Quartier Sainte-Croix bildet. Die gleichnamige Kirche ist ein wehrhafter Bau von 1080 und trägt eine spanisch-maurische Kuppel (13. Jh.). Wenige Schritte westlich erreicht man eine kleine Aussichtsterrasse.

Orthez C 6

Département: Pyrénées-Atlantiques
Höhe: 62 m ü.d.M.
Einwohnerzahl: 10 000

Lage und Allgemeines

Die kleine Stadt Orthez, zu beiden Seiten des Gave de Pau gelegen und Station am Weg der Jakobspilger, war vom 13. bis zum 15. Jh. Hauptstadt der Vizegrafschaft Béarn, mußte diese Rolle dann allerdings an Pau abtreten. Das Béarnais war die einzige Gegend Frankreichs, wo der Calvinismus zur Staatsreligion werden konnte. Auf Gaston VII. de Moncade (1229 bis 1290) gehen die "fors" zurück: Sonderrechte der Region, die deren Eigenständigkeit stärken sollten.
Orthez ist der Heimatort des Lyrikers und Essayisten Francis Jammes (1868–1938).

Sehenswertes in Orthez

Pont Vieux

Vom südlichen Ufer des Gave de Pau stellt der malerische Pont Vieux die Verbindung zur Altstadt her. Die mit einem Turm bewehrte steinerne Bogenbrücke wurde im 13. Jh. erbaut.

Maison Jeanne d'Albret

Nördlich jenseits der Brücke kommt man am Altstadtrand zur Maison Jeanne d'Albret, einem eleganten Renaissancebau. Auf Jeanne d'Albret, die Mutter Heinrichs IV., geht die Gründung der calvinistischen Hochschule (1564) zurück. Im zweiten Stock ist das Musée du Protestantisme Béarnais eingerichtet, das über die Geschichte des Calvinismus in der Region informiert.

Tour Moncade

Im Nordosten der Altstadt steht in einem Park die Tour Moncade. Der kantige Turm auf unregelmäßigem Grundriß ist ein Überrest der mittelalterlichen Festungsanlage, die Gaston VII. hatte errichten lassen.

Orthez (Fortsetzung), Base de loisirs

Südöstlich außerhalb, an der Straße nach Biron, erreicht man die Base de loisirs, ein Freizeitzentrum mit Badestrand, Angelgelegenheit und Gastronomie; im Sommerhalbjahr kann man hier auf großen Modellschiffen fahren.

Saligue aux Oiseaux

Bei Biron befindet sich auch die besuchenswerte Saligue aux Oiseaux (Vogelschutzgebiet) mit etlichen Teichen, Beobachtungsständen und einem Museum.

Umgebung von Orthez

Hagetmau 25 km nordöstlich von Orthez

Auf der D 933 erreicht man den Ort Hagetmau, das landwirtschaftliche Zentrum der Landschaft Chalosse. Von der einstigen Abtei ist nur noch die Krypta erhalten, in der sich früher das Grab des hl. Girons, des Missionars der Chalosse, befunden hat.

Haut Ossau (Landschaft)

→ Pau

Parthenay C 3

Département: Deux-Sèvres
Höhe: 172 m ü.d.M.
Einwohnerzahl: 11 000

Lage und Allgemeines

Die noch heute weitgehend vom Mittelalter geprägte Kleinstadt Parthenay liegt rund 120 km landeinwärts von der Atlantikküste über dem Tal des Thouet. Die einstige Station am Jakobsweg führt ihre sagenhafte Gründung (ähnlich wie → Lusignan) auf die Fee Melusine zurück. Insbesondere für die Landwirtschaft der Region Gâtine bildet die Stadt ein bedeutendes Zentrum; hier findet im Sommer jeden Mittwoch früh einer der größten Viehmärkte des Landes statt.

Sehenswertes in Parthenay

Pont Saint-Jacques

Wer von Norden kommt, überquert auf dem Pont Saint-Jacques den Thouet. Hinter der alten steinernen Bogenbrücke (13. Jh.) ragt die mächtige Tour Saint-Jacques auf; wegen dieses Torturms galt die Stadt lange Zeit als uneinnehmbar.

Pont Neuf

Die Durchgangsstraße führt über den unweit östlich gelegenen Pont Neuf; von dieser Brücke hat man den besten Blick auf das Ensemble von Pont und Tour Saint-Jacques sowie auf die Altstadt.

Musée Turpin

Am Anfang der Rue de la Vau Saint-Jacques und bei der mittelalterlichen Ummauerung der Unterstadt ist das Musée Georges Turpin zu finden, wo archäologische Funde aus dem Stadtbereich sowie schöne Fayencen aus Parthenay ausgestellt sind.

Citadelle (Oberstadt)

Die von malerischen alten Häusern gesäumte Rue de la Vau-Saint-Jacques führt unterhalb der Oberstadt hin und zur gotischen Porte de la Citadelle (auch Tour de l'Horloge genannt), durch die man die Oberstadt betritt. Zunächst gelangt man zur Mairie (Rathaus), dann entlang der Rue de la Citadelle, welche die malerische alte Oberstadt in ihrer ganzen Länge durchzieht.

Parthenay (Fortsetzung), Notre Dame de la Couldre

An der rechten Straßenseite folgt zunächst die Kirche Sainte-Croix aus dem 13. Jh., dann mitten in der Oberstadt die Kirche Notre-Dame de la Couldre mit ihrem schönen romanischen Portal.

Place du Château

Die Nordspitze der Oberstadt bildet die Place du Château. Der ummauerte Schloßbereich wird gegen Westen und Norden durch zwei massige Wehrtürme geschützt. Von der Burg selbst ist nichts erhalten.

Parthenay-le-Vieux

Lage
2 km südwestlich von Parthenay

Der Vorort Parthenay-le-Vieux, zu erreichen auf der nach Niort führenden D 743, liegt gleichfalls erhöht über dem Thouet. Schon von weitem bemerkt man den achtkantigen Vierungsturm der Eglise Saint-Pierre. Der aus dem späten 11. Jh. stammende Bau zählt zu den wichtigsten romanischen Kirchen des Poitou; Beachtung verdienen der Figurenschmuck des Portals und das harmonische dreischiffige Innere.

Passay

→ Nantes

Pau **C 6**

Département: Pyrénées-Atlantiques
Höhe: 210 m ü.d.M.
Einwohnerzahl: 82 000

Lage und Allgemeines

Pau, einstiger Hauptort der Vizegrafschaft Béarn und heutige Hauptstadt des Département Pyrénées-Atlantiques, liegt prächtig auf einem Plateau über dem nördlichen Ufer des Gave de Pau mit Blick auf die Kette der Pyrenäen. Dank ihres angenehmen, milden Klimas wurde die Stadt im 19. Jh. von den Engländern als Reiseziel entdeckt. Seit 1970 besitzt sie eine Universität.

Geschichte

In der Nachfolge von Lescar, Morlaàs und → Orthez wurde Pau im Jahr 1450 zur vierten Hauptstadt des Béarn. Am 13. Dezember 1553 kam hier der Sohn des Anton von Bourbon und der Jeanne d'Albret zur Welt, der als

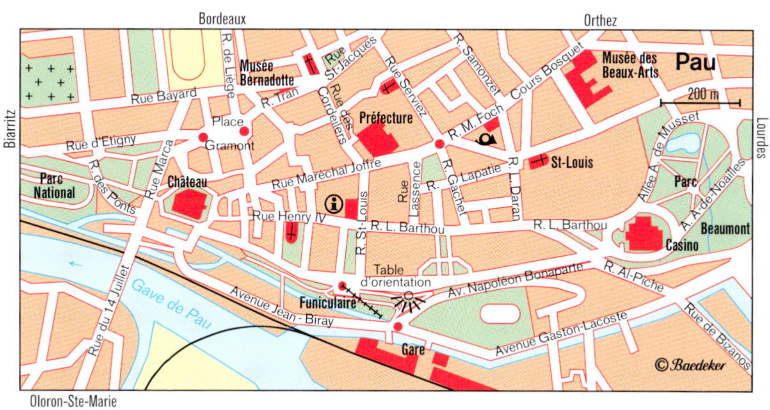

Geschichte (Fortsetzung)

Heinrich IV. von 1589 bis 1610 französischer König war. Zehn Jahre nach dessen Tod rückten die Truppen König Ludwigs XIII. im Béarn ein und setzten konsequent den Katholizismus wieder ein, den Jeanne d'Albret zugunsten des Calvinschen Bekenntnisses energisch abgeschafft hatte.
Seit der Vereinigung mit der französischen Krone war Pau eine recht nüchterne Verwaltungszentrale gewesen. Dies änderte sich, als sich in der Regierungszeit von Louis Philippe (1830–1848) etliche Engländer in Pau niederließen. Sie waren es, die das gesunde Klima schätzen lernten und viele ihrer Landsleute als Gäste hierher lockten. Eine nicht geringe britische Prägung war die Folge; ihre Spuren finden sich noch heute im Pferdesport und Golf. Erst als im späten 19. Jh. die Seebäder aufzublühen begannen, wurde es wieder still um Pau als Urlaubsziel.
Seit 1930 wird um Pfingsten der Grand Prix Automobile de Pau ausgetragen, der seit 1985 zu den Meisterschaftsläufen der Formel 3000 zählt.

Flughafen

Der Flughafen Pau-Pyrénées wird in erster Linie von den innerfranzösischen Routen der Air Inter bedient.

Sehenswertes in Pau

Place Royale
**Boulevard des Pyrénées

Im Herzen der von schönen Boulevards umzogenen Innenstadt liegt die Place Royale, die von stattlichen Repräsentationsbauten aus dem 19. Jh. eingefaßt wird. Sie mündet auf den von Terrassencafés und Restaurants gesäumten Boulevard des Pyrénées, eine unter Napoleon I. angelegte, 1800 m lange Esplanade auf dem felsigen Talrand 32 m hoch über dem Gave de Pau. Von hier genießt man bei klarem Wetter einen Panoramablick auf die Pyrenäen, der seinesgleichen sucht. Gegenüber der Place Royale stellt eine Standseilbahn die Verbindung zur tiefgelegenen Avenue Gaston Lacoste her, die sich am Fluß bzw. der hier in ihn mündenden Ousse hinzieht.

Im Schloß von Pau wurde Heinrich IV. geboren.

Pau (Fortsetzung), *Château

Am westlichen Ende des Boulevards steht das große Schloß (geöffnet tägl. 9.30–11.45 und 14.00–17.15 Uhr). Es wurde im 14. Jh. von Gaston III. von Foix (genannt Phoebus) erbaut, unter Margarethe von Angoulême im Geschmack der Renaissance großzügig umgestaltet und im 19. Jh., nach den durch die Revolution verursachten Schäden, nochmals im Stil der Zeit verändert. Die im 19. Jh. eingerichteten einstigen Wohnräume zeigen noch immer monarchischen Prunk. Insbesondere die vom "Bürgerkönig" Louis Philippe gesammelten französischen und flandrischen Gobelins tragen zu dem eleganten Eindruck bei. Interessant ist die aus einem Schildkrötenpanzer gefertigte Wiege Heinrichs IV. in dessen Geburtszimmer.

Musée Béarnais

Im dritten Obergeschoß des Schlosses ist das Musée Béarnais eingerichtet. Es unterrichtet über Geschichte, Natur und Volkskunde der Landschaft sowie über die vielseitige Handwerkstradition.

Parc National

Westlich vom Schloß erstreckt sich der ausgedehnte Parc National mit seiner vielfältigen Pflanzenwelt und schönen Spazierwegen.

Musée Bernadotte
Mo. geschlossen

Nordöstlich vom Schloß, jenseits der Place Gramont, steht an der Rue Tran das Geburtshaus von Jean-Baptiste Bernadotte (1763–1844), der es in den Revolutionskriegen zum General brachte, ehe er 1810 von dem schwedischen König Karl XIII. adoptiert wurde und so die noch heute regierende Dynastie der schwedischen Könige begründete. Das elegante Gebäude aus dem 18. Jh. beherbergt ein Museum, in dem Erinnerungsstücke und historisches Mobiliar zu sehen sind.

Musée des Beaux-Arts
Mo. geschlossen

Noch weiter östlich (zu erreichen über den breiten Cours Bosquet) befindet sich das Musée des Beaux-Arts (Museum der schönen Künste). Es zeigt Werke französischen, italienischen, spanischen, flämischen und englischen Ursprungs aus dem 15.–20. Jh., ferner eine umfangreiche Sammlung von Werken des Historienmalers Eugène Devéria (1805–1865).

Parc Beaumont

Nur wenige Schritte südlich des Kunstmuseums liegt der schöne Parc Beaumont mit seinem alten Baumbestand und einem kleinen See. Hier befinden sich auch ein Freilichttheater und das Casino (Roulette, Black Jack; Slot Machines).

*Haut Ossau

Lage
zwischen Pau und der spanischen Grenze

Wenn man Pau auf der N 134 in südlicher Richtung verläßt und in Gan der D 934 folgt, so erreicht man das schöne Tal von Ossau, das in die Pyrenäen führt. Die höchste Erhebung des Haut Ossau ist der 2884 m hohe Pic du Midi d'Ossau. Lohnend ist auch eine Exkursion mit Seilbahn und Eisenbahn von Gabas zum künstlich aufgestauten Lac d'Artouste (südöstlich) bzw. eine Fahrt von Gabas zum südwestlich gelegenen Lac de Bious-Artigues und den Lacs d'Ayous. Der südlich von Gabas gelegene Col du Pourtalet bildet einen Grenzübergang nach Spanien.

→ Lourdes

Grottes de Bétharram

Peyrehorade B 6

Département: Landes
Höhe: 18 m ü.d.M.
Einwohnerzahl: 3000

Lage und Allgemeines

Der kleine Pyrenäenort Peyrehorade liegt östlich von Bayonne und ungefähr 30 km von der Küste entfernt im Tal der Gaves Réunis ("vereinigte Wildbäche", nämlich Gave de Pau und Gave d'Oloron), die von hier ab mit Sportbooten befahren werden können.

Abbaye d'Arthous bei Peyrehorade

Lage
2 km südlich

Nahe dem südlichen Ufer der Gaves wurde im 12. Jh. die Prämonstratenserabtei Arthous gegründet, die im 19. Jh. profaniert, aber später stilsicher restauriert worden ist. An der romanischen Kirche verdient der Skulpturenschmuck Beachtung; das in den Konventsgebäuden untergebrachte Museum zeigt archäologische Funde aus der Umgebung, darunter Waffen und Werkzeug aus der Steinzeit und zwei spätrömische Mosaiken.

Pic de Pibeste

→ Lourdes

Pic du Midi de Bigorre

→ Lourdes

Poitiers D 3

Département: Vienne
Höhe: 116 m ü.d.M.
Einwohnerzahl: 80 000

Lage und
Allgemeines

Poitiers, die alte Hauptstadt der historischen Provinz Poitou und heute Hauptstadt des Département Vienne, Bischofssitz und seit 1432 Universi-

Die romanische Kirche Saint-Hilaire-le-Grand wurde gut restauriert.

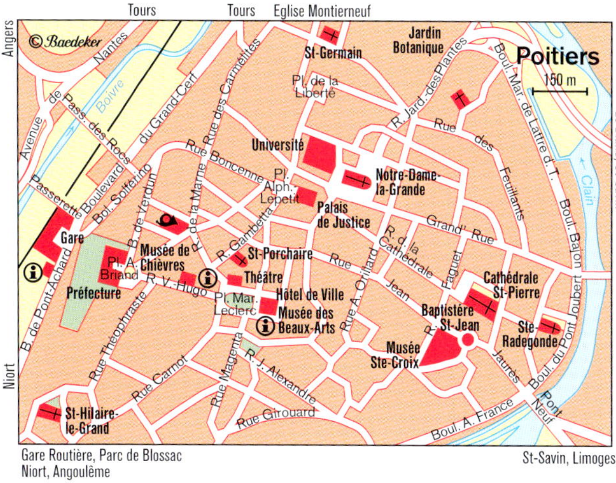

tätsstadt, liegt malerisch auf einem 50 m hohen Felsplateau über den Flüssen Clain und Boire.

Geschichte

Poitiers, das römische Limonum, wurde 409 eine Residenz der Westgotenkönige. 732 wurde in der Nähe die entscheidende Schlacht von Tours und Poitiers geschlagen, in der Karl Martell die Araber besiegte und dadurch Frankreich vor der muslimischen Eroberung bewahrte.

Sehenswertes

*Notre-Dame-la-Grande

Im nördlichen Teil der Altstadt steht die romanisch-byzantinische Kirche Notre-Dame-la-Grande (11./12. Jh.). Die von zwei Türmen flankierte, reichverzierte Westfassade ist ein schönes Beispiel romanischer Bildhauerkunst. Im ersten und zweiten Joch des Langhauses wurden die unterhalb des gegenwärtigen Fußbodenniveaus liegenden älteren Fundamente freigelegt. Im Chorumgang sind schmuckreiche Kapitelle – teils mit figürlichen Darstellungen, teils mit Ornamenten – zu sehen; in der Kuppel über dem Altarraum ein Fresko mit Christus in der Mandorla.
Gegenüber der Kirchenfassade steht die stattliche Universität.

Saint-Porchaire

Weiter südlich, an der Rue Gambetta, erreicht man die im 16. Jh. entstandene Kirche Saint-Porchaire, deren romanischer Fassadenturm der schmalen Straße zugewandt ist.

Hôtel de Ville

Mittelpunkt der Stadt ist die Place Maréchal Leclerc mit dem Hôtel de Ville (Rathaus; 1869–1876), in dem sich auch das Musée des Beaux-Arts (Kunstmuseum) befindet. Unweit westlich in einem aus dem 18. Jh. stammenden Haus das Musée Chievres (Regionalgeschichte, Graphik u.a.).

*Saint-Hilaire-le-Grand

Von der Place Leclerc kommt man südwestlich durch die Rue Carnot zu der romanischen Kirche Saint-Hilaire-le-Grand (11.–12. Jh.). Durch Einsturz des Glockenturms (1590) wurden Teile der Kirche zerstört, aber im 19. Jh. recht gut erneuert. An den Chorkonchen sind Figurenkapitelle zu bemerken; im fünfschiffigen Innern ein harmonisches Chorhaupt und umfangreiche Reste der alten Bemalung (Beleuchtung mit Zeitschaltuhr).

Kathedrale

Im südöstlichen Teil der Innenstadt erhebt sich die zweitürmige Kathedrale Saint-Pierre (1166–1271; Türme und oberer Teil der Fassade 14./15. Jh.).

Kathedrale (Fortsetzung)

Am mittleren der reich mit Plastiken geschmückten Portale ein Jüngstes Gericht, links Krönung und Tod Mariä, rechts Szenen aus dem Leben des hl. Thomas. Im Innern prächtige Fenster und ein reichgeschnitztes Chorgestühl (beide 13. Jh.).

*Musée Sainte-Croix

Einen Häuserblock südlich der Kathedrale wurde an der Stelle einer alten Abtei der moderne Bau für das Musée Sainte-Croix (geöffnet Di.–Fr. 10.00 bis 12.00 und 13.00–17.00 Uhr) errichtet. Seine archäologischen und volkskundlichen Sammlungen sowie die große Gemäldegalerie verdienen eine eingehendere Besichtigung.

*Saint-Jean

Unweit südlich der Kathedrale steht das Baptisterium Saint-Jean, einer der ältesten erhaltenen Kultbauten Frankreichs, das 356–368 auf antiken Fundamenten errichtet sowie im 7. und 11. Jh. erweitert wurde. Im Inneren besitzt es Fresken aus dem 11.–14. Jahrhundert.

Sainte-Radegonde

Unweit östlich, am Rand der Altstadt, befindet sich die Kirche Sainte-Radegonde, im 11. Jh. an der Stelle des 877 zerstörten Grabgebäudes der Schutzpatronin der Stadt erbaut. Von dem ursprünglichen Bau sind noch Krypta, Chor und Teile des Westturms erhalten, während Schiff und Westportal aus dem 13.–15. Jh. stammen. Im Chorumgang finden sich figurengeschmückte Kapitelle, in der Krypta der Sarkophag der hl. Radegundis (gest. 587).

Umgebung von Poitiers

*Futuroscope

Lage
12 km nördlich von Poitiers

Seit 1987 besteht das nördlich von Poitiers gelegene Futuroscope, eine riesige Anlage, die sich nach eigener Einschätzung dem Vergnügen, der Arbeit und der Bildung widmet und konsequenterweise in Einzelbereiche für Unterhaltung, Forschung und Lehre gegliedert ist. Zum Gelände gehören auch Großhotels und gastronomische Einrichtungen. Die sehr abwechslungsreich, aber durchweg sehr futuristisch gestalteten Pavillons, Türme und Großkinos, z.T. mit riesigen glänzenden Glasflächen, sind weithin zu sehen.

Der Vergnügungspark umfaßt folgende Einrichtungen: Großkino mit 360-Grad-Rundleinwand, Kinderspielbereich, "Cinéma Dynamique" (dynamisches Kino, mit hydraulisch bewegten Sitzreihen), Gartenlandschaften verschiedener europäischer Länder, einen Pavillon mit Simulation künstlicher Realitäten und vieles andere. Überall spielen Technik und Didaktik eine wesentliche Rolle.

Nouaillé-Maupertuis

Lage
10 km südöstlich von Poitiers

Die mauerumgürtete einstige Benediktinerabtei Nouaillé-Maupertuis liegt südöstlich von Poitiers (Zufahrt über die D 12c) in einem hübschen Waldtal. Beachtung verdienen die teilweise romanische Kirche mit einem Grabmal aus dem 9. Jh. in der Chorapsis und die im 17. Jh. erneuerten Konventsbauten.

Archigny

Lage
25 km nordöstlich von Poitiers

Auf der D 5 fährt man durch die Forêt de Moulière und überquert dann die Vienne. Bei Archigny befindet sich die Ferme Acadienne, eine 1773 angelegte Siedlung für die Franzosen, die von den Briten aus dem damals "Akadien" genannten Gebiet in Kanada ausgewiesen worden waren. Ein historisches Gehöft beherbergt heute ein Museum.

Ligugé bei Poitiers

Um nach Ligugé zu gelangen, verläßt man Poitiers auf der D 4 in südlicher Richtung. Die Abtei wurde im Jahr 361 durch den hl. Martin von Tours gegründet und ist damit das älteste Kloster Frankreichs. Ausgrabungen in den fünfziger Jahren haben Teile einer spätrömischen Villa sowie einer Basilika aus dem 7. Jh. zutage gefördert. Die heutige Pfarrkirche Saint-Martin ist ein Werk der Spätgotik; die Konventsgebäude werden von Benediktinermönchen bewohnt.

Lage
6 km südlich von Poitiers

*Chauvigny

Die N 151 führt in langen Geraden zu dem am rechten Ufer der Vienne gelegenen mittelalterlichen Städtchen Chauvigny. Auf dem Bergsporn stehen die Reste von fünf Burgen aus dem 11.–15. Jh. und zwei romanischen Kirchen.

Lage
20 km östlich von Poitiers

In der einstigen bischöflichen Burg (Château des Evêques) befindet sich heute eine Adlerwarte (nachmittags Flugvorführungen); etwas weiter nördlich steht das Château d'Harcourt (12./15. Jh.), von dem noch mächtige Wehrmauern erhalten sind.
Das Zentrum der Oberstadt bildet die romanische Kirche Saint-Pierre, in deren Innerem die prachtvollen Figurenkapitelle Beachtung verdienen.
Im Wehrturm des einstigen Schlosses Gouzon schließlich ist ein Museum zur Industrie-Archäologie eingerichtet.
Das nahe Musée d'Ethnologie et d'Archéologie (volkskundliches und archäologisches Museum) zeigt Wohnkultur und Mobiliar aus fünf Jahrhunderten.

Touffou

Gut 5 km nordwestlich von Chauvigny steht an der Vienne das Schloß von Touffou (11.–16. Jh.).

Civaux

Ungefähr 15 km südlich von Chauvigny liegt, ebenfalls an der Vienne, das Dorf Civaux mit einer berühmten merowingischen Nekropole aus dem 6. Jh. n. Chr.

Saint-Savin-sur-Gartempe

Kirche
**Fresken

Von Chauvigny weiter der N 151 nach Osten folgend, kommt man nach Saint-Savin-sur-Gartempe, dessen romanische Kirche im Hauptschiff und der Krypta hervorragende Fresken aus dem 11. Jh. enthält. Über den Arkaden der Langhausflanken sind links die Schöpfungsgeschichte, die Arche Noah, der Zug des Volks Israel durch das Rote Meer und die Übergabe der Gesetzestafeln (Zehn Gebote) an Moses dargestellt; rechts der trunkene Noah, der Turmbau zu Babel, Joseph und seine Brüder sowie Joseph und das Weib Potiphars.
Weitere, allerdings weniger bedeutende Wandgemälde finden sich in der Krypta und in der Kirchenvorhalle (Szenen aus der Offenbarung des Johannes).

Pouzauges — C 3

Département: Vendée
Höhe: 225 m ü.d.M.
Einwohnerzahl: 5000

Lage und Allgemeines

Die Kleinstadt Pouzauges liegt ungefähr 80 km südöstlich von Nantes in den bewaldeten Hügeln der Vendée (Haut Bocage Vendéen). In der Region spielen Viehzucht und Konservenindustrie eine bedeutende Rolle.

Sehenswertes in Pouzauges

Château

Das Vieux Château (Altes Schloß) gehörte zur Aussteuer von Catherine de Thouars, der Gemahlin von Gilles de Rais, dem berüchtigten "Blaubart" (vgl. Tiffauges bei → Clisson). Von der zehntürmigen Umfassungsmauer und dem Wehrturm (weiter Rundblick) sind noch ansehnliche Reste vorhanden.

Saint-Jacques

Die Kirche Saint-Jacques ist ein gedrungener Granitbau im Übergangsstil zwischen Romanik und Gotik. Der Chor wurde später angefügt.

Notre-Dame

Im rund 1,5 km südöstlich gelegenen Vorort Pouzauges-le-Vieux verdient die romanische Kirche Notre-Dame einen Besuch; im Innern schöne Wandmalereien aus dem 13. Jh. mit neutestamentlicher Thematik.

Puy Crapaud

Südöstlich vom Ort erhebt sich der aussichtsreiche Puy Crapaud, mit 270 m der höchste Hügel der Gegend.

Le Puy du Fou

Lage
15 km nordwestlich von Pouzauges

Das Schloß von Le Puy du Fou ist im 15./16. Jh. entstanden und wurde während der Vendée-Kriege weitgehend zerstört. In den wiederhergestellten Räumen der Ruine befindet sich heute die Galerie d'Histoire de la Vendée, ein großes historisches Museum, dessen Thematik von der Vorgeschichte bis ins 19. Jh. reicht.

**Grand Parcours

Die weitbekannte Hauptattraktion von Le Puy du Fou ist der große Vergnügungspark, der direkt beim Schloß angelegt wurde und von Anfang Juni bis Mitte September geöffnet ist. Auf dem weitläufigen Gelände werden Greifvögel im Flug vorgeführt; es gibt Reiter- und Ritterspiele, Freilichtbühnen, den Nachbau eines mittelalterlichen Dorfs, etliche Seen mit Wasserspielen, einen botanischen Garten und vieles andere. Freitags und samstags findet um 22.00 Uhr die Cinéscenie statt, ein höchst eindrucksvolles Spektakel mit Illumination, szenischen Darstellungen und Musik. Vorausbuchung bzw. Platzreservierung ist unerläßlich (Tel. 02 51 64 11 11); einige Plätze bieten über Kopfhörer eine Übersetzung des Handlungsablaufs auch in deutscher Sprache.

Mouilleron-en-Parèdes

Lage
20 km südlich von Pouzauges

Auf der D 152 und anschließend noch ein kurzes Stück auf der D 949b kommt man zu dem ländlichen Weiler Mouilleron-en-Parèdes. Es ist bekannt als Geburtsort von Georges Clemenceau (1841–1929) und General Jean-Marie de Lattre de Tassigny (1889–1952). Das in der Mairie (Rathaus) eingerichtete Musée des Deux Victoires pflegt das Andenken der beiden historischen Gestalten; im Geburtshaus des Generals befindet sich das Musée Jean-de-Lattre-de-Tassigny mit Dokumenten und Erinnerungsstücken.

Ré (Ile de Ré) B 3

Département: Charente-Maritime
Inselfläche: 85 km^2
Bewohnerzahl: 14 000

Lage und Allgemeines

Die Insel Ré liegt vor La → Rochelle im Atlantik. Nordöstlich ist sie durch die Meerenge des Pertuis Breton vom Festland getrennt. Eine rund 4 km lange Straßenbrücke (Benutzungsgebühr) stellt die Verkehrsanbindung her.

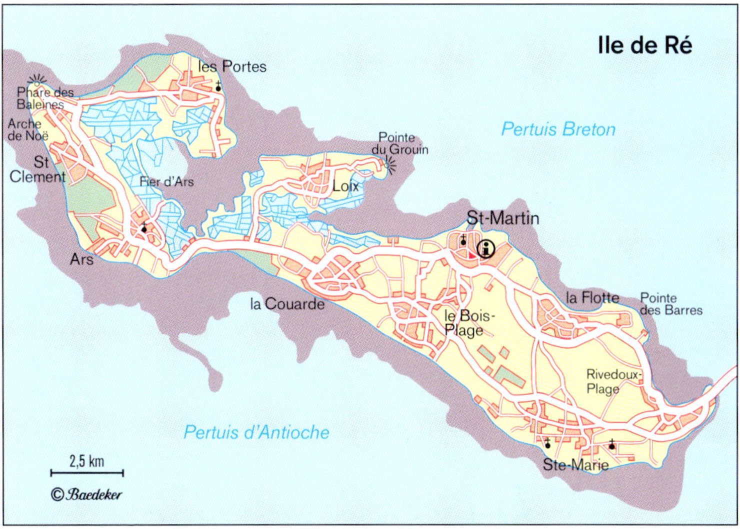

Ein Symbol der Insel sind die Esel, denen früher zum Schutz gegen die in den Salzwiesen allgegenwärtigen Mücken Hosen aus kariertem Stoff angezogen wurden (Anes en Culotte). Heute findet man derlei nur noch im Souvenir-Bereich. Eine zweite Besonderheit ist die Quichenotte, eine weit überstehende helle Frauenhaube zum Schutz gegen die Sonne. Angeblich sollte sie in den Jahren der englischen Besatzung ihre Trägerin vor unerwünschten Zärtlichkeiten der Soldaten schützen ("kiss not"). Die Erklärung ist zwar ganz witzig, aber sprachwissenschaftlich völlig unzutreffend.

Allgemeines (Fortsetzung)

Die von feinsandigen Stränden umzogene Insel ist 28 km lang und bis 7 km breit. Hübsche, blumengeschmückte Dörfer liegen zwischen Weinfeldern und Salzsümpfen, die heute zum Teil der Muschelzucht dienen. Die wichtigsten Seebäder (Ars, La Couarde, Le Bois-Plage, Sainte-Marie u.a.) liegen an der Südküste. Wichtige Erwerbszweige sind Austernzucht und Weinbau.

*Landschaftsbild

Die Häuser sind fast alle nur zweistöckig, blendend weiß gekalkt und mit grünen Fensterläden, die alten Ortskerne malerisch und verwinkelt. Ré heißt nicht umsonst "die weiße Insel".

Die Insel ist durch ein dichtes Netz von gut beschilderten, meist abseits der Autostraßen verlaufenden Fahrradwegen erschlossen.

Fahrradwege

Folgt man vom Viadukt weiter der D 735 in Richtung La Flotte, so bemerkt man bald die rechts der Straße stehende Ruine der Abbaye des Châteliers, einer im 12. Jh. gegründeten und 1623 zerstörten Zisterzienserabtei. Erhalten sind die Langhauswände und die rechteckige Apsis; daneben die spärlichen Reste des Kreuzgangs.

Abbaye des Châteliers

Saint-Martin-de-Ré

Hauptort der Insel ist Saint-Martin-de-Ré, eine typische barocke Festungsstadt, deren Ummauerung und Zitadelle im 17. Jh. von Vauban grundlegend modernisiert worden sind. Heute dient das Kastell als Strafanstalt.

Ummauerung

Im 17. Jh. gewann der kleine Hafenort dank des sehr lebhaften Handels mit den französischen Übersee-Besitzungen (Kanada und Antillen) beachtlichen Wohlstand. Das Hafenbecken umzieht in Form eines breiten Kanals die kleine Insel ("îlot"), auf der sich ursprünglich die Schiffersiedlung befand und die nur durch einen schmalen, befahrbaren Steindamm mit dem Hinterland verbunden ist.

Hafen

Östlich der Hafenausfahrt und im Schutz der Festungsmauer erstreckt sich entlang der Küste der Parc de la Barbette; unmittelbar südlich davon das Musée Naval (Seefahrtsmuseum) mit Schiffsmodellen, Gemälden und historischen Möbeln.

Parc de la Barbette

Im Ortszentrum steht die im Kern gotische, aber im Klassizismus arg entstellte Kirche Saint-Martin. Die ursprünglichen Gewölbe, beim Beschuß durch britische und niederländische Flottenverbände 1696 stark beschädigt, wurden durch flache Holzdecken mit z.T. offenem Dachstuhl ersetzt.

Saint-Martin

Sehr lohnend ist die Ersteigung des Kirchturms. Die hölzerne Treppe ist steil und schmal; eine Ausweichstelle gibt es beim aus dicken Balken gefügten Glockenstuhl. Von der Turmplattform hat man einen sehr instruktiven Überblick über das Kirchenschiff, dessen Mauern die Dachkonstruktion weit überragen. Ein außergewöhnliches Erlebnis ist das weite Inselpanorama, besonders eindrucksvoll bei Sonnenuntergang (der Zugang zum Turm ist normalerweise bis 23 Uhr geöffnet).

*Rundsicht

La Couarde

La Couarde wendet sich der wenig gegliederten, feinsandigen Südküste der Insel zu. Es handelt sich um die wichtigste Feriensiedlung auf Ré; entsprechend gut sind die Bedingungen für alle Arten von Wassersport.

Ars-en-Ré

Nordwestlich von La Couarde überquert die Inselstraße eine Engstelle, hinter der sich rechts der Fier d'Ars, eine weite, von Salzgärten und Austernparks eingefaßte Bucht, öffnet. Mitten in den Salinen liegt Ars, das einst durch den Salzhandel reich geworden war. Heute allerdings liegen fast nur noch Sportboote an der Pier. Auffallend ist der Turm der Kirche Saint-Etienne, dessen Haube weiß und schwarz bemalt ist und so zugleich als weithin sichtbares Seezeichen dient. Das Hauptportal der Kirche, im unteren Teil romanisch, darüber frühgotisch, ist stark verwittert. Vor der Kirche findet der Markt statt.

Saint-Clément-des-Baleines

Nahe der Nordwestspitze der Insel liegt Saint-Clément; der Namenszusatz "des Baleines" weist auf den Walfang hin, der in längst vergangenen Zeiten eine ganz erhebliche Rolle gespielt hat.

Der 55 m hohe Leuchtturm wurde 1854 errichtet. Im Innern führt eine Wendeltreppe mit 257 Stufen hinauf zum runden, holzgetäfelten Türmerstübchen und der darüber gelegenen Lampenkammer mit der Aussichtsplattform (hervorragender Rundblick). Am Ufer steht ein älterer und wesentlich niedrigerer zweiter Turm mit angesetztem halbrundem Treppenhaus. Umgeben sind die beiden Leuchttürme von dichtem Buschwald, in dem u.a. Lorbeersträucher gedeihen. Außerdem gibt es am Fuß des Leuchtturms ein kleines Meeres- und Überseemuseum (Musée de la Mer et d'Outre-Mer) mit Walknochen, Schiffsmodellen u.a.

*Phare des Baleines

◀ *Vom Turm der Kirche Saint-Martin öffnet sich ein weiter Blick auf Ré.*

Der Kirchturm von Ars-en-Ré dient auch als Seezeichen.

Panoramablick vom Phare des Baleines.

Rund 500 m vom Leuchtturm entfernt kommt man zur Arche de Noé (Arche Noah), einem kleinen, sorgfältig angelegten Zoo. In einem Gebäude nahe dem Eingang ist das Musée de la Navigation eingerichtet, das in einer großen Zahl von liebevoll und detailreich gestalteten Dioramen die Geschichte der Seefahrt von den Anfängen bis in die Gegenwart zeigt. Im Freigelände, das man dann betritt, gibt es einige Affengehege; es folgen Dioramen mit den Trockenpräparaten aller möglichen Meerestiere, präparierte Vögel und eine gut sortierte Sammlung von Muschelgehäusen. Den Hauptteil des sehr geschickt auf kleinem Raum strukturierten Parks bilden die Papageien (ausnahmslos Nachzuchten aus der Tierpark selbst und aus befreundeten Zoos). Es gibt farbenprächtige Aras, unglaublich vorwitzige und bissige Kakadus und andere. Den Abschluß bildet ein kleines Wachsfigurenkabinett mit Episoden aus der Inselgeschichte, namentlich aus der Sträflingszeit.

Ré (Fortsetzung), *Arche de Noé

Rochefort

C 4

Département: Charente-Maritime
Höhe: 5 m ü.d.M.
Einwohnerzahl: 26 000

Die Stadt Rochefort, früher bedeutender Kriegs- und heute kleiner Handelshafen, liegt etwas landeinwärts von der Mündung der Charente, die das Stadtgebiet in einer weit nach Süden ausgreifenden Mäanderschlinge umzieht und auf deren Pegel sich Ebbe und Flut deutlich auswirken. Die Innenstadt zeigt noch immer das schachbrettförmige Straßennetz, wie es vielen im 17./18. Jh. angelegten Garnisonstädten eigen ist.
Rochefort ist Geburtsort des Romanciers Pierre Loti (1850–1923).

Lage und Allgemeines

Sehenswertes in Rochefort

Am Ufer der Charente breitet sich ein gepflegter Park aus. Hier steht die Corderie Royale, die einstige königliche Seilerei. Das niedere, nur eineinhalbstöckige Barockgebäude, im Jahr 1666 auf hölzernen Unterkonstruktionen erbaut, hat eine Länge von rund 380 m, und bis zu dieser Länge konnten hier auch Taue angefertigt werden. Im Innern befindet sich das Centre International de la Mer, wo man auch einiges über das historische Seilerhandwerk erfahren kann.
Direkt am Flußufer sind im Aire des Grééments zwei Schiffsmasten aufgerichtet, an denen man die Takelage eines Seglers studieren kann.
Stadtwärts der Seilerei liegt terrassenförmig erhöht der Jardin de la Marine, hinter dem man der Rue Toufaire nach Süden folgt.

*Corderie Royale

Jenseits des direkt an der Straße stehenden einstigen Signalturms kommt man zur Place de la Galissionère, wo man durch die stattliche Porte du Soleil (1830) das Gelände des alten Arsenals betritt. Besonders interessant ist hier das Trockendock. Das im Hôtel des Cheusses, der ehem. Marinekommandantur, untergebrachte Musée de la Marine (geöffnet tägl. 10.00–12.00 und 14.00–18.00 Uhr) zeigt nautisches Gerät, Karten, Schiffsmodelle und Waffen.
Bis zum Jahr 2000 soll im Arsenal eine Rekonstruktion des Dreimasters "Hermione" fertiggestellt werden. Das Original wurde 1779 gebaut, und auf ihm fuhr General La Fayette nach Nordamerika, wo er am Unabhängigkeitskampf teilnahm.

Arsenal
Musée de la Marine

Im Südwesten der Innenstadt (Rue Pierre Loti 141) steht das Geburts- und Wohnhaus des berühmten Schriftstellers. Das üppig und etwas exzentrisch mit Reiseandenken und Kunstgegenständen ausgestattete Innere kann im Rahmen einer Führung besichtigt werden.

Maison Pierre Loti

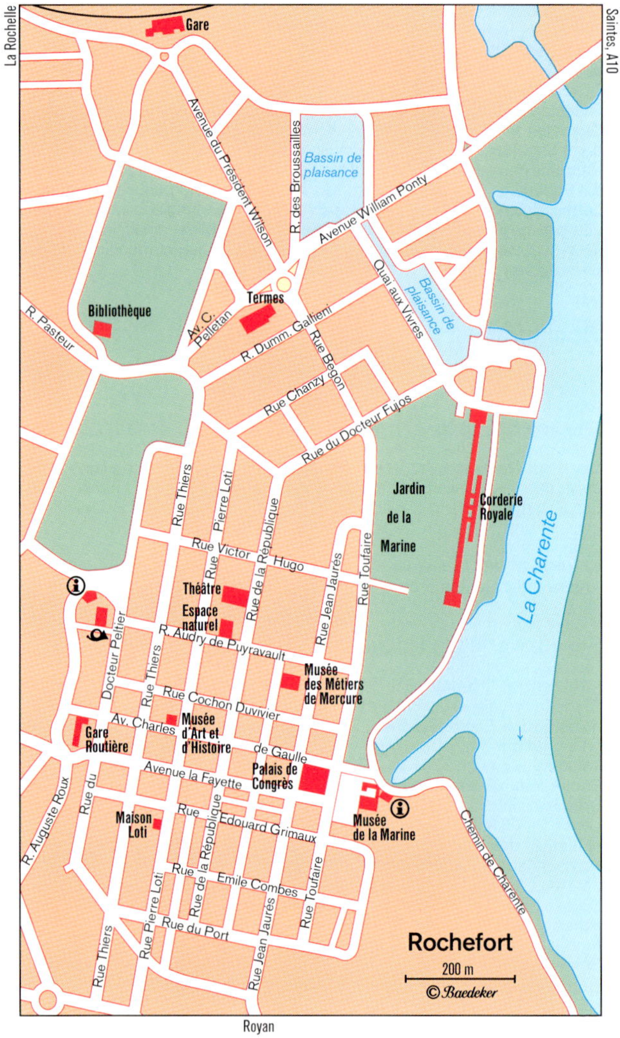

Musée d'Art et d'Histoire

Zwei Gebäudeblocks weiter nördlich kommt man zum Musée d'Art et d'Histoire (Kunst- und Geschichtsmuseum; geöffnet Mi.–Mo. 10.00–12.00 und 14.00–19.00 Uhr). Neben Gemälden seit der Zeit der Renaissance sind völkerkundliche Sammlungen (Ozeanien, Afrika) ausgestellt.

Musée des Métiers Mercure

Weiter nordöstlich, der Seilerei zu, lohnt das Musée des Métiers Mercure einen Besuch, das seinen Namen von Merkur, dem antiken Gott des Handels, verdankt. In einem alten Lagergebäude sind auf drei Etagen historische Kaufläden, Kneipen und Handwerksbetriebe aufgestellt.

In der Corderie Royale wurden einst Schiffstaue gedreht.

Das einstige Wohnhaus von Pierre Loti ist extravagant ausgestattet.

Rochefort (Fortsetzung), Conservatoire du Bégonia

Relativ unbekannt ist die Tatsache, daß die Begonien, im 18. Jh. auf den Antillen entdeckt, nach Michel Bégon, dem damaligen Intendanten von Rochefort, benannt worden sind. Das südlich außerhalb des Stadtzentrums gelegene Conservatoire du Bégonia besitzt mehr als achthundert Sorten und Hybriden dieser Zierpflanze.

Schwebefähre

Die südlich das Stadtgebiet umfließende Charente wird unweit östlich der modernen Straßenbrücke von einer Schwebefähre überspannt. Die aus der Zeit um 1900 stammende Stahlkonstruktion ist noch immer in Betrieb.

La Rochefoucauld

→ Angoulême

La Rochelle **B 3**

Département: Charente-Maritime
Höhe: 7 m ü.d.M.
Einwohnerzahl: 72 000

Lage und Allgemeines

La Rochelle, die Hauptstadt des Département Charente-Maritime und Sitz eines Bischofs, liegt zwischen Nantes und Bordeaux am Pertuis d'Antioche, einer durch die Inseln → Ré und → Oléron geschützten Bucht des Atlantischen Ozeans. Die großen Überseeschiffe und die Fischereiflotte – die fünftgrößte Frankreichs – sind in den neu angelegten Hafen bei der Pointe des Minimes verlegt worden.

Der von Renaissance-Arkaden gesäumte Innenhof des Rathauses zeugt vom Glanz vergangener Tage.

Esnandes Luçon

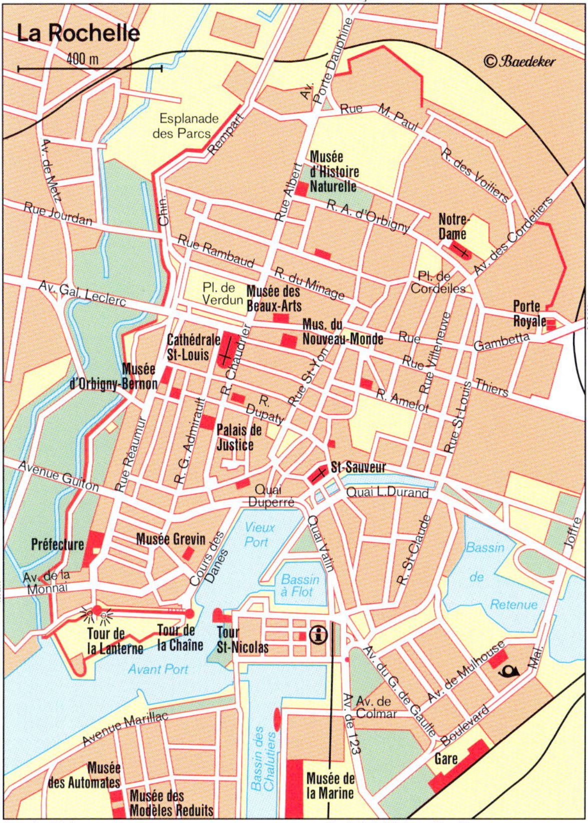

La Pallice

Niort

Mail

Port des Minimes Rochefort, St-Jean-d'Angély

Geschichte

La Rochelle war vom 14. bis zum 18. Jh. eine der bedeutendsten Seestädte Frankreichs und trieb schon früh selbständigen Handel mit Nordamerika. In den Religionskriegen als Zufluchtstätte der Hugenotten viel umkämpft, wurde die befestigte Stadt 1628 von Richelieu belagert und durch Aushungern bezwungen. Die Aufhebung des Edikts von Nantes (1683) und der Verlust Kanadas (1763) sowie später die von Napoleon verhängte Kontinentalsperre (1806–1810) setzten ihrer einstigen Bedeutung ein Ende, doch hat sie mit ihren alten Hafenbefestigungen und ihren Arkadenhäusern den Charakter der Hugenottenzeit gut bewahrt.

1683 wurde in La Rochelle der durch seine Thermometerskala bekannte Physiker René-Antoine de Réaumur geboren (gest. 1757).

Altstadt

*Hôtel de Ville

Im Mittelpunkt von La Rochelle liegt die Place de l'Hôtel de Ville mit dem Rathaus, einem hauptsächlich aus den Jahren 1595–1606 stammenden, reichen Renaissancebau, den eine 1498 vollendete Befestigungsmauer

Hôtel de Ville (Fortsetzung)

umgibt. Im Treppenpavillon des von Arkaden gesäumten Innenhofs steht eine polychrome Statue Heinrichs IV.

An der von der Nordostecke des Rathauses zum Markt ziehenden, von Arkaden gesäumten Rue des Merciers stehen zahlreiche malerische alte Häuser (besonders Nr. 3, 5, 8, 17 und 23).

Cathédrale Saint-Louis

Vom Rathaus gelangt man westlich durch die Rue Dupaty zum Hauptstraßenzug der Stadt: links die von Bogengängen des 16.–18. Jh.s gesäumte Rue du Palais, rechts die Rue Chaudrier, die nördlich auf die ausgedehnte Place de Verdun mündet. Am Ende der Rue Chaudrier befindet sich links die Kathedrale Saint-Louis, ein 1742–1762 von Jacques Gabriel errichteter klassizistischer Bau mit einem Turm aus dem 15. Jahrhundert. Im Innern Bilderschmuck aus dem 18. und 19. Jh.; in den linken Seitenkapellen zwei große Schiffsmodelle und eine Anzahl von Votivbildern, die zum Dank für Rettung aus Seenot gestiftet worden sind.

Im alten Hafen liegen heute fast nur Sportboote.

Musée d'Orbigny

Unweit südwestlich liegt das Musée d'Orbigny-Bernon mit Sammlungen zur Lokalgeschichte, Keramikherstellung und ostasiatischer Kunst. Südlich vom Museum die von Barockhäusern gesäumte Rue de l'Escale.

Musée du Nouveau Monde

Wendet man sich bei der Kathedrale von der Rue Chaudrier nach Osten, so gelangt man zum Musée du Nouveau Monde (geöffnet Mi.–Mo. 10.30–12.30 und 13.30–18.00 Uhr). Es ist im Hôtel Fleuriau, einem schönen Stadtpalais, eingerichtet und veranschaulicht die vielfältigen Beziehungen zwischen Frankreich und den Kolonisationsgebieten in Nordamerika seit dem 16. Jh., u.a. anhand von Landkarten, Schaubildern und handelsgeschichtlichen Exponaten.

Musée des Beaux-Arts

Unweit östlich von der im Norden an die Kathedrale anstoßenden Place de Verdun, an der Rue Gargoulleau, befinden sich im ehem. Bischöflichen

Musée des Beaux-Arts (Fortsetzung)

Palais (18. Jh.) die Städtische Gemäldesammlung und die Stadtbibliothek (geöffnet Mi.–Mo. 14.00–17.00 Uhr); unter den Gemälden sind eine Landschaft von Corot sowie eine “Anbetung der Hirten” von E. Le Sueur beachtenswert.

Jardin des Plantes

An der die Rue Chaudrier nördlich fortsetzenden Rue Albert I erstreckt sich rechts der Botanische Garten (Jardin des Plantes) mit zwei Museen.

*Musée d'Histoire Naturelle

Das etwas nostalgisch anmutende Naturhistorische Museum (geöffnet Di. bis Fr. 10.00–12.00 und 14.00–18.00 Uhr) ist in einer klassizistischen Gebäudegruppe am Rand des Gartens zu finden. Der beschilderte Rundgang beginnt mit der zoologischen Abteilung im Erdgeschoß. Hier sind Skelettpräparate von Säugetieren, maritime Fauna (Schalen- und Krustentiere, Flüssigkeitspräparate von Mollusken) sowie Versteinerungen ausgestellt. Das Cabinet Clément de Lafaille ist nur im Rahmen einer Führung zugänglich; es handelt sich um das komplette barocke Raritätenkabinett eines Privatgelehrten. Im Treppenhaus hängen einige große Kopftrophäen; im ersten Stock viele präparierte Vögel, Schildkröten, Reptilien und Amphibien; Nashörner und Elefanten.
Es schließt sich die ethnographische Abteilung an; hier zunächst beherrschend in der Raummitte die ca. 8 m lange Nachbildung einer königlichen Prunkbarke (Original im Louvre zu Paris), die Napoleon III. von Chulalongkorn, König von Siam, geschenkt bekommen hatte. In Vitrinen einige von Eingeborenen gefertigte Schiffsmodelle (afrikanische und Inuitkulturen), ferner siamesische Schattenspielfiguren und afrikanische Schilde und Masken. Der folgende Raum ist den Indianerkulturen Nord- und Mittelamerikas gewidmet. Den Abschluß bilden die Kultur der Sao (nordafrikanischer Stamm zwischen Tschadsee und Atlantik) und prähistorische Knochenschnitzereien.

Musée Régional

Das gegenüber gelegene Musée Régional Fleuriau (regionales Naturkundemuseum) ist bis auf weiteres nicht zugänglich.

Palais de Justice

An der Rue du Palais stehen rechts das Palais de Justice (Justizpalast; 1789) und die Börse (1785) mit einem schönen Hof; beide Gebäude sind mit schönen Fassaden geziert. In einer Seitenstraße, der Rue des Augustins, steht die Maison Henri II, ein 1555 erbautes Bürgerhaus.

Porte de la Grosse-Horloge

Am Ende der Rue du Palais erhebt sich die aus dem 14./15. Jh. stammende Porte de la Grosse-Horloge, das einzige erhaltene Stadttor, mit einer Bekrönung von 1746. Im Innern ein besonders für Blinde konzipiertes archäologisches Museum.

Wenige Schritte nordöstlich befindet sich das Musée du Flacon à Parfum (Parfümflaschenmuseum).

Musée Grevin

Nicht weit vom westlichen Rand des alten Hafenbeckens erreicht man das Musé Grevin (geöffnet tägl. 9.00–19.00 Uhr). Das Wachsfigurenkabinett erzählt die bewegte Geschichte der Stadt.

Vieux Port

Jenseits des Tors erstreckt sich längs des Quai Duperré und des Cours Wilson der von zahlreichen Fischerbooten belebte, malerische Vieux Port (Alter Hafen; Rundfahrten).

Die südliche Durchfahrt zum Vorhafen begrenzen östlich die mächtige Tour Saint-Nicolas (1384; Aussicht), westlich die Tour de la Chaîne, die ihren Namen nach der Kette erhielt, mit der im Mittelalter die Hafeneinfahrt des Nachts abgesperrt wurde. Im Innern ist ein schönes Modell der mittelalterlichen Stadt ausgestellt.

Westlich der Tour de la Chaîne führt die Rue sur les Murs zu der 1445–1476 als Leuchtturm errichteten Tour de la Lanterne, die mit einer achtkantigen Turmspitze versehen ist; schöne Aussicht.

Tour de la Lanterne

Die Rue Saint-Jean-du-Pérot mündet südwestlich auf den sich längs der einstigen Stadtbefestigung hinziehenden, schönen Parc Charruyer und findet ihre Fortsetzung in dem nahe am Strand hinziehenden Mail, einer im Sommer vielbesuchten Promenade; hier auch das Casino (Roulette, Black Jack, Slot Machines).

Mail

Museen im südlichen Hafenbereich

In den letzten Jahren hat sich der südliche Hafenbereich (Port des Minimes) zu einer modernen Museumslandschaft entwickelt. Vom alten Hafenbecken folgt man der in Richtung Rochefort führenden D 937 in südlicher Richtung. Die weitere Zufahrten zu den Museen sind ausgeschildert.

Im und am Bassin des Chalutiers ist das kürzlich völlig neu aufgebaute Musée Maritime (Schiffahrtsmuseum; geöffnet tägl. 10.00–19.00 Uhr) zu finden. In einer großen einstigen Fabrikhalle sind die permanenten Ausstellungen zu finden; im zentralen Raum ein riesiges Wasserbecken mit Windanlage für ferngesteuerte Schiffsmodelle. Des weiteren ist hier eine Fischauktionshalle mit Lagerräumen nachgebildet, weitere Abteilungen sind im Aufbau.

*Musée Maritime

Der Besichtigungsrundgang für die im Hafenbecken liegenden Museumsschiffe beginnt mit dem Hecktrawler "Angoumois"; eine Schiffslänge weiter liegt die "France I.", ein ehemaliges Wetterschiff. An Bord gibt es eine Sammlung von Flaschenschiffen, vielseitiges meteorologisches Gerät sowie instruktive Schautafeln zu meteorologischen Phänomenen.

Im Hafenbecken liegen auch viele sehr gepflegte hölzerne Segelschiffe, die der Erweiterung des Museums zugute kommen. Zum Museum gehört ferner das Comptoir des Océans, eine große und sehr gut sortierte Boutique (Bücher, Andenken, originales nautisches Gerät).

Das neue Aquarium (geöffnet tägl. 9.00–19.00 Uhr) ist hervorragend gestaltet und didaktisch gut aufgebaut. In der Eingangshalle zeigen ein bewegliches Modell und ein Gezeitenbecken das Zusammenspiel von Erde, Sonne und Mond beim Entstehen von Ebbe und Flut. Es folgen die Salle Atlantique und die Salle Méditerranée mit der entsprechenden Meeresflora und -fauna; dann ein Tropen- und ein Korallenbecken. Am spektakulärsten ist der Unterwassertunnel; er führt durch das große zentrale Becken mit Meeresschildkröten, Zackenbarschen, Haien und Rochen. Den Ausgang erreicht man durch die Tropenhalle mit Piranya-Becken, Wasserfall und Schildkrötenteich.

**Aquarium

Nahe beim Aquarium steht das gleichfalls ziemlich neue Musée Océanographique. Es zeigt vielerlei Exponate zum gesamten Themenbereich der Meereskunde, darunter Meeressäuger, wissenschaftliche und wirtschaftliche Nutzung der Meere, Nautik, Entdeckungsgeschichte und vieles andere.

Musée Océanographique

Westlich vom Marinemuseum befinden sich nahe beieinander zwei kleinere Museen (jeweils geöffnet tägl. 10.00–12.00 und 14.00–18.00 Uhr). Das Musée des Modèles Reduits zeigt eine große Zahl liebevoll gearbeiteter Schiffs- und Fahrzeugmodelle; das Musée des Automates ist mechanischen Puppen, Spieluhren u.ä. gewidmet.

Musée des Modèles Reduits
Musée des Automates

◂ *Das völlig neu gestaltete Musée Maritime beim Port des Minimes zeigt alles, was mit der christlichen Seefahrt zu tun hat.*

Umgebung von La Rochelle

La Pallice

Da die Kapazität der innerstädtischen Hafenanlagen längst unzureichend geworden ist, wird die gewerbliche Schiffahrt in den hypermodernen Tiefwasserhafen von La Pallice verlegt. Hier beginnt auch die Straßenbrücke zur Insel → Ré, die man von der nahegelegenen Aussichtsplattform überblickt.

Marais Poitevin

Die überaus malerische Sumpf- und Wattlandschaft des → Marais Poitevin (Naturpark) erstreckt sich nördlich von La Rochelle um die Anse de l'Aiguillon.

La Roche-sur-Yon B 3

Département: Vendée
Höhe: 74 m ü.d.M.
Einwohnerzahl: 45 000

Lage und Allgemeines

La Roche-sur-Yon, die von Napoleon I. gegründete Hauptstadt des Département Vendée, liegt ungefähr 30 km landeinwärts von Les → Sables d'Olonne. Zunächst hieß die Stadt Napoléon-sur-Yon, in der Zeit der Bourbonen-Restauration Bourbon-Vendée und während des Zweiten Kaiserreichs (1852–1870) Napoléon-Vendée, dann erhielt sie ihren heutigen Namen. Noch immer verrät die Anlage der Innenstadt die einstige Militärgründung mit schachbrettförmigem Straßenraster um einen zentralen Paradeplatz.

Sehenswertes in La Roche-sur-Yon

Circuit pédestre

Ein ausgeschilderter Rundgang (circuit pédestre) führt zu den interessantesten Punkten der Stadt; der bestgeeignete Ausgangspunkt ist die Place Napoléon.

Place Napoléon

Den Mittelpunkt der Stadt bildet das weite Karree der Place Napoléon, der einstige Exerzier- und Paradeplatz, in dessen Zentrum ein großes Reiterstandbild Napoleons I. steht. Im Osten wird der Platz von der wuchtigen Fassade der klassizistischen Kirche Saint-Louis abgeschlossen, im Westen vom Hôtel de Ville (Rathaus). Hinter letzterem steht das kleine Museum (Archäologie, Regionalgeschichte, Malerei).

*Haras

In der Südwestecke der Garnisonstadt nimmt der 1843 eingerichtete Haras (Gestüt) ein großes Areal ein. Aus dieser Zuchtanstalt, der wichtigsten von Frankreich, sind u.a. viele siegreiche Rennpferde hervorgegangen. Von Ende Juni bis Ende September finden stündlich Führungen statt.

Royan B–C 4

Département: Charente-Maritime
Höhe: 20 m ü.d.M.
Einwohnerzahl: 17 000

Lage und Allgemeines

Die als Seebad vielbesuchte Stadt Royan liegt besonders reizvoll an der Nordseite der Gironde-Mündung, gegenüber der Pointe de Grave (→ Landes). Am 5. Januar 1945 wurde die Stadt, in der sich Widerstandsnester der deutschen Wehrmacht befanden, aus niemals ganz geklärten Gründen

◄ *Das Denkmal für den Gründer von La Roche-sur-Yon.*

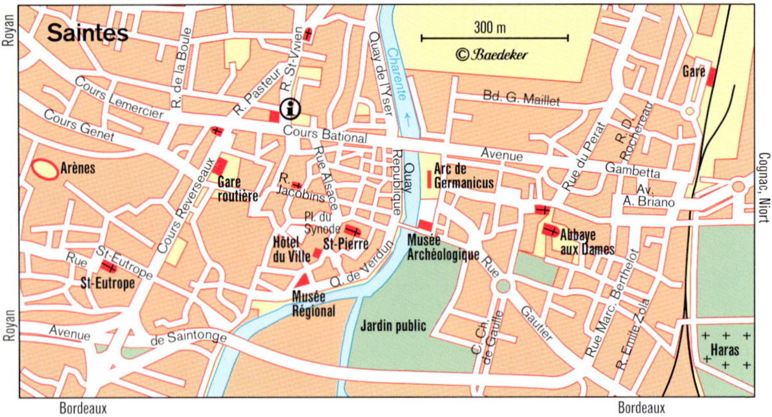

Allgemeines (Fortsetzung)

von britischen Bombern fast völlig zerstört. Im Verlauf der folgenden zehn Jahre wurde Royan in modernem Stil neu aufgebaut; die großzügige, weiträumige Neugestaltung mit den blendend weißen, nicht sonderlich hohen Häusern macht einen sehr angenehmen Eindruck.

Sehenswertes in Royan

*Notre-Dame

Das markanteste Bauwerk im Innenstadtbereich ist die auf einem Hügel stehende Kirche Notre-Dame mit 65 m hohem Turm, die 1955–1958 nach Entwürfen von Guillaume Gillet und Ernest Hébrard entstanden ist. Es handelt sich um eine interessante Sichtbetonkonstruktion auf nahezu elliptischem Grundriß. Lohnend ist ein Rundgang auf der unteren Empore, wo Fenster in Glas-Beton-Verbundtechnik die Kreuzwegstationen zeigen. Hier gibt es auch Schautafeln zur Geschichte des Wiederaufbaus sowie ein Voll- und ein Drahtskelettmodell der Kirche. Bedauerlicherweise zeigt der Stahlbeton an vielen Stellen starke Korrosionsschäden.

*Grande Conche/ Front de Mer

An der Grande Conche im Südosten der Stadt erstreckt sich der 2 km lange, prächtige Badestrand bis zur Pointe de Vallières. Am Jachthafen gibt es Bootsverleih, Segelschulen und eine Anzahl schöner Freiluftrestaurants. An der Criée wird täglich der Fang der Fischerflotte versteigert; man kann die Halle an Werktagen nachmittags ab 16.00 Uhr besichtigen.

Marché Central

Am Ende des breiten, vom Sporthafen stadteinwärts führenden Cours Aristide Briand steht die runde Betonkuppel der Zentralmarkthalle.

Corniche de Pontaillac

Vom Kongreßzentrum am südwestlichen Ende des Hafenbeckens lohnt ein Spaziergang auf der Corniche de Pontaillac. Sie erschließt die steilere und stärker gegliederte Küste des westlichen Stadtteils Pontaillac, der noch Reste seines Charmes aus der Vorkriegszeit bewahrt hat. Am Ende der Corniche liegt die kleine Conche de Pontaillac, die beliebteste Badebucht im Stadtbereich.

Poche de Royan

An der nach → Rochefort führenden D 733 erreicht man nach 10 km den nahe bei den Austernparks von → Marennes gelegenen Ort Le Gua. Hier zeigt das Musée Historique de la Poche de Royan (geöffnet tägl. 10.00–19.00 Uhr) Erinnerungsstücke an die Zeit der deutschen Besetzung im Zweiten Weltkrieg.

Die kühne Stahlbetonkonstruktion der Kirche Notre-Dame in Royan. ▸

Die moderne Strandpromenade in Royan.

Fischerhütten mit Senknetzen stehen an der Conche de Pontaillac.

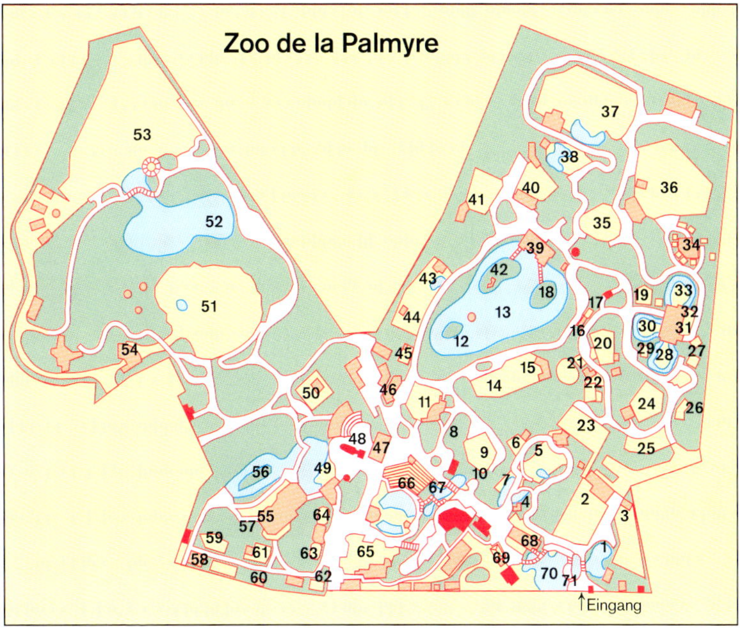

1 Ara
2 Giraffe
3 Oryxantilope
4 Fischotter
5 Sibirischer Tiger
6 Jaguar
7 Pinguin
8 Maki
9 Eisbär
10 Palmbär
11 Löwe
12 Gibbon
13 Wasservögel
14 Tapir
15 Haustiere
16 Pfefferfresser
17 Taube
18 Schimpanse
19 Halbaffen
20 Wolf
21 Wüstenfuchs
22 Surrikate
23 Großer Kudu
24 Hyäne
25 Oryxantilope
26 Halbaffen
27 Affen
28 Katta
29 Affen
30 Kapuzineraffe
31 Affen
32 Affen
33 Maki
34 Pinseläffchen
35 Gorilla
36 Gepard
37 Rhinozeros, Zebra
38 Ibis,Löffler
39 Schimpanse
40 Orang-Utan
41 Bison
42 Gorilla
43 Flußpferd
44 Känguruh
45 Luchs
46 Mandrill
47 Jungtierstation
48 Papageienshow
49 Schildkröten
50 Gepard
51 Elefant
52 Storch, Enten
53 Afrika-Gehege
54 Elefantenhaus
55 Vivarium
56 Gibbon, Pelikan
57 Alpaka
58 Halbaffen
59 Ziege
60 Ara
61 Watussirind
62 Schwarzer Panther
63 Panther
64 Sibirischer Tiger
65 Ziege
66 Seelöwenshow
67 Rosa Flamingo
68 Vogelhaus
69 Affen
70 Roter Flamingo

Umgebung von Royan

*Zoo de la Palmyre

Man verläßt den Hafenbereich auf der breiten Avenue de Pontaillac. Jenseits der Conche de Pontaillac (s. zuvor) führt die schöne Küstenstraße an Fischerhütten mit großen Senknetzen vorbei; draußen im Meer wird der Leuchtturm von Cordouan (s. unten) sichtbar. Bei La Palmyre liegt in einem schönen Kiefern- und Eichengehölz der Zoo von Palmyre, eine hervorragend gestaltete und gepflegte Anlage. Vielfach sind die konventionellen, unschönen Gitter durch große Panzerglasscheiben ersetzt; es ist ratsam,

Royan, Zoo de Palmyra (Fortsetzung)

dem ausgeschilderten Rundgang zu folgen, der das Zurechtfinden in dem unübersichtlichen Gelände erleichtert. Besondere Erwähnung verdienen das ganz moderne Eisbärenbecken, das Gorillagehege und die großen begehbaren Vogelvolieren sowie die Seelöwen- und die Papageienshow.

Phare de la Coubre

Vor La Palmyre liegt die Bonne Anse ("gute Reede"), ein fast ringsum von einer Nehrung eingefaßtes Meeresbecken. Am Nordwestende steht der Phare de la Coubre, ein 1903 erbauter Leuchtturm von 64 m Höhe, dessen Licht bei klarem Wetter noch in 80 km Entfernung zu sehen ist. Von der Höhe des Turms (300 Stufen) hat man einen großartigen Panoramablick.

Giraffe im Zoo von Palmyra.

*Phare de Cordouan

Lage
12 km vor der Küste von Royan

Von Royan und von der Pointe de Grave (→ Landes) fahren Ausflugsboote zu dem 66 m hohen, mitten im weiten Mündungstrichter der Gironde stehenden Leuchtturm. Schon im 14. Jh. gab es an dieser exponierten Stelle ein Leuchtfeuer; große Teile des heutigen Bauwerks stammen aus der Renaissance, der obere Teil wurde 1788 im Stil der Zeit verändert. Im Innern befinden sich das ehem. Zimmer des Königs und eine Kapelle; eine Treppe vom 300 Stufen führt zur Lampenkammer, von wo sich ein phantastischer Rundblick öffnet.

Les Sables d'Olonne **B 3**

Département: Vendée
Höhe: 4 m ü.d.M.
Einwohnerzahl: 15 000

Lage und Allgemeines

Les Sables d'Olonne an der flachen Sandküste der Vendée gehört noch immer zu den beliebtesten und meistbesuchten Seebädern der französischen Atlantikküste. Der Ostteil der Stadt mit dem Hauptstrand und den meisten Hotels wird durch einen breiten Hafenkanal von den westlichen Stadtteilen getrennt.

Sehenswertes in Les Sables d'Olonne

*Strand

Das östliche Stadtgebiet erstreckt sich zwischen den großen Hafenbecken (nördlich) und dem riesigen, stellenweise von Riffen durchsetzten, flachen Sandstrand. An der gepflegten Strandpromenade (Promenade de l'Amiral Lafargue, Promenade Georges Clemenceau) stehen die renommierten

Strandpromenade in Les Sables d'Olonne.

Strand (Fortsetzung)

Großhotels aufgereiht, beim westlichen Ende der Promenade gibt es ein Schwimmbad. Nördlich von diesem auch das Casino. Zur Zeit der Ebbe tritt das Meer weit nach Westen zurück und gibt einen etliche hundert Meter breiten Sandstreifen frei.

Musée des Guerres de Vendée

An der Rue Napoléon befindet sich das Musée des Guerres de Vendée. Es informiert in Wachsfigurengruppen und Dokumenten über die royalistischen Aufstände der Jahre 1793–1796, die als Vendée-Kriege in die Geschichte eingegangen sind.

Notre-Dame-de-Bon-Port

Den Mittelpunkt der Oststadt bildet die Place de l'Eglise mit der Kirche Notre-Dame-du-Bon-Port, die im 17. Jh. erbaut worden ist. Unmittelbar südlich stehen die bemerkenswerten, um die Jahrhundertwende gebauten Halles (Markthalle).

Musée de l'Abbaye Sainte-Croix

An der Rue de Verdun, östlich des Stadtkerns, befindet sich in den Konventsbauten einer einstigen Benediktinerabtei das 1963 gegründete, beachtenswerte Musée de l'Abbaye Sainte-Croix mit einer Galerie moderner und zeitgenössischer Kunst sowie prähistorischen und volkskundlichen Sammlungen.

Jardin Zoologique

Noch weiter östlich kommt man zum kleinen Zoologischen Garten, der Segelschule und dem Centre de Thalassothérapie (Kurzentrum mit therapeutischen Meerwasser-Anwendungen).

Château

Von der südwestlichen Ecke des Hafenbeckens (Quai Guiné) verkehrt eine Personenfähre über den Hafenkanal zum altertümlichen Stadtteil La Chaume. Unmittelbar am Westufer des Kanals erhebt sich das Château Saint-Clair mit der Tour Arundel. Der Turm beherbergt ein kleines Marinemuseum; von der Dachplattform bietet sich ein guter Rundblick (Orientierungstafel)

Umgebung von Les Sables d'Olonne

Marais d'Olonne

Lage
3 km nördlich von Les Sables d'Olonne

Vom Stadtteil La Chaume führt die D 87a nach Norden. Zu ihrer Linken erstreckt sich die Forêt d'Olonne, ein schöner, von Wanderpfaden durchzogener bewaldeter Dünengürtel.
Rechts breitet sich das von zahlreichen Wasserläufen und Wasserbecken durchsetzte Marais d'Olonne aus; Teile des Sumpflandes sind Vogelschutzgebiet (Beobachtungsturm).

Talmont Saint-Hilaire

Lage
13 km südöstlich von Les Sables-d'Olonne

Die D 949 führt etwas abseits der Küste in langen Geraden südostwärts nach Talmont Saint-Hilaire (nicht zu verwechseln mit → Talmont an der Gironde).

*Musée Automobile

Knapp 3 km vor dem Ort liegt links an der schnellen Durchgangsstraße das Musée Automobile de Vendée. Die in einer weiten Halle ausgestellten Fahrzeuge, allesamt sehr gut gepflegt, stammen größtenteils aus der Zeit vor dem Zweiten Weltkrieg; einige haben an einst berühmten Wettbewerben (Paris–Madrid, Paris–Rouen) teilgenommen. Ganz hinten in der Halle stehen zwei futuristische Karosseriestudien.

Unweit von Talmont Saint-Hilaire lohnt das reichhaltige Oldtimer-Museum einen Besuch.

Château

In Talmont selbst steht auf einem Hügel der Rest eines im 11./12. Jh. erbauten Schlosses (Besichtigung März–November). Vom massigen Wehrturm hat man einen reizvollen Ausblick. Von Anfang Juli bis Ende August wird in szenischen Darstellungen, Ritterspielen und Turnieren die Welt des Mittelalters wieder lebendig.

Saint-Vincent-sur-Jard bei Les Sables d'Olonne

Lage
23 km südöstlich von Les Sables d'Olonne

Saint-Vincent-sur-Jard ist ein kleiner Badeort an der teils sandigen, teils flachfelsigen Küste. Er ist in ganz Frankreich bekannt als Altersdomizil von Georges Clemenceau (1841–1929; vgl. Mouilleron-en-Parèdes bei → Pouzauges).

Maison Georges-Clemenceau

Das schlichte einstöckige einstige Landhaus des "Tigers" steht auf einem großen, parkartigen Grundstück mit vielen Kiefern direkt am Meer. Der geführte Rundgang führt zunächst in den Salon mit schönen Möbeln aus Spätbarock und Empire sowie einigen Kunstgegenständen aus Japan. Im Hauptgebäude sind der Wohn- und Arbeitsraum des Politikers, Teile seiner reichhaltigen Bibliothek und das große Speisezimmer mit offenem Kamin zu besichtigen.

In Saint-Vincent-sur-Jard steht das Landhaus, wo der "Tiger" Georges Clemenceau seinen Altersruhesitz hatte.

Saint-Emilion **C 5**

Département: Gironde
Höhe: 102 m ü.d.M.
Einwohnerzahl: 3000

Lage und Allgemeines

Das für seinen Rotwein weltberühmte Städtchen Saint-Emilion liegt etwa 35 km östlich von → Bordeaux nahe dem rechten Ufer der Dordogne an einer Hügelflanke. Schon der spätrömische Dichter Ausonius schätzte diesen Platz, wo später der Einsiedler Aemilianus (franz. Saint Emilion) seine Klause hatte. Noch immer ist das Erscheinungsbild von Saint-Emilion anheimelnd-altertümlich; der größte Teil der Altstadt ist Fußgängerzone. Praktisch der gesamte Untergrund der auf weichem Tuffgestein erbauten

Allgemeines (Fortsetzung)

Stadt ist von Katakomben, Weinkellern und unterirdischen Steinbrüchen unterhöhlt.

Jurade

Über die Qualität des Weins von Saint-Emilion wacht die Jurade, eine Bruderschaft von Winzern. Alljährlich Mitte Juni und Mitte September finden die traditionellen Zeremonien statt, bei denen die Mitglieder der Jurade in ihren roten Roben durch die Stadt ziehen.

Kellerei-besichtigungen

Im Gebiet um Saint-Emilion gibt es eine große Zahl von Weingütern, die besichtigt werden können und auch Kostproben ausschenken. Nähere Auskünfte erteilt das Office de Tourisme (s. unten).

Train touristique

Von Mai bis Oktober kann man im einem kleinen Touristenzug durch das Städtchen und die Weinberge fahren.

**Altstadt

Collegiale

Am höhergelegenen östlichen Ortsrand steht die ehem. Kollegiatskirche mit romanischem Langhaus und gotischem Chor. Der angefügte Kreuzgang aus dem 14. Jh. ist durch das Office de Tourisme (s. unten) zugänglich.

Office de Tourisme Führungen

An der Place des Créneaux, südöstlich an die Kollegiatskirche angrenzend, befindet sich das Office de Tourisme, das u.a. die verschiedenen Stadtführungen organisiert. Nur mit einer solchen Führung zugänglich sind die Chapelle de la Trinité mit der Einsiedlerklause des hl. Aemilianus, die Katakomben und die Eglise Monolithe (Felsenkirche).

*Eglise Monolithe

Direkt gegenüber dem Office de Tourisme erhebt sich der gotische Turm der Eglise Monolithe. Eine Ersteigung (Schlüssel im Tourismusbüro) lohnt wegen der ausgezeichneten Rundblicks.

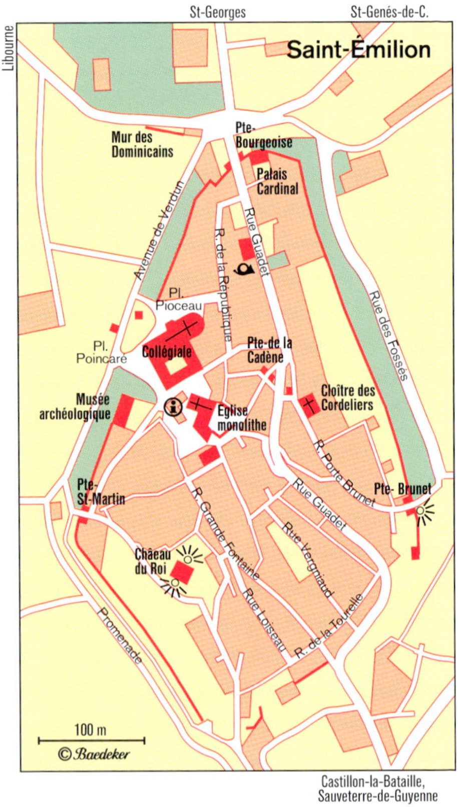

Eglise Monolithe (Fortsetzung)

Die dreischiffige Eglise Monolithe (Felsenkirche; nur mit Führung) selbst befindet sich unterhalb des Turms und ist von der tiefgelegenen Place du Marché (Marktplatz) zugänglich. Sie wurde im 9.–12. Jh. in den gewachsenen Fels gegraben, wobei man bereits vorhandene Hohlräume nutzte. Über dem Hauptportal (14. Jh.) findet sich eine Darstellung des Jüngsten Gerichts.

Chapelle de la Trinité

An den Marktplatz grenzt auch die gotische Chapelle de la Trinité (Dreifaltigkeitskapelle; nur mit Führung), eine Benediktinergründung aus dem 13. Jh., unter der sich die Klause des hl. Aemilianus befindet. Bei der Kapelle liegen auch die in den Fels gehauenen Katakomben.

Malet de Roquefort

Gegenüber der Kirche ist in die Stadtmauer ein altes Haus eingefügt in dem das kleine archäologische Museum seine Heimstatt gefunden hat.

Von der Place des Créneaux überblickt man den schönen Ortskern des altertümlichen Winzerstädtchens.

Cloître des Cordeliers

Im östlichen Teil der Altstadt erreicht man das längst profanierte ehem. Cloître des Cordeliers (Kapuzinerkloster). Der hübsch Kreuzgang mit seinen graziösen Zwillingssäulen ist in ein kleines Weinlokal umgewandelt worden.

Tour du Roi

Die Tour du Roi, die sich weithin sichtbar im Süden der Altstadt erhebt, ist der Wehrturm des einstigen Königsschlosses. Dessen Gründung wird Ludwig VIII. oder Heinrich III. zugeschrieben.
Von der Turmplattform überblickt man das Städtchen, die Weinberge und das Tal der Dordogne.

Musée des Hospices de la Madeleine

Ein paar Schritte weiter südlich erreicht man an der Rue André Loiseau das Musée des Hospices de la Madeleine. Es zeigt eine reiche Sammlung dekorative Keramik, vor allem aus der näheren Umgebung, aus drei Jahrhunderten.

Umgebung von Saint-Emilion

Saint-Georges

Auf der von Saint-Emilion nach Norden führenden D 122 erreicht man nach 4 km den Ort Saint-Georges. Hier steht eine hübsche Kirche; in der rechten Langhauswand ein etwas naives romanisches Portal; außen an der Apsis originelle Figuren und Fabeltiere.

Montagne

Unmittelbar darauf folgt Montagne; in der Ortsmitte eine gedrungene romanische Kirche mit massigem Vierungsturm. Das Innere ist weitgehend schmucklos; harmonischer Hauptchor mit romanischen Rundbogen.

Ecomusée
Mitte März bis Mitte September ganztägig, sonst nur nachmittags

Einen Besuch verdient das mitten in den Weinbergen gelegene Ecomusée du Libournais, dessen thematischer Schwerpunkt auf Weinbau und Weinkultur liegt. Neben volkskundlichen Sammlungen (historisches Werkzeug und Arbeitsgerät) gibt es ein 5000 m^2 großes Freigelände mit einem Weinlehrpfad.

Le Petit Palais

Wiederum 4 km weiter kommt man nach Le Petit Palais. Hier steht inmitten des Friedhofs eine kleine romanische Kirche mit schönem skulpturengeschmücktem Portal. Das einschiffige Innere ist bis zum Gewölbeansatz romanisch, darüber gotische Rippengewölbe.

In diesem Schloß kam Michel de Montaigne zur Welt.

Montaigne

Ungefähr 15 km östlich von Saint-Emilion (D 936 bis kurz hinter Castillon-la-Bataille, dann D 21 bzw. Nebenstraße in nordöstlicher Richtung) liegt das Château de Montaigne, die Geburtsstätte von Michel Eyquem de Montaigne (1533–1592), einem der bedeutendsten Schriftsteller der Renaissance.

Das Schloß, um die Jahrhundertwende restauriert, steht am Ende einer langen Zedernallee in einem schönen Park; es ist nur mit einer Führung zu besichtigen (eindrucksvolle Bibliothek). Von der Terrasse öffnet sich ein schöner Blick nach Norden.

Saint-Emilion (Fortsetzung), Blasimon

Wenn man bei Castillon-la-Bataille (s. zuvor) der D 17 in südlicher Richtung folgt, kommt man nach Blasimon, wo im Tal die Reste einer aus Romanik und Gotik stammenden Benediktinerabtei stehen.

Saintes C 4

Département: Charente-Maritime
Höhe: 8 m ü.d.M.
Einwohnerzahl: 26 000

Lage und Allgemeines

Saintes, 45 km landeinwärts von der Küste zu beiden Seiten der Charente gelegen, war unter dem Namen Mediolanum Santonum Hauptort der keltischen Santonen und später Hauptstadt der historischen Provinz Saintonge. In den Religionskriegen war es ein wichtiger Stützpunkt der Hugenotten. Heute ist Saintes eine betriebsame Industrie- und Handelsstadt.

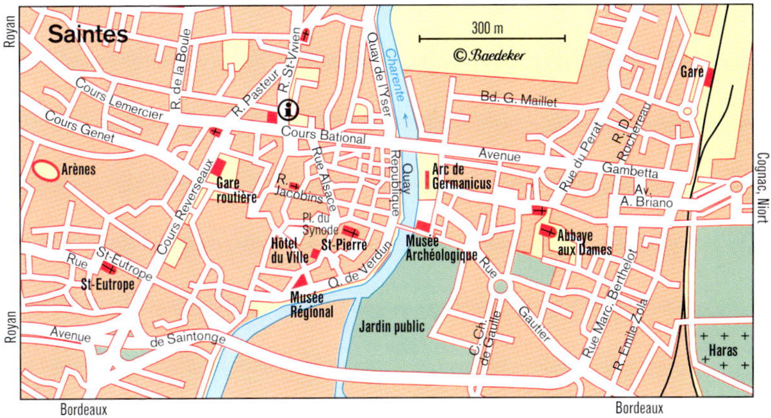

Saintes ist der Geburtsort des Arztes Joseph Ignace Guillotin (1738–1814), der das nach ihm benannte Fallbeil erfunden hat. Was zunächst angesichts der katastrophalen handwerklichen Unzulänglichkeit vieler Scharfrichter als Akt der Menschlichkeit gegenüber dem Verurteilten gedacht war, entwickelte sich in der Französischen Revolution zum Symbol des Schreckens schlechthin.

Stadtteile westlich der Charente

Das historische Stadtzentrum breitet sich auf den Hügeln westlich des Flusses aus, und hier befinden sich auch die meisten Sehenswürdigkeiten. Mit breiten, von Platanen beschatteten Boulevards, Straßencafés und Fußgängerbereichen macht es einen angenehmen Eindruck.

Place du Maréchal Foch

Den Stadtmittelpunkt bildet die weite Place du Maréchal Foch, an deren Nordseite das wuchtige Palais de Justice steht. An der Südseite zieht der breite Cours National, der Hauptstraßenzug der Innenstadt, vorüber.

Musée des Beaux-Arts

An der Rue Victor-Hugo, einer südlichen Parallelstraße des Cours National, steht das Présidial, ein eleganter Renaissancebau von 1605. Es beherbergt das Musée des Beaux-Arts (Museum der schönen Künste; geöffnet Mi. bis Mo. 10.00–12.00 und 14.00–18.00 Uhr) mit einer Sammlung von Gemälden

Aus der Römerzeit stammen das Amphitheater …

… und der Germanicus-Bogen.

aus dem 18.–20. Jh. sowie Fayencen aus der Werkstatt des in Saintes tätig gewesenen Bernard Palissy (1510–1590).

Musée des Beaux-Arts (Fortsetzung)

Ancien Echevinage

Im Ancien Echevinage (ehem. Magistratsgebäude; weiter südwestlich im Altstadtkern) ist eine Dependance des Museums eingerichtet, wo besonders die Gemälde aus dem 19. und 20. Jh. sowie die Sammlung von Sèvres-Porzellan Erwähnung verdienen.

Saint-Pierre

Am südlichen Rand der Fußgängerzone erhebt sich die Kathedrale Saint-Pierre mit ihrem 72 m hohen Turm. Der stattliche Bau wurde 1117 begonnen und in der Zeit der ausklingenden Gotik vollendet. Die Zerstörung durch die Calvinisten machte ab 1570 eine weitgehende Erneuerung nötig. Der reiche Figurenschmuck des Hauptportals wurde in der Französischen Revolution zum größten Teil vernichtet. Die Glasfenster stammen fast ausnahmslos aus dem 19. Jahrhundert.

Musée Dupuy-Mestreau

Am Südrand der Altstadt, nahe dem linken Flußufer, ist in einem schönen Stadtpalais aus dem 18. Jh. das Musée Dupuy-Mestreau (nur mit Führung) untergebracht. Es besitzt reichhaltige Sammlungen regionaler Kunst.

Saint-Eutrope

Südwestlich des Altstadtbereichs und jenseits des verkehrsreichen Cours Reverseaux erreicht man die erhöht gelegene Kirche Saint-Eutrope. Die Oberkirche ist größtenteils von der Romanik geprägt; nur Vierung und Apsis werden von gotischen Gewölben überspannt. An den Pfeilerkapitellen entfaltet sich reicher Figurenschmuck; ein besonders guter Blick auf die Kapitelle des ersten Langhausjochs bietet sich von der Orgeltribüne.

*Krypta

Die Krypta besitzt einen eigenen Zugang im Fundament der linken Langhauswand. In der Apsis der 1096 von Papst Urban II. geweihten dreischiffigen Unterkirche, deren Gewölbe von kurzen, gedrungenen Bündelpfeilern mit romanischen Kapitellen getragen werden, steht der spätrömische Sarkophag des hl. Eutropius, der als Bischof von Saintes den Martertod erlitt.

Amphitheater

Unweit nordwestlich von Saint-Eutrope wurde in eine Geländesenke das römische Amphitheater (arènes) eingefügt. Es stammt aus dem 1. Jh. n. Chr. und gehört damit zu den ältesten derartigen Anlagen in der römischen Provinz. Mit 126 × 102 m zählt es zu den kleineren seiner Art; glücklicherweise wurde es nur sehr zurückhaltend restauriert.

Stadtteile östlich der Charente

Germanicus-Bogen

Vom Altstadtzentrum überquert man auf dem breiten Pont B. Palissy die Charente. Direkt am Flußufer steht der Arc de Germanicus (Germanicus-Bogen), der 21 n. Chr. unter Kaiser Tiberius errichtet wurde und bis 1842 auf der jetzt verschwundenen Römerbrücke stand. Entgegen landläufiger Meinung handelt es sich nicht um einen Triumph-, sondern um einen Weihebogen.

Musée Archéologique

Etwas weiter südlich, nahe beim Jardin Public, kann man sich im Musée Archéologique (archäologisches Museum; geöffnet Di.–So. 10.00–12.00 und 14.00–18.00 Uhr) anhand zahlreicher Architekturreste über die Römerzeit und das frühe Mittelalter informieren.

*Abbaye aux Dames

Die Abbaye aux Dames, ein einstiger Benediktinerinnenkonvent, steht in einiger Entfernung vom rechten Ufer der Charente weit außerhalb der City. Die Abtei wurde im 11. Jh. gegründet; die Bausubstanz stammt im wesentlichen aus dem 11. und 12. Jahrhundert; in der Revolutionszeit wurde das Kloster profaniert und diente zeitweise als Kaserne. Die Abtei bildet ein großes, fast vollständig ummauertes Areal mit der Kirche als Hauptbau und einigen Nebengebäuden. Zugänglich ist sie täglich 10.00–12.00 und 14.00–18.00 Uhr, im Winter nur nachmittags.
In der Hauptfassade der Kirche öffnen sich ein Hauptportal und zwei blinde Nebenportale; auf dem Vorplatz erläutern Bildtafeln die Ikonographie. Be-

Nahe der Charente steht die romanische Abbaye aux Dames.

Abbaye aux Dames (Fortsetzung)

sonders beachtenswert sind die Figurenfriese in den Bogenfeldern von Haupt- und Seitenportalen. Das Innere ist von höchst ungewöhnlichem Grundriß: Das Hauptschiff wird von zwei hintereinanderliegenden Rotunden gebildet, deren Kuppelgewölbe von ebenen Holzdecken abgeschlossen sind. Bündelpfeiler und Kapitelle sind großenteils restauriert, aber ohne verfälschende stilistische Willkürlichkeiten. Die großen farbigen Wandteppiche zeigen die Schöpfungsgeschichte.

Die Klosterbauten verdanken ihr heutiges Aussehen größtenteils dem 17. und 18. Jahrhundert.

Musée de Préhistoire

Nordöstlich der Abtei befindet sich das Musée éducatif de Préhistoire, eine in allererster Linie pädagogisch orientierte Sammlung zur regionalen Vorgeschichte. Es ist nur nach Voranmeldung zu besichtigen.

Umgebung von Saintes

La Roche Courbon

Lage
15 km nordwestlich von Saintes

Ungefähr 15 km nordwestlich von Saintes erreicht man, der N 137 folgend, das inmitten prächtiger Eichenwälder gelegene Schloß von La Roche Courbon, das "Dornröschenschloß" von Pierre Loti. Der letzte Teil der gut beschilderten Zufahrt führt durch eine herrliche Allee.

*Château

Die Burg (zugänglich tägl. 10.00–12.00 und 14.30–18.30 Uhr) wurde um 1475 auf einem felsigen Plateau über dem Flüßchen Bruant erbaut und im 17. Jh. in einen prächtigen herrschaftlichen Wohnsitz umgestaltet. Sein heutiges Aussehen verdankt das aus Schloß und Landschaftspark bestehende Ensemble den grundlegenden Erneuerungsarbeiten in den dreißiger Jahren des 20. Jahrhunderts.

Die Gärten von La Roche Courbon wurden um 1930 neu angelegt.

Saintes, La Roche Courbon (Fortsetzung)

Man betritt das Schloß von der Bergseite her. Im Innern sind etliche Prunkräume mit historischen Möbeln und Gemälden – darunter mehrere von Giambattista Casanova (1730–1795), dem Bruder des legendären Abenteurers – sowie die Küche zu besichtigen. Im Donjon (Wehrturm) befindet sich ein prähistorisches Museum, dessen Funde z.T. aus den nahen Wohnhöhlen (s. unten) stammen.
Unterhalb der Schloßterrasse erstrecken sich die Gärten, die um 1930 nach historischen Vorbildern neu angelegt worden sind und sich um ein großes, harmonisches Wasserbecken ausbreiten.

Grotten

Außerhalb des eigentlichen Schloßparks, aber von dessen Eingangstor zu erreichen, liegen die prähistorischen Grotten, die auf einem schönen, rund 800 m langen Spazierweg durch dichtes Steineichengehölz zu erreichen sind. Am felsigen Rand eines romantischen, verwunschenen Waldtals öffnen sich die einstigen Tropfsteinhöhlen, die großenteils von ihren steinzeitlichen Bewohnern vergrößert und so nutzbar gemacht worden sind.

Saint-Gilles-Croix-de-Vie B 3

Département: Vendée
Höhe: 6 m ü.d.M.
Einwohnerzahl: 6000

Lage und Allgemeines

Der Doppelort Saint-Gilles-Croix-de-Vie liegt südwestlich von Nantes an der Atlantikküste. Hervorgegangen ist er aus dem 1967 erfolgten Zusammenschluß zweier zu beiden Seiten der Vie gelegenen Gemeinden: Croix-de-Vie am nördlichen und Saint-Gilles am östlichen und südlichen Flußufer. Die Vie strebt, von Nordosten kommend, zunächst dem Atlantik zu, wird dann aber durch einen vorgelagerten Dünenriegel scharf nach Norden ab-

gelenkt, ehe sie das Meer erreicht. In diesem letzten Teil der Flußmündung befindet sich der betriebsame Hafen. Wie vielerorts an der Küste brachte auch hier die Entwicklung des Seebädertourismus im 19. Jh. einen beachtlichen wirtschaftlichen Aufschwung.
Es gibt Schiffsverbindungen zur Insel → Yeu (Abfahrt vom nördlichsten Teil des Hafenbeckens).

Allgemeines (Fortsetzung)

Saint-Gilles

Der Stadtteil Saint-Gilles geht auf eine Römergründung zurück und entwikkelte sich im Mittelalter zu einem prosperierenden Gemeinwesen.

Eglise Saint-Gilles

Nur einen Häuserblock vom Flußufer entfernt steht die gotische Kirche Saint-Gilles. Sie ist dem Schutzpatron und ersten Abt des Benediktinerklosters in Saint-Gilles-de-Provence geweiht, dessen Mönche hier im 11. Jh. einen Konvent gegründet haben.

Aquarium

An der Grande Plage lohnt das Aquarium Marin (Meeresaquarium; geöffnet Anfang April bis Mitte September) einen Besuch, wo man sich über die regionale Meeresfauna unterrichten kann.

Croix-de-Vie

Fischerhafen

Der nördliche Teil der Stadt wird von den modernen, weitläufigen Anlagen des Fischerhafens (jährliche Anlandung knapp 8000 t Fisch und Meeresfrüchte) geprägt. Den besten Überblick hat man vom Belvédère de la Criée (Treppenaufgang an der Place de la Douane). Nahebei finden sich auch Betriebe der Konservenindustrie und Schiffsausrüster.

Maison du Pêcheur

Die Maison du Pêcheur (Haus des Fischers; Rue du Maroc 22) ist die Rekonstruktion eines Fischerhauses aus den zwanziger Jahren. Möbel, Kleidungsstücke und Werkzeug veranschaulichen den Alltag jener Zeit.

Corniche Vendéenne

Die Corniche Vendéenne erschließt die nördlich an das Stadtgebiet angrenzende Gegend. Bei Saint-Hilaire-de-Riez gibt es einen schönen Strand mit teils feinsandigen, teils felsigen Abschnitten, während sich im Hinterland Kiefernwälder ausbreiten.

Commequiers

Etwas landeinwärts liegt die alte Burgstadt Commequiers. Das Schloß wurde im 15. Jh. an der Stelle eines alten Römerlagers erbaut und 1628, nach dem Sieg über die Protestanten, auf Befehl Richelieus geschleift. Auf der alten Eisenbahnstrecke kann man mit einem Vélo-rail (Draisine) fahren.

*Ecomusée de la Vendée

Lage zwischen Saint-Gilles und Challans

Das Ecomusée de la Vendée (auch Musée Daviaud genannt) ist eine weitläufige, mehrteilige Freilichtanlage in der weiten, küstennahen und teilweise von Kiefernwaldungen bedeckten Sandebene der Vendée. Die einzelnen Bereiche sind räumlich voneinander getrennt. Historische Bauernhäuser, Ökonomiegebäude und Werkstätten zeigen das ländliche Leben vergangener Jahrhunderte; in der von schmalen Kanälen durchzogenen Ebene gibt es auch Salzgärten und Vogelbeobachtungsstationen. Bei Saint-Hilaire de Riez (s. zuvor) liegt unter Nadelbäumen eine zweite Sektion des Museums mit einem hübschen, strohgedeckten Gehöft. Bei Notre-Dame-de-Monts schließlich lohnt die Salle Panoramique einen Besuch. Es handelt sich um die Aussichtsplattform eines hohen Wasserturms, der die Küste mit ihren Wäldern überragt.

◂ *Mit solchen Fahnen werden die Hummernreusen markiert.*

Dieses alte Gehöft steht im Ecomusée de la Vendée bei Saint-Gilles.

Saint-Jean-de-Luz **B 6**

Département: Pyrénées-Atlantiques
Höhe: 3 m ü.d.M.
Einwohnerzahl: 13 000

Lage und Allgemeines

Das vorwiegend als Seebad besuchte Hafenstädtchen Saint-Jean-de-Luz liegt südlich von → Biarritz und nicht weit von der französisch-spanischen Grenze an einer sehr gut geschützten Bucht, in die hier die Nivelle mündet. Ursprünglich diente es als Walfängerhafen; seit dem 16. Jh. spielte es als Ausgangspunkt von Fahrten in die überseeischen Besitzungen Frankreichs eine große Rolle, die es allerdings mit dem Verlust der Kolonien in Amerika im 18. Jh. wieder einbüßte. Unübersehbar ist die starke Prägung durch die Baskenkultur, die sich vor allem im Baustil der alten flachgiebeligen Fachwerkhäuser manifestiert. Spezialitäten der Region sind Marzipan, türkischer Honig und vielerlei Fruchtpasten.
Das glanzvollste Ereignis in der Geschichte der Stadt war im Jahr 1660 die Hochzeit des "Sonnenkönigs" Ludwig XIV. mit Maria Theresia, Infantin von Spanien, die im Pyrenäenfrieden vereinbart worden war. Vorangegangen war die Romanze des Monarchen mit Maria Mancini, einer Nichte von Kardinal Mazarin (vgl. → Brouage).

Sehenswertes in Saint-Jean-de-Luz

Hafenbereich

Das innerstädtische Leben konzentriert sich um den gut geschützten kleinen Hafen, der großenteils von rot-weißen Fachwerkfassaden eingefaßt wird und mit der nahezu vollständig geschlossenen Bucht nur durch einen schmalen Kanal verbunden ist. An die Ostseite des Hafenbeckens stößt

Die Place Louis XIV ist das Zentrum der Altstadt.

Hafenbereich (Fortsetzung)

die malerische Place Louis XIV an; sie wird von Platanen beschattet und besitzt inmitten hübscher Straßenrestaurants einen Konzertpavillon.

Maison Louis XIV

An den Platz grenzt die Maison Louis XIV, ein frühbarockes Patrizierhaus aus dem 17. Jh. mit zwei Fassadenerkern, dessen Inneres besichtigt werden kann.

Hôtel de Ville

Nebenan steht das Hôtel de Ville (Rathaus); vor der zentralen Freitreppe die stark verkleinerte Kopie eines monumentalen Reiterstandbilds Ludwigs XIV.

*Musée Grevin

An der vom Hafenbecken nördlich abgehenden Rue de l'Infante steht das an italienische Vorbilder erinnernde Haus, in dem die Infantin Maria Theresia wohnte. Heute ist es Heimstatt des Musée Grevin (nur April bis Oktober geöffnet). Anhand szenischer Gruppen von insgesamt über fünfzig lebensgroßen Wachsfiguren illustriert es die Geschichte der Stadt – von den Walfängern des frühen Mittelalters über die Piraten und die Musketiere Mazarins bis zur Königshochzeit.
In der unmittelbar benachbarten Galerie de l'Infante werden wechselnde Ausstellungen moderner Kunst gezeigt.

*Saint-Jean Baptiste

Große Teile der sich vom Hafen nach Osten erstreckenden Altstadt sind zu einer hübschen Fußgängerzone gestaltet. Hier steht an der Rue Gambetta die schlichte Eglise Saint-Jean Baptiste (Kirche Johannes' des Täufers), in der die Trauung des königlichen Paars stattfand und deren rechtes Seitenportal nach dem Zeremoniell zugemauert worden ist. Das prachtvoll gestaltete Innere birgt als größte Sehenswürdigkeit einen reich vergoldeten hochbarocken Altar, der spanischen Einfluß verrät.

Front de Mer

Die Bucht von Saint-Jean-de-Luz ist fast völlig geschlossen und daher sehr gut geschützt. Parallel zum goldgelben Sandstrand (Hundeverbot)

Front de Mer (Fortsetzung)

verläuft etwas erhöht die Promenade Jacques Thibaud mit Ladenpassage, einigen Großhotels, dem Institut für Thalassotherapie und dem Kasino.

Ciboure

Die westliche Begrenzung des Hafenbeckens (hier der Jachthafen) bildet der Stadtteil Ciboure, wo am 7.3.1875 der Komponist Maurice Ravel geboren wurde. Das weithin sichtbare Fort Socoa beherrscht die Einfahrt in die Bucht; eindrucksvoller Blick auf die rauhe baskische Küste.

Château d'Urtubie

Etwa 3 km südlich von Saint-Jean-de-Luz steht bei Urrugne das Schloß von Urtubie (14./18. Jh.). Das sehenswerte Innere birgt u.a. eine reiche Sammlung flämischer Gobelins aus dem 16. Jahrhundert.

Florénia

In der Nähe von Urrugne befindet sich auch der Parc Floral Florénia, eine herrliche Gartenanlage mit reicher Mittelmeerflora.

*La Rhune

Etwas landeinwärts erhebt sich im Grenzgebiet zu Spanien die Rhune, ein 900 m hoher Pyrenäengipfel, der einen Fernsehsender trägt und auf den eine nostalgische Zahnradbahn führt. Von oben bietet sich ein prachtvoller Panoramablick auf die französische und spanische Küste.

Guéthary

Lage
3 km nordöstlich von Saint-Jean-de-Luz

Auf halber Strecke nach → Biarritz liegt an der Côte Basque vor eindrucksvoller Bergkulisse das kleine Seebad Guéthary. Im Parc Municipal zeigt das Museum (von Mai bis September Mi.–Mo. 15.00–19.00 Uhr) Ausgrabungsfunde aus prähistorischer und römischer Zeit sowie zeitgenössische Kunst.

Hendaye

Lage
6 km südwestlich

Das große Seebad Hendaye liegt am rechten (nördlichen) Ufer der Bidassoa, des Grenzflusses zwischen Frankreich und Spanien; gegenüber der

Das Hafenpanorama von Saint-Jean-de-Luz.

Saint-Jean-de-Luz, Hendaye (Fortsetzung)

spanische Grenzort Irún. Im Ortsteil Hendaye-Plage gibt es eine breite, von Hotels gesäumte Promenade, die am durch die Buchtlage geschützten Sandstrand und den Verlandungszonen entlangführt. An ihr steht u.a. das in pseudo-maurischem Stil erbaute, traditionsreiche Kasino. In der Mündung der Bidassoa wurde der neue Sporthafen angelegt. Erhöht über der Bucht steht das Château d'Abbadie, ein etwas überladener neugotischer Bau von 1870. Das private astronomische Observatorium des damaligen Schloßherrn kann bei einer Schloßführung besichtigt werden.

Saint-Savin-sur-Gartempe

→ Poitiers

Saint-Savin (Pyrenäen)

→ Lourdes, Umgebung

Sauveterre-de-Béarn — C 6

Département: Pyrénées-Atlantiques
Höhe: 67 m ü.d.M.
Einwohnerzahl: 1500

Lage und Allgemeines

Der kleine Ort Sauveterre-de-Béarn im bergigen Pyrenäenvorland liegt ausgesprochen malerisch hoch über dem Gave d'Oloron.

Sehenswertes in Sauveterre-de-Béarn

Saint-André
*Aussicht

Im Ortszentrum steht die romanische und gotische Kirche Saint-André unmittelbar an der Geländekante. Vom Kirchenvorplatz genießt man einen herrlichen Tiefblick auf den Fluß und auf den Rest der alten Brücke (14. Jh.).

Château

Zu Fuß gelangt man bergab in etwa 15 Min. zu den nahe bei der Brücke gelegenen umfangreichen Resten der alten Schloßanlage. Auch hier öffnet sich ein hübscher Blick in die Flußauen.

Umgebung von Sauveterre-de-Béarn

Laàs
Lage
9 km südöstlich von Sauveterre

Wenn man der D 27, die am nördlichen Ufer des Gave d'Oloron verläuft, flußaufwärts folgt, erreicht man das Dorf Laàs. Die Räume des hier stehendcen mittelalterlichen Schlosses sind reich mit historischem Mobiliar ausgestattet; in einem nahen Ökonomiegebäude zeigt ein kleines Spezialmuseum die Geschichte der Maiskultur in Frankreich.

Malerisch ist der Blick auf den Gave d'Oloron.

Talmont C 4

Département: Charente-Maritime
Höhe: 23 m ü.d.M.
Einwohnerzahl: 100

Lage und Allgemeines

Das stark vom Tourismus geprägte Dorf Talmont (nicht zu verwechseln mit Talmont Saint-Hilaire bei Les → Sables d'Olonne) liegt über dem östlichen Steilufer der → Gironde. Ein Charakteristikum der Gegend sind die auf hohen Pfählen im Gezeitenbereich stehenden Fischerhäuschen mit ihren quadratischen Senknetzen.

Allgemeines (Fortsetzung)

Sehenswertes in Talmont

Sainte-Radegonde **Lage

Die romanische Kirche Sainte-Radegonde (12. Jh.) steht kühn auf einem zum Fluß steil abfallenden Felsen. Der Figurenschmuck an den Außenfassaden (namentlich an den runden Apsiden und am östlichen Portal) hat unter der Winderosion stark gelitten; die Bündelpfeiler im Innern tragen skulptierte Kapitelle.
Der Kirchengrundriß entspricht nicht mehr dem ursprünglichen Zustand, da das Langhaus im 15. Jh. stark gekürzt worden ist. Von der die Kirche umziehenden Terrasse hat man einen weiten Blick auf die Mündung der Gironde und auf die felsige Küste.

Hoch über der Gironde steht die Kirche von Talmont.

Musée

Das ganz in der Nähe gelegene, kleine Musée de Talmont (nur Mitte Juni bis Mitte September geöffnet) zeigt Dokumente und Gegenstände zur Regionalgeschichte.

Talmont Saint-Hilaire

Les → Sables d'Olonne

Tarbes

→ Lourdes

Tiffauges

→ Clisson

Touffou (Schloß)

→ Poitiers

Vendée B–C 2–3

Lage und Allgemeines

Die Vendée ist eine historische französische Landschaft, die sich von der Loire-Mündung nach Süden in der feuchten Marschenniederung des Marais Poitevin (im nördlichen Teil auch Marais Breton genannt) bis kurz vor La Rochelle erstreckt und landeinwärts das fruchtbare, agrarisch genutzte Hügelland des Bocage Vendéen bildet. Die Küste der Vendée ("Côte de Lumière") ist überwiegend flach und feinsandig und besitzt zahlreiche vielbesuchte Seebäder und Badestrände.

Reiseziele

→ Fontenay-le-Comte, → Luçon, → Maillezais, → Noirmoutier, → Pouzauges, → La Roche-sur-Yon, Les → Sables d'Olonne, → Saint-Gilles-Croix-de-Vie, → Yeu

Vouvant

→ Fontenay-le-Comte

Yeu (Ile d'Yeu) A 3

Département: Vendée
Inselfläche: 23 km^2
Bewohnerzahl: 5000

Lage und Allgemeines

Die Insel Yeu, 10 km lang und bis 4 km breit, liegt südlich von → Noirmoutier etwa 20 km vor der Küste der Vendée. Von Fromentine besteht eine Schiffsverbindung (auch Fahrzeugtransport) zum Inselhauptort Port-Joinville. Marschall Pétain (1856–1951), Chef der mit dem Dritten Reich sympathisierenden Vichy-Regierung, wurde nach dem Zweiten Weltkrieg wegen Kollaboration zum Tod verurteilt, dann aber zu lebenslanger Verbannung auf die Insel Yeu begnadigt.

Sehenswertes auf Yeu

Port-Joinville

Der Hauptort von Yeu liegt an der Nordküste. Von wirtschaftlicher Bedeutung ist der Fischfang (besonders Thunfisch). An die Gefangenschaft von Marschall Pétain erinnert ein kleines Museum.

Leuchtturm

Westlich steht der 37 m hohe Grand Phare (Leuchtturm), von dessen Plattform man bei klarem Wetter bis Noirmoutier schauen kann.

Château

An einer Bucht der Südwestküste steht das im 16. Jh. erneuerte Vieux Château (Altes Schloß); vom Wehrturm prachtvoller Blick über die Côte Sauvage (= wilde Küste), die sich östlich erstreckt.

Auf Yeu steht eine alte Korsarenburg.

An der Côte Sauvage liegt auch Port-de-la-Meule, der für den Hummer- und Langustenfang bedeutende Hafen. Südöstlich an der Küste die "Pierre Tremblante", ein großer Felsblock, der durch Druck auf eine bestimmte Stelle zum Schwanken gebracht werden kann. Pont-de-la-Meule

Praktische Informationen von A bis Z

Praktische Informationen von A bis Z

Anreise

Mit dem Auto

Wer zum nördlichen Abschnitt des in diesem Reiseführer beschriebenen Gebiets gelangen möchte, wählt aus dem nord- und westdeutschen Raum am besten die Autobahn über Metz, Reims, Paris, Le Mans und Angers nach Nantes und Saint-Nazaire.
Aus Süddeutschland ist die Autobahn über Mulhouse und Besançon nach Beaune, dann die Fernstraße über Autun, Nevers, Bourges und Tours nach Nantes und Saint-Nazaire oder von Bourges über Châteauroux und Poitiers nach La Rochelle günstig.
Es ist zu beachten, daß die französischen Autobahnen gebührenpflichtig sind.

Mit der Eisenbahn

Autoreisezüge verkehren von Hamburg, Hannover, Köln und Neu Isenburg nach Bordeaux bzw. von Düsseldorf, Hamburg, Hannover und Neu Isenburg nach Biarritz.

Zwischen Paris und Bordeaux unterhält die französische Eisenbahngesellschaft SNCF eine Verbindung mit dem TGV (Train à Grande Vitesse; hier TGV Atlantique), einem der schnellsten fahrplanmäßig verkehrenden Züge der Erde.

Mit dem Flugzeug

Im beschriebenen Gebiet gibt es vier Verkehrsflughäfen, die in erster Linie von der innerfranzösischen Fluggesellschaft Air Inter bedient werden. Die meisten aus dem Ausland bestehenden Verbindungen der Air France laufen über Paris, wo die innerfranzösischen Anschlußflüge in aller Regel nicht mehr von Orly, sondern vom internationalen Flughafen Charles de Gaulle ausgehen. Der in der Vergangenheit unumgängliche umständliche Flughafenwechsel nach Orly ist also nur noch ganz selten erforderlich.
Direktverbindungen (meist mit Zwischenlandung) gibt es nach
Biarritz: ab Berlin, Dortmund, Düsseldorf, Frankfurt/Main, Hamburg, Hannover, Köln/Bonn, München, Münster/Osnabrück, Nürnberg, Stuttgart.
Bordeaux: ab Berlin, Dortmund, Düsseldorf, Frankfurt/M. (z.T. via Lyon), Hamburg, Hannover, Köln/Bonn, München, Münster/Osnabrück, Nürnberg, Stuttgart.
Nantes: ab Berlin, Dortmund, Düsseldorf, Frankfurt/M., Hamburg, Hannover, Köln/Bonn, München, Münster/Osnabrück, Nürnberg, Stuttgart.
Pau: ab Berlin, Düsseldorf, Frankfurt/M., Hamburg, Hannover, Köln/Bonn, München, Nürnberg, Stuttgart.

Apotheken

Die Apotheken (pharmacies) sind an dem grünen Kreuz (oft erleuchtet) an der Hauswand zu erkennen. Welche Apotheke nachts und am Wochenen-

◂ *Surfer finden bei Hossegor und Biarritz optimale Bedingungen.*

de Bereitschaftsdienst hat, wird an der Tür der Apotheken und in der lokalen Presse angezeigt. Die Öffnungszeiten: 9.00–12.00 und 14.00–18.30 Uhr. Apotheken (Fortsetzung)

Ärztliche Hilfe

Kranken-versicherung

Nach den Vereinbarungen der Europäischen Union (EU) haben Versicherte deutscher Krankenkassen Anspruch auf Leistungen, wenn sie während eines Frankreich-Aufenthalts erkranken. Eventuell angefallene Arztrechnungen können nach der Rückkehr bei der entsprechenden Krankenkasse eingereicht werden; die Höhe des Erstattungsbetrags richtet sich nach den in Deutschland üblichen Sätzen.
Wer im Fall einer Erkrankung die Kosten bereits in Frankreich erstattet haben möchte, muß sich vor Reiseantritt bei der jeweiligen Krankenkasse einen "Anspruchsausweis" (Vordruck E 111) besorgen. Vom behandelnden Arzt in Frankreich erhält man dann eine Bescheinigung über die vorgenommene Behandlung (feuille de soins). Sie ist – ebenso wie wie die ggf. erhaltenen Rechnungen für Medikamente – der örtlichen Vertretung der Caisse Primaire d'Assurance Maladie vorzulegen. Klebemarken auf Arzneipackungen sind auf diese Bescheinigung aufzukleben. Die Erstattung richtet sich nach den in Frankreich üblichen Sätzen.
Österreichische Reisende verfahren genauso (Formular SE 100–07).
Schweizer müssen ihre Krankheitskosten selbst bezahlen; privat Versicherte legen ihrer Krankenversicherung zur Kostenerstattung die französischen Papiere vor.

Notruf

→ Notdienste

Auskunft

Französisches Fremdenverkehrsamt

in Deutschland

Französisches Fremdenverkehrsamt
Direktion für Deutschland
Westendstr. 47
D-60325 Frankfurt/Main
Telefonischer Informationsdienst 01 90 / 57 00 25
(gebührenpflichtig; ca. DM 1.20 pro Minute)
Fax (0 69) 75 21 87

Büro Berlin und
Neue Bundesländer
Keithstr. 2–4
D-10787 Berlin
Tel. (0 30) 2 18 20 64, Fax 2 14 12 38

in Österreich

Französisches Fremdenverkehrsamt
Argentinierstr. 41a
A-1040 Wien
Tel. (1) 5 03 28 90, Fax 5 03 28 71

in der Schweiz

Französisches Fremdenverkehrsamt
2, rue Thalberg
CH-1201 Genève (Genf)
Tel. (22) 7 32 86 10, Fax 7 31 58 73

Löwenstr. 59
CH-8023 Zürich
Tel. (01) 2 11 30 85, Fax 2 12 16 44

Regionale Auskunftsbüros in Frankreich

Pays de la Loire
Comité Régional du Tourisme Pays de la Loire
2 Rue de la Loire
F-44202 Nantes Cedex
Tel. 02 40 48 24 20, Fax 02 40 08 07 10

Poitou–Charentes
Comité Régional du Tourisme Poitou-Charentes
62 Rue Jean-Jaurès
F-86002 Poitiers Cedex
Tel. 05 49 50 10 50, Fax 05 49 41 37 28

Aquitaine
Comité Régional du Tourisme d'Aquitaine
23 Parvis des Chartrons
F-33074 Bordeaux Cedex
Tel. 05 56 01 70 00, Fax 05 56 01 70 57

Örtliche Auskunftsstellen in Frankreich

Agen
Office de Tourisme
107 Boulevard Carnot
F-47000 Agen
Tel. 05 53 47 36 09, Fax 05 53 47 29 98

Aix (Ile d'Aix)
Mairie, F-17123 Ile d'Aix
Tel. 05 46 84 66 09

Angoulême
Office de Tourisme
Place des Halles
F-16000 Angoulême
Tel. 05 45 95 16 84, Fax 05 45 95 91 76

Arcachon
Office de Tourisme
Esplanade Georges Pompidou
F-33120 Arcachon
Tel. 05 56 83 01 69, Fax 05 57 52 22 10

Auch
Office de Tourisme
1 Rue Dessoles
F-32000 Auch
Tel. 05 62 05 22 89, Fax 05 62 05 92 04

Aulnay
Office de Tourisme
290 Avenue de l'Eglise
F-17470 Aulnay
Tel. 05 46 33 14 44

Bagnères-de-Bigorre
Office de Tourisme
3 Allée Tournefort
F-65200 Bagnères-de-Bigorre
Tel. 05 62 95 50 71, Fax 05 62 95 33 13

Bayonne
Office de Tourisme
Place des Basques
F-64100 Bayonne
Tel. 05 59 46 01 46, Fax 05 59 59 37 55

Bazas
Ofice de Tourisme
1 Place de la Cathédrale
F-33430 Bazas
Tel. 05 56 25 25 84

Biarritz

Office de Tourisme
Square d'Ixelles
F-64200 Biarritz
Tel. 05 59 22 37 10, Fax 05 59 24 14 19

Blaye

Office de Tourisme
Allés Marines
F-33390 Blaye
Tel. 05 57 42 12 09

Bordeaux

Office de Tourisme
12 Cours du 30. Juillet
F-33000 Bordeaux
Tel. 05 56 44 28 41,
Fax 05 56 81 89 21

Gare St-Jean
Tel. 05 56 91 64 70

Aéroport Bordeaux-Mérignac
Ankunftshalle
Tel. 05 56 34 39 39

Bressuire

Office de Tourisme
Place de l'Hôtel de Ville
F-79300 Bressuire
Tel. 05 49 65 10 27

Brouage

Mairie
Rue Québec
F-17320 Brouage
Tel. 05 46 85 19 16

Cambo-les-Bains

Office de Tourisme
Parc St-Joseph
F-64250 Cambo-les-Bains
Tel. 05 59 29 90 77

Châtellerault

Office de Tourisme
2 Avenue Treuille
F-86100 Châtellerault
Tel. 05 49 21 05 47

Chauvigny

Office de Tourisme
5 Rue St-Pierre
F-86300 Chauvigny
Tel. 05 49 46 39 01

Clisson

Office de Tourisme
6 Place de la Trinité
F-44190 Clisson
Tel. 02 40 54 02 95

Cognac

Office de Tourisme
16 Rue du Quatorze Juillet
F-16100 Cognac
Tel. 05 45 82 10 71, Fax 05 45 82 34 47

Condom

Office de Tourisme
Place Bossuet
F-32100 Condom
Tel. 05 62 28 00 80

Auskunft

Coulon	Office de Tourisme Place de l'Eglise F-79510 Coulon Tel. 05 49 35 99 29, Fax 05 49 35 81 98
Dax	Office de Tourisme Place Thiers F-40100 Dax Tel. 05 58 56 86 86, Fax 05 58 74 85 69
Fontenay-le-Comte	Office de Tourisme Quai Poey d'Avant F-85200 Fontenay-le-Comte Tel. 02 51 69 44 99, Fax 02 51 50 00 90
Guéthary	Office de Tourisme, Place du Fronton F-64210 Guéthary Tel. 05 59 26 56 60, Fax 05 59 54 92 67
Hendaye	Office de Tourisme 12 Rue Aubépines F-64700 Hendaye Tel. 05 59 20 00 34, Fax 05 59 20 79 17
Les Herbiers	Office de Tourisme 4 Grand Rue F-85500 Les Herbiers Tel. 02 51 92 92 92
Hossegor	Office de Tourisme Place des Halles F-40150 Hossegor Tel. 05 58 41 79 00, Fax 05 58 41 79 09
Jarnac	Office de Tourisme Place du Château F-16200 Jarnac Tel. 05 45 81 09 30, Fax 05 45 36 52 45
Libourne	Office de Tourisme Place A-Surchamp F-33500 Libourne Tel. 05 57 51 15 04
Lourdes	Office de Tourisme Place Peyramale F-65100 Lourdes Tel. 05 62 42 77 40, Fax 05 62 94 60 95
Luçon	Office de Tourisme Square E.-Herriot F-85400 Luçon Tel. 02 51 56 36 52
Maillezais	Office de Tourisme F-85420 Maillezais Tel. 02 51 87 23 01, Fax 02 51 87 29 10
Marennes	Office de Tourisme Place Chasseloup-Laubat F-17320 Marennes Tel. 05 46 85 04 36, Fax 05 46 85 14 20

Melle

Office de Tourisme
Place de la Poste
F-79500 Melle
Tel. 05 49 29 15 10

Mirande

Office de Tourisme
Rue de l'Evêché
F-32300 Mirande
Tel. 05 62 66 68 10

Mont-de-Marsan

Office de Tourisme
6 Place du Général-Leclerc
F-40000 Mont-de-Marsan
Tel. 05 58 05 87 37, Fax 05 58 05 87 36

Nantes

Office de Tourisme
Place du Commerce
F-44000 Nantes
Tel. 02 40 20 60 00, Fax 02 40 89 11 99

Niort

Office de Tourisme
Place de la Poste
F-79000 Niort
Tel. 05 49 24 16 79, Fax 05 49 24 98 90

Noirmoutier
(Ile de Noirmoutier)

Office de Tourisme
Quai Jean-Bart
F-85330 Noirmoutier en l'Ile
Tel. 02 51 39 12 42

Oléron
(Ile d'Oléron)

Office de Tourisme
Place de la République
F-17480 Le Château d'Oléron
Tel. 05 46 47 60 51, Fax 05 46 47 73 65

Oloron-Sainte-Marie

Office de Tourisme
Place de la Résistance
F-64400 Oloron-Sainte-Marie
Tel. 05 59 39 98 00, Fax 05 59 39 43 97

Orthez

Office de Tourisme
Maison Jeanne d'Albret
F-64300 Orthez
Tel. 05 59 69 02 75, Fax 05 59 69 12 00

Parthenay

Office de Tourisme
Square R.-Bigot
F-79200 Parthenay
Tel. 05 49 64 24 24, Fax 05 49 94 90 07

Pau

Office de Tourisme
Place Royale
F-64000 Pau
Tel. 05 59 27 27 08, Fax 05 59 27 03 21

Peyrehorade

Office de Tourisme
Promenade Sablot
F-40300 Peyrehorade
Tel. 05 58 73 00 52

Poitiers

Office de Tourisme
8 Rue des Grandes-Ecoles

Poitiers (Fortsetzung)	F-86000 Poitiers Tel. 05 49 41 21 24, Fax 05 49 88 65 84
Pornic	Office de Tourisme la Gare F-44210 Pornic Tel. 02 40 82 06 69
Pyla-sur-Mer	Syndicat d'Initiative Rond-Point du Figuier F-33115 Pyla-sur-Mer Tel. 05 56 54 02 22, Fax 05 56 22 58 84
Ré (Ile de Ré)	Office de Tourisme Avenue V.-Bouthillier F-17410 Saint-Martin-de-Ré Tel. 05 46 09 20 06, Fax 05 46 09 06 18
Rochefort	Office de Tourisme Avenue Sadi-Carnot F-17300 Rochefort Tel. 05 46 99 08 60, Fax 05 46 99 52 64
La Rochefoucauld	Office de Tourisme Place Courville, Halle aux Grains F-16110 La Rochefoucauld Tel. 05 45 63 07 45
La Rochelle	Office de Tourisme et Accueil de France Quartier du Gabut, Place de la Petite Sirène F-17000 La Rochelle Tel. 05 46 41 14 68, Fax 05 46 41 99 85
La Roche-sur-Yon	Office de Tourisme Galerie Bonaparte, Place Napoléon F-85000 La Roche-sur-Yon Tel. 02 51 36 00 85, Fax 02 51 05 37 01
Royan	Office de Tourisme Palais des Congrès F-17200 Royan Tel. 05 46 38 65 11, Fax 05 56 09 68 43
Les Sables-d'Olonne	Office de Tourisme Rue du Maréchal-Leclerc F-85100 Les Sables-d'Olonne Tel. 02 51 32 03 28, Fax 02 51 32 84 49
Saint-Emilion	Office de Tourisme Place Créneaux F-33330 St-Emilion Tel. 05 57 24 72 03, Fax 05 57 74 47 15
Saint-Gilles-Croix-de-Vie	Office de Tourisme Forum du Port de Plaisance, Boulevard de l'Egalité F-85800 St-Gilles-Croix-de-Vie Tel. 02 51 55 03 66, Fax 02 51 55 69 60
Saint-Jean-de-Luz	Office de Tourisme Boulevard du Maréchal-Foch F-64500 St-Jean-de-Luz Tel. 05 59 26 03 16, Fax 05 59 26 21 47

Saint-Jean-de-Monts

Office de Tourisme
67 Esplanade de la Mer
F-85160 St-Jean-de-Monts
Tel. 02 51 58 00 48, Fax 02 51 59 62 28

Saint-Nazaire

Office de Tourisme
Place F.-Blancho
F-44600 St-Nazaire
Tel. 02 40 22 40 65, Fax 02 40 22 19 80

Saint-Savinien

Office de Tourisme, Rue Bel-Air
F-17350 St-Savinien
Tel. 05 46 90 21 07, Fax 05 46 90 19 45

Saint-Vincent-sur-Jard

Office de Tourisme
Le Bourg
F-85520 St-Vincent-sur-Jard
Tel. 02 51 33 62 06

Saintes

Office de Tourisme
Villa Musso, 62 Cours National
F-17100 Saintes
Tel. 05 46 74 23 82, Fax05 46 92 17 01

Yeu (Ile d'Yeu)

Office de Tourisme
Place du Marché
F-85350 Port-Joinville
Tel. 02 51 58 32 58

Camping

Allgemeines

Das Campingwesen spielt in Frankreich eine größere Rolle als in anderen Ländern Europas. Praktisch jeder Ort von touristischem Interesse verfügt über einen, nicht selten über mehrere Campingplätze (terrains de camping). Je nach dem gebotenen Komfort sind die Plätze amtlich mit einem bis vier Sternen klassifiziert. Die gemeindeeigenen Campingplätze (campings municipaux) sind oft nur mit dem Nötigsten ausgestattet, dafür aber ausgesprochen preiswert.
In unmittelbarer Küstennähe und auf den Inseln ist das Platzangebot besonders groß und vielseitig; im Hinterland hingegen kann bisweilen eine längere Suche erforderlich werden. Man sollte im übrigen bedenken, daß die allermeisten Campingplätze nur etwa von April bis September geöffnet sind. In der Hauptreisezeit ist eine rechtzeitige Vorbestellung unbedingt zu empfehlen.

Camping à la Ferme

Camping à la Ferme (Camping auf dem Bauernhof) eignet sich besonders für einen längeren Aufenthalt in ländlichen Gegenden. Die Plätze sind meist etwas einfacher ausgestattet; dafür hat man einen engeren Kontakt mit Natur und ländlicher Umgebung sowie mit der einheimischen Bevölkerung. Auch kann man landwirtschaftliche Produkte direkt beim Bauern kaufen oder lokale Spezialitäten kosten. Allerdings sind meist solide Französischkenntnisse erforderlich.

Castels & Camping Caravaning

Eine französische Besonderheit ist "Castels & Camping Caravaning". Es handelt sich um Campingplätze, die auf dem Gelände von Landschlössern und Adelssitzen liegen. Informationen sind erhältlich bei
Castels & Camping Caravaning
B.P. 301
F-56008 Vannes-Cedex
Tel. 02 97 42 55 83, Fax 02 97 47 50 72

Ein reizvoller Campingplatz liegt in der Zitadelle von Blaye

Hinweis für Wohnmobilfahrer

Die stärker vom Tourismus frequentierten Gemeinden gehen immer mehr dazu über, im Ortsbereich ein Nachtparkverbot oder gar ein generelles Parkverbot für Wohnmobile zu erlassen. Bisweilen – aber keineswegs immer – gibt es statt dessen gesonderte Stellflächen im Ortsrandbereich oder außerorts, manchmal sogar mit den allernötigsten Ver- und Entsorgungsmöglichkeiten (Trink- und Abwasser). Öffentliche Parkplätze sowie Zufahrten zu vielbesuchten Strandabschnitten sind vielfach durch horizontale Abschrankungen in etwa 2 m Höhe für solche Fahrzeuge blockiert; nach dem Ende der Hauptreisezeit werden sie manchmal geöffnet.

Gasversorgung

Ein Nachfüllen oder Tauschen der in Deutschland üblichen 5- bzw. 11-kg-Propangasflaschen ist in Frankreich nicht möglich. Statt dessen kann es sinnvoll sein, an einer der zahlreichen Gasverkaufsstellen (oft bei Tankstellen und Einkaufszentren) eine 13-kg-Leihflasche für Butan (entspricht in den Abmessungen und der Anschlußnorm fast genau unseren 11-kg-Propanflaschen, ist aber wesentlich weniger druckfest) zu besorgen, die man bei der Ausreise gegen Vorlage der Kaufquittung zurückgeben kann. Die Mitnahme eines Adaptersets ist sinnvoll.
Die Verwendung der blauen Camping-Gaz-Flaschen ist in Wohnwagen nicht zulässig.

Campingführer

Die meisten regionalen Fremdenverkehrsverbände geben mehr oder weniger ausführliche Campingplatzverzeichnisse heraus, die vielfach auch bei den bedeutenderen lokalen Offices de Tourisme ausliegen.

Eine nützliche und umfangreiche Auswahl geprüfter Campingplätze mit Kurzcharakterisierung und Ausstattungsdetails bietet der alljährlich neu erscheinende ADAC-Campingführer (Band 1: Südeuropa).

Gleiche Dienste leistet der ebenfalls für jedes Jahr neu herausgegebene grüne Michelin-Führer "Camping et Caravaning en France".

Diplomatische und konsularische Vertretungen

Bundesrepublik Deutschland

Botschaft
13/15 Avenue Franklin D. Roosevelt
F-75008 Paris
Tel. 01 53 83 45 00,
Fax 01 43 59 74 18

Generalkonsulat
377 Boulevard du Président Wilson
F-33200 Bordeaux
Tel. 05 56 17 12 22,
Fax 05 56 42 32 65

Honorarkonsulat
22 Rue Crébillon
F-44000 Nantes
Tel. 02 40 71 01 30,
Fax 02 40 71 01 34

Republik Österreich

Botschaft
6 Rue Fabert
F-75005 Paris
Tel. 01 45 55 95 66,
Fax 01 45 55 63 65

Konsulat
86 Cours Balguerie-Stuttenberg
F-33300 Bordeaux
Tel. 05 56 00 00 70,
Fax 05 56 52 29 54

Schweizerische Eidgenossenschaft

Botschaft
142 Rue de Grenelle
F-75007 Paris
Tel. 01 49 55 67 00,
Fax 01 45 51 34 77

Generalkonsulat
14 Cours Xavier Arnozan
F-33080 Bordeaux
Tel. 05 56 52 18 65,
Fax 05 56 44 08 65

Einkäufe

Seemännisches

In den Hafenstädten gibt es zahlreiche Schiffsausrüster und Fachgeschäfte für nautischen Bedarf, wo z.B. Seemannspullover und -mützen, Kompasse, Barometer und ähnliches in professioneller Qualität (und zu entsprechenden Preisen) zu bekommen sind. Als Souvenirs sind auch Schiffsmodelle und Flaschenschiffe beliebt.

Gehäuse von Meeresschnecken, getrocknete Igelfische und Seepferdchen, Seesterne etc. werden gleichfalls angeboten; man sollte aber den Artenschutz nicht aus den Augen verlieren.

Textilien

Vor allem im Baskenland werden schöne rustikale Textilien (meist aus Leinen und Baumwolle) in den traditionellen baskischen Farben weiß, grün und rot angeboten.

Einkäufe (Fortsetzung), Weine und Spirituosen

Es kann durchaus reizvoll sein, aus dem Bordelais oder dem Médoc Wein mitzubringen, wobei man sich in einer Genossenschaftskellerei (cave coopérative) bzw. beim Erzeuger eingehend beraten lassen sollte. Man bedenke aber, daß nicht jede Kreszenz einen längeren Autotransport klaglos verträgt; zumindest braucht der Wein danach eine längere Ruhepause.
Auch regionale Sprituosen sind ein beliebtes Mitbringsel. Die großen Cognac-Marken allerdings sind auch in Deutschland überall erhältlich und in der Ursprungsregion wegen der hohen Steuerbelastung kaum preiswerter.

Kulinarisches

Die vielseitigen Spezialitäten der französischen Küche sind auch als Konserven von hoher Qualität zu bekommen; ob man Froschschenkel oder Gänseleber kauft, ist letztlich eine Frage der persönlichen Einstellung. In Südwestfrankreich gibt es eine bedeutende Schokoladen- und Süßwarenerzeugung; der luftgetrocknete Schinken von Bayonne ist weitberühmt. Und nicht zuletzt ist das auf den Inseln gewonnene Meersalz zu erwähnen.

Bayonne ist berühmt für seine süßen Leckereien.

Eisenbahn

Allgemeines

Das französische Eisenbahnnetz ist sehr gut ausgebaut und besitzt in Kapazität und Komfort internationalen Standard. Es wird von der staatlichen Gesellschaft SNCF (Société Nationale des Chemins de Fer Français) unterhalten. Auf den Hauptstrecken verkehren TEE-, Fern- und Schnellzüge ("Rapides") sowie auf Teilstrecken der TGV (s. unten).

Reservierungen

Fahr- und Platzkarten sind außerhalb Frankreichs an allen Bundesbahnschaltern sowie bei allen zugelassenen Reisebüros erhältlich. Vorbestellungen können zwei Monate vor dem Abreisedatum vorgenommen werden, schriftliche Vorbestellungen sogar bis zu sechs Monate vor Reiseantritt.

Eisenbahn, Reservierungen (Fortsetzung)

Unerläßlich sind Vorausbuchungen für Fahrten mit dem TGV sowie mit Autoreisezügen (vgl. → Anreise). Reservierungen für den TGV können bis wenige Minuten vor der Abfahrt vorgenommen werden.

Hinweis

In Frankreich gekaufte Fahrkarten müssen vor dem Einsteigen in den Zug entwertet werden. Man achte auf das Zeichen "Composter votre billet" und auf die orangefarbigen Entwerter auf den Bahnsteigen.

Train à Grande Vitesse

Seit 1981 besitzt Frankreich mit dem Train à Grande Vitesse (TGV) einen der schnellsten fahrplanmäßig verkehrenden Züge der Welt (bis 300 km/h). Der TGV Atlantique verkehrt vom Bahnhof Paris-Montparnasse in die Bretagne bzw. in Richtung südliche Atlantikküste (Bordeaux, Biarritz, Hendaye), Toulouse und Pyrenäen (Lourdes, Tarbes).

Autoreisezüge

→ Anreise

Auskunft

Französische Eisenbahnen
Westendstr. 11
D-60325 Frankfurt/Main
Tel. (0 69) 72 74 68

Essen und Trinken

Allgemeines

Französische Küche

Die französische Küche ist weltberühmt – sowohl wegen ihrer Qualität als auch wegen ihrer Vielseitigkeit. Da die Franzosen größten Wert auf eine abwechslungsreiche Speisenfolge legen und sich zur Einnahme einer Hauptmahlzeit ein bis zwei Stunden Zeit lassen, ist das Essen zu einem wichtigen Bereich des täglichen Lebens und zu einem Bestandteil der französischen Kultur geworden.

Haute cuisine

Typisch für die anspruchsvolle französische Küche, die Haute cuisine, sind eine aufwendige Vorbereitung, die Bevorzugung frischer Zutaten und Delikatessen wie Trüffel, Pilze, Cognac, Wein, Butter und Sahne (crème fraîche). Kräuter und Gewürze werden reichlich und in vielerlei Kombinationen verwendet; berühmt sind die vortrefflichen Saucen.

Nouvelle cuisine

Vor einigen Jahren hatte die sogenannte Nouvelle cuisine von sich reden gemacht. Sie zeichnet sich durch Einfachheit in der Zubereitung aus bei gleichzeitiger Hervorhebung des natürlichen Geschmacks nur bester frischer Zutaten. Inzwischen ist es um diese kulinarische Richtung wieder still geworden.

Cuisine régionale

Neben der Haute cuisine ist die traditionsreiche Cuisine régionale von großer Bedeutung und genießt auch bei anspruchsvollen Feinschmeckern hohes Ansehen.
In Küstennähe spielen Fisch und Meeresfrüchte eine sehr große Rolle. An erster Stelle sind die Austern (s. Special S. 53) zu nennen, die überall im Gezeitenbereich gezüchtet werden und hier keine teure Delikatesse, sondern alltägliches und preiswertes Nahrungsmittel sind. Auch das Angebot an anderen Muscheln (v.a. Miesmuscheln) ist reichlich. Hummer, Langusten, Seespinnen und Taschenkrebse sind die meistgeschätzten Krustentiere; reich ist die Auswahl an Speisefischen.
Auf den meernahen Salzweiden (prés salés) herrscht eine lebhafte Vieh- und Geflügelzucht. Die rotbraunen Rinder der Vendée und Charente liefern ein hervorragendes Fleisch; sehr geschätzt ist auch das Lammfleisch von den Salzwiesen. Zu vielerlei Köstlichkeiten verwendet man Enten- und Gänsestopfleber. Eine etwas ausgefallene Zutat ist das Fleisch des Sumpfbibers (Ragondin; Myocastor coypus), der z.B. auf Ré gezüchtet wird.

Cuisine régionale (Fortsetzung)

Schließlich ist das Angebot an Käse wohl nirgends so breit gefächert wie in Frankreich.

Restaurants

→ dort

Mahlzeiten (repas)

Frühstück (petit déjeuner)

Das sehr einfache Frühstück (petit déjeuner) mit Kaffee, Milchkaffee (café au lait), Tee oder Schokolade, Croissant (Hörnchen) oder Brioche (luftiges Hefegebäck) wird vielfach in einem Café eingenommen.

Mittagessen (déjeuner)

Das Mittagessen (déjeuner) wird in den Restaurants zwischen 12.00 und 14.30 Uhr entweder als festes Menu mit Vorspeise, Hauptgericht, Nachspeise (Käse und/oder Dessert) und Kaffee serviert oder à la carte selbst zusammengestellt.

Abendessen (dîner oder souper)

Das Abendessen (dîner oder souper) ist ebenso reichhaltig wie das Mittagessen, doch wird die Vorspeise meist durch eine Suppe ersetzt. Zu den Mahlzeiten wird kostenlos Weißbrot gereicht, das von langen knusprigen Baguettes oder Flûtes geschnitten wird.

Getränke (boissons)

Wein

Zu den Mahlzeiten gehört fast selbstverständlich französischer → Wein, von dem einige Sorten (vor allem aus dem Bordelais und Médoc) weltberühmt sind. Im allgemeinen empfiehlt sich zu den Mahlzeiten der Landwein der Region, der oft mit Wasser verdünnt getrunken wird. Bei der Wahl von Flaschenweinen lasse man sich vom Kellner beraten; zu Fischgerichten paßt am besten ein Muscadet (nicht zu verwechseln mit dem Muscat!) oder ein Entre-deux-Mers.

Bier

Neben dem Wein ist Bier das zu den Mahlzeiten beliebteste Getränk. Die meisten französischen Biere kommen aus dem Elsaß (Pêcheur, Kronenbourg, Mutzig, Kanterbräu) oder aus Lothringen (Champigneulles). Man unterscheidet zwischen Flaschenbier (canette) und Bier vom Faß (bière pression).

Mineralwasser

Mineralwasser gibt es als stilles Tafelwasser (eau minérale) oder mit Kohlensäure (eau gazeuse); am bekanntesten sind Perrier, Vichy, Evian, Vittel und Contrexéville.

Französische Speisekarte

Tischgerät

Gedeck, Besteck: couvert; Löffel: cuillère; kleiner Löffel: petite cuillère; Messer: couteau; Gabel: fourchette; Teller: assiette; Glas: verre; Tasse: tasse; Serviette: serviette (de table); Korkenzieher: tire-bouchon.

Vorspeisen (hors d'œuvres)

Artichauts: Artischocken; crudités: Rohkostsalat; huîtres: Austern; bouchées: Pastetchen; canapés: belegte Brötchen; cornichons: Gewürzgurken; foie gras: Gänseleber; pâté: Leber- oder Fleischpastete; jambon de Bayonne: luftgetrockneter Pökelschinken; saumon fumé: Räucherlachs.

Suppen (soupes)

Bouillon: Fleischbrühe; consommé: klare Brühe; potage: gebundene Suppe.

Eierspeisen

Œufs au plat: Spiegeleier; œufs pochés: verlorene Eier; œufs brouillés: Rühreier; œufs à la coque: weiche Eier; omelette: Omelette (aux champignons: mit Pilzen; aus fines herbes: mit Kräutern; au fromage: mit Käse; au jambon: mit Schinken).

Fisch (poisson)

Aiglefin: Schellfisch; ancois: Sardelle; anguille: Flußaal; barbeau: Barbe; barbue: Butt; brochet: Hecht; cabillaud: Kabeljau; carpe: Karpfen; carrelet, plie: Scholle; colin, merlu: Seehecht; congre: Meeraal; flétan: Heilbutt; hareng: Hering; limande: Rotzunge; maquereau: Makrele; perche: Barsch; raie: Rochen; saumon: Lachs; sole: Seezunge; thon: Thunfisch; truite: Forelle; turbot: Steinbutt.
Crevettes: Garnelen; écrevisses: Flußkrebse; homard: Hummer; huîtres: Austern; langouste: Languste; moules: Miesmuscheln; tourteau: Taschenkrebs.

Fleisch (viande)

Agneau: Lamm; bœuf: Ochse; cochon de lait: Spanferkel; mouton: Hammel; porc: Schwein; veau: Kalb.

Fleischteile

Ballotine: Schulter, Schlegel; cervelle: Hirn; côte: Kotelett; entrecôte: Zwischenrippenstück; escalope: Schnitzel; filet: Lende; foie: Leber; gigot: Keule; jambon: Schinken; langue: Zunge; pieds: Füße; poitrine: Brust; ris: Bries; rognons: Nieren; selle: Rücken; tête: Kopf; tournedos: Lendenschnittchen; tripes: Kutteln.

Zubereitungsarten

Carbonade: Geschmortes; cassoulet: Eintopf; chaudfroid: in Aspik; civet de ...: -pfeffer; émincé: Geschnetzeltes; pâté: Pastete; rôti: Braten; terrine: in der Schüssel.

Geflügel (volailles)

Bécasse: Schnepfe; cailles: Wachteln; canard: Ente; coq: Hähnchen; dindonneau: Truthahn, Pute; faisan: Fasan; oie: Gans; perdreau: Rebhuhn; pigeons: Tauben; pintade: Perlhuhn; poulet: Hühnchen; poulard: Poularde.

Wild (gibier)

Cerf: Hirsch; chevreuil: Reh; lapereau: Wildkaninchen; lièvre: Hase; sanglier: Wildschwein.

Gemüse (légumes)

Ail: Knoblauch; artichauts: Artischocken; asperges: Spargeln; betteraves: Rote Beete; carottes: Karotten; céléris: Sellerie; chou: Kohl; choux de Bruxelles: Rosenkohl; choux-fleurs: Blumenkohl; choux-raves: Kohlrabi; concombres: Gurken; endives: Endivien; épinards: Spinat; fenouil: Fenchel; haricots verts: grüne Bohnen; lentilles: Linsen; oigons: Zwiebeln; poireau: Lauch; pois: Erbsen; tomates: Tomaten.

Pilze

Cèpes: Steinpilze; champignons de Paris: Zuchtchampignons; chanterelles, girolles: Pfifferlinge; helvelles: Lorcheln; morilles: Morcheln; truffes: Trüffeln.

Beilagen

Pommes de terre: Kartoffeln; pommes alumettes: Streichholzkartoffeln; pommes paille: Strohkartoffeln; purée de Pommes: Kartoffelpüree; pommes croquettes: Kartoffelkroketten; riz: Reis.

Zubereitungsarten

Braisé: geschmort; farci: gefüllt; frit: fritiert; gratiné: überbacken; grillé: gegrillt; poché: pochiert; sauté: sautiert, in Butter geschwenkt.

Süßspeisen (desserts)

Biscuits: Plätzchen, Keks; coupe glacée: Eisbecher; crème Chantilly: Schlagsahne; crêpes: dünne Pfannkuchen, crêpes Suzette: gefüllte und flambierte Pfannkuchen; flan: Pudding; gâteau: Kuchen; gaufrettes: Waffeln; glace: Eis; mousse: Schaumspeise; petits fours: Törtchen; sorbet: Eis aus Fruchtsäften; tarte: Torte, Obstkuchen; vermicelles Chantilly: Maronenpüree mit Schlagsahne.

Früchte, Obst (fruits)

Abricots: Aprikosen; amandes: Mandeln; avelines, noisettes: Haselnüsse; cerises: Kirschen; fraises: Erdbeeren; framboises: Himbeeren; marrons: Maronen, Eßkastanien; melon: Melone; noix: Walnüsse; pastèque: Wassermelone; pêche: Pfirsich; pomme: Apfel; poire: Birne; pruneaux: Pflaumen (v.a. aus Agen); raisins: Weintrauben.

Käse (fromages)

Die Auswahl an Käsesorten in Frankreich ist gigantisch. Aus der Vielfalt seien hier nur einige wenige erwähnt.

Essen und Trinken, Käse (Fortsetzung)	Roquefort: Edelpilz-Schafkäse; Camembert: berühmter Weichkäse aus der Normandie; Brie: feiner Weichkäse aus der Ile-de-France; Pyrenäenkäse (fromage des Pyrénées) kommt als Schafkäse mit heller Rinde und als Kuhmilchkäse mit schwarzer Rinde auf den Markt; Bleu de Bresse: milder Edelpilzkäse.

Feiertage

Feste Feiertage

1. Januar: Neujahr (Jour de l'An)
1. Mai: Tag der Arbeit (Fête du Travail)
8. Mai: Tag des Waffenstillstands 1945 (Armistice 1945)
14. Juli: Nationalfeiertag (Sturm auf die Bastille 1789)
15. August: Mariä Himmelfahrt (Assomption)
1. November: Allerheiligen (Toussaint)
11. November: Waffenstillstand 1918 (Armistice 1918)
25. Dezember: Weihnachten (Noël)

Bewegliche Feiertage

Ostermontag (Lundi de Pâques)
Christi Himmelfahrt (Ascension)
Pfingstmontag (Lundi de Pentecôte)

Flugverkehr

Inlandsflugnetz

Die beiden in der Gruppe Air France zusammengefaßten französischen Luftfahrtunternehmen Air France und Air Inter befliegen sowohl internationale als auch inländische Strecken. Außerdem gibt es die zur British Airways gehörende Fluggesellschaft TAT (Transport Aérien Transrégional), die ebenfalls regionale und internationale Routen befliegt.

Weniger bedeutende Regionalflugplätze werden von etlichen kleineren Gesellschaften bedient.

Verkehrsflughäfen

Der bedeutendste Flughafen des in diesem Reiseführer beschriebenen Gebiets ist Bordeaux, wohin von allen wichtigen europäischen Verkehrsflughäfen Verbindungen (üblicherweise mit Stopover in Paris) bestehen. Von eher regionalem Rang sind Biarritz, Nantes und Pau.

Fluggesellschaften

Air France

Die Air France unterhält Vertretungen an allen innerfranzösischen und den wichtigen internationalen Flughäfen. Im Ausland nimmt sie auch die Interessen der Air Inter wahr.

Hauptverwaltung
119 Champs-Elysées
F-75008 Paris
Tel. 01 42 99 23 64

Direktion für Deutschland
Friedensstr. 11
D-60311 Frankfurt/Main
Tel. (0 69) 25 66 - 316, Fax 23 60 80

Vertretung in Österreich
Kärntnerstr. 49
A-1010 Wien
Tel. (02 22) 5 14 18 18

Vertretung in der Schweiz
Talstr. 70
CH-8001 Zürich
Tel. (01) 2 11 13 77

Flugverkehr, Air France (Fortsetzung)

Geld

Währung

Die Währungseinheit ist der französische Franc (F) zu je 100 Centimes. Es gibt Banknoten zu 10, 20, 50, 100, 200 und 500 F und Münzen zu 5, 10 und 20 Centimes sowie zu 1/2, 1, 2, 5, 10 und 20 F.

Wechselkurse (schwankend)

1 F = 0,30 DM	1 DM = 3,33 F
1 F = 2,08 öS	1 öS = 0,48 F
1 F = 0,25 sfr	1 sfr = 3,95 F

Devisenbestimmungen

Die Einfuhr in- und ausländischer Zahlungsmittel nach Frankreich unterliegt keinen Beschränkungen. Die Ausfuhr von ausländischem Bargeld ist bis zum Gegenwert von 50 000 F gestattet, falls bei der Einreise keine Deklaration erfolgt ist, sonst bis zur Höhe des deklarierten Betrags.
Die Mitnahme von Eurocheques, Travellerschecks oder anderen Reiseschecks ist zu empfehlen.

Kreditkarten

Viele Hotels und Ladengeschäfte akzeptieren Kreditkarten (Eurocard, Visa, Diners Club, American Express u.a.). Eurocheques können bis zum Höchstbetrag von F 1400.– ausgestellt werden.

Geldautomaten

In Frankreich kann an den vielerorts (auch in den meisten großen Einkaufszentren) aufgestellten Automaten mit der SBank-Karte und der persönlichen Geheimnummer Bargeld in Landeswährung abgehoben werden.

Geldwechsel

Devisen können in amtlichen Wechselstuben und bei Banken umgetauscht werden, nicht jedoch bei den Sparkassen (caisses d'epargne). Die Bankschalter sind vielfach montags geschlossen.

Postsparkasse

Inhaber von Sparbüchern der Deutschen Bundespost / Postbank können bei über 500 französischen Postämtern innerhalb von 30 Tagen bis zu DM 2000 in Landeswährung abheben.

Verlust von ec-Karten

Beim Verlust von Euroschecks und/oder Scheckkarte wende man sich umgehend an den Zentralen Annahmedienst für Verlustmeldungen von Euroscheck-Karten in Frankfurt/Main, der die sofortige Sperrung des Kontos veranlaßt.
Telefon aus Frankreich: 00 49 / 69 / 74 09 87 (Tag und Nacht besetzt).

Hotels

Allgemeines

Die Hotels in Frankreich sind im allgemeinen gut und werden innerhalb ihrer Kategorien allen Ansprüchen gerecht. Abgesehen von größeren Städten gibt es oft nur Zimmer mit dem "grand lit", dem breiten französischen Doppelbett, das bei Benutzung durch zwei Personen nur wenig mehr als für eine Person kostet.
Die meisten der empfehlenswerten Hotels sind durch das Commissariat Général au Tourisme als "Hôtels de Tourisme" anerkannt und klassifiziert. Genaue Angaben enthalten die von den Offices de Tourisme (→ Auskunft) kostenlos abgegebenen örtlichen Hotelverzeichnisse.

Die Hotels in den ausgesprochenen Urlaubsorten und Seebädern sind meist im Winterhalbjahr geschlossen.

Logis de France
Auberges Rurales

Eine beträchtliche Anzahl von Hotels verschiedener Kategorien, vor allem in Gebieten, deren Fremdenverkehr gefördert werden soll, wurde mit Hilfe der Fédération Nationale des Logis de France modernisiert. Sie bilden die Gruppe der "Logis de France", die zu mäßigen Preisen zeitgemäßen Komfort bieten. Noch preisgünstiger sind die "Auberges Rurales", die sich meist durch familiäre Atmosphäre und bodenständige Küche auszeichnen. Beide Gruppen sind in einer jährlich erscheinenden Broschüre zusammengefaßt.

Relais

Manche Hotels, vor allem außerhalb der Orte an der Landstraße, führen die Bezeichnung "Relais" (eigentlich Poststation, wo früher die Pferde gewechselt wurden). Es handelt sich meist um gute, z.T. individuell gestaltete Häuser, u.a. "Relais de Campagne et Château-Hôtels" und "Relais du Silence".

Hotelkategorien

Die französischen Hotels sind in offizielle Kategorien eingeteilt, die mit einem Stern (unterste Kategorie) bis vier Sternen (oberste Kategorie) bezeichnet werden.

Hotelliste (Auswahl)

Agen

****Château-Hôtel des Jacobins
1ter Place des Jacobins, F-47000 Agen
Tel. 05 53 47 39 11, Fax 05 53 68 26 24
15 Z. (400–600 F)
Das Hotel von traditionellem Zuschnitt steht in einem angenehmen Garten. Kein Restaurant.

****Château Saint-Marcel
an der N 113 in Richtung Toulouse, F-47000 Agen
Tel. 05 53 96 61 30, Fax 05 53 96 94 33
25 Z. (600–1000 F)
Schloßartiges Hotel in einem Gebäude mit Park aus dem 17. Jh.; Schwimmbad, Tennisplatz.

Aïnhoa

***Ithurria
F-64250 Aïnhoa
Tel. 05 59 29 92 11, Fax 05 59 29 81 28
28 Z. (500–600 F)
Traditionelles Hotel im landestypischen baskischen Stil. Empfehlenswertes Restaurant.

Angoulême

***Européen Hotel
1 Place Gérard-Pérot, F-16000 Angoulême
Tel. 05 45 92 06 42, Fax 05 45 94 88 29
33 Z. (350–450 F)
Angenehmes und komfortables Haus in zentraler, verkehrsgünstiger Lage. Kein Restaurant.

***Mercure Hôtel de France
1 Place des Halles, F-16000 Angoulême
Tel. 05 45 95 47 95, Fax 05 45 92 02 70
90 Z. (400–500 F)
Zentral gelegenes, komfortables Hotel mit Terrasse und Garten.

Arcachon

****Arc Hôtel sur Mer
89 Boulevard de la Plage, F-33120 Arcachon
Tel. 05 56 83 06 85, Fax 05 56 83 53 72
30 Z. (350–1000 F)
Traditionsreiches Hotel in unmittelbarer Strandnähe; Schwimmbad und Sauna. Kein Restaurant.

Arcachon (Fortsetzung)

***Aquamarina
82 Boulevard de la Plage, F-33120 Arcachon
Tel. 05 56 83 67 70, Fax 05 57 52 08 26
33 Z. (250–600 F)
Sehr komfortables Hotel am Strandboulevard. Kein Restaurant.

***Grand Hôtel Richelieu
185 Boulevard de la Plage, F-33120 Arcachon
Tel. 05 56 83 16 50, Fax 05 56 83 47 78
45 Z. (300–650 F)
Das altbekannte Haus liegt zwischen dem Zentrum der Ville d'Eté und dem Strand. Kein Restaurant.

***Hôtel du Parc
5–7 Avenue du Parc, F-33120 Arcachon
Tel. 05 56 83 10 58, Fax 05 56 54 05 30
Modernes Hotel in einem kleinen Kieferngehölz, etwas abseits vom Strand.
Kein Restaurant.

***Le Point France
1 Rue Grenier, F-33120 Arcachon
Tel. 05 56 83 46 74, Fax 05 56 22 53 24
34 Z. (300–750 F)
Modernes Hotel in unmittelbarer Nähe von Kasino und Kongreßzentrum.
Kein Restaurant.

Auch

Hôtel de France
Place de la Libération, F-32000 Auch
Tel. 05 62 61 71 71, Fax 05 62 61 71 81
28 Z. (300–1000 F)
Angenehmes Hotel in zentraler Lage. Bemerkenswerte Küche mit regionalem Touch (Geflügelspezialitäten).

Bayonne

***Le Grand Hôtel
21 Rue Thiers, F-64100 Bayonne
Tel. 05 59 59 14 61, Fax 05 59 59 14 61
54 Z. (400–650 F)
Sehr zentral und verkehrsgünstig gelegenes, komfortables Hotel.

***Mercure
Avenue Jean-Rostand, F-64100 Bayonne
Tel. 05 59 63 30 90, Fax 05 59 42 06 64
109 Z. (370–500 F)
Modernes, etwas nüchternes Hotel am südlichen Altstadtrand. Schwimmbad und Terrasse.

Bazas

***Domaine de Fompeyre
an der Straße nach Mont-de-Marsan, F-33430 Bazas
Tel. 05 56 25 98 00, Fax 05 56 25 16 25
40 Z. (350–600 F)
Sehr angenehmer, in einem schönen Park gelegener Hotelkomplex mit Schwimmbad, Tennisplatz und Bibliothek. Gutes Restaurant.

Biarritz

****Le Palais
1 Avenue de l'Impératrice, F-64200 Biarritz
Tel. 05 59 41 64 00, Fax 05 59 41 67 99
156 Z. (1200–3000 F)
Das Luxushotel ist im einstigen Palais von Eugénie, der Gemahlin Napoleons III., eingerichtet. Nostalgische Pracht, z.T. mit historischem Mobiliar ausgestattet.
Hervorragendes Restaurant.

Hier residierte einst das französische Kaiserpaar: Die pompöse Villa Eugénie ist heute ein Nobelhotel.

Biarritz (Fortsetzung)

****Miramar
13 Rue Louison-Bobet, F-64200 Biarritz
Tel. 05 59 41 30 00, Fax 05 59 24 77 20
126 Z. (750–2800 F)
Hotel für hohe Ansprüche; schöne Lage am Strand südlich des Rocher de la Vierge. Meerwasserschwimmbad, direkter Zugang zum Institut für Thalassotherapie. Lobenswertes Restaurant (Spezialität Fisch und Meeresfrüchte).

****Régina et du Golf
52 Avenue de l'Impératrice, F-64200 Biarritz
Tel. 05 59 41 33 00, Fax 05 59 41 33 99
68 Z. (650–2000 F)
Sehr eindrucksvoll an der Felsküste gelegenes, bestens ausgestattetes Hotel mit Schwimmbad.

***Café de Paris
5 Place Bellevue, F-64200 Biarritz
Tel. 05 59 24 19 53, Fax 05 59 24 18 20
19 Z. (700–1200 F)
Kleines, modernes Hotel mit gutem Komfort und Meerblick. Exzellentes Restaurant.

Blaye

**La Citadelle
in der Zitadelle, F-33390 Blaye
Tel. 05 57 42 17 10, Fax 05 57 42 10 34
21 Z. (300–500 F)
Das kleine Hotel ist in den stimmungsvollen Gebäuden eines einstigen Minoritenkonvents eingerichtet. Restaurant mit schönem Blick über die Gironde.

Bordeaux

****Burdigala
115 Rue Georges Bonnac, F-33000 Bordeaux
Tel. 05 56 90 16 16, Fax 05 56 93 15 06
68 Z. (900–1600 F)
Ganz zentral und verkehrsgünstig, aber nicht sehr ruhig gelegenes, luxuriöses Hotel.

***Presse
6 Rue Porte Dijeaux, F-33000 Bordeaux
Tel. 05 56 48 53 88, Fax 05 56 01 05 82
29 Z. (250–400 F)
Ideal mitten in der Stadt gelegen und mit gutem Preis-Leistungs-Verhältnis. Zwei Zimmer mit Blick auf das Grand Théâtre.

***Majestic
2 Rue Condé, F-33000 Bordeaux
Tel. 05 56 52 60 44, Fax 05 56 79 26 70
50 Z. (400–600 F)
Stilvolles Hotel von gutem Komfort in unmittelbarer Nähe des Theaters.

Bressuire

**Boule d'Or
15 Place Emile-Zola, F-79300 Bressuire
Tel. 05 49 65 02 20
30 Z. (250–300 F)
Kleines, familiär geführtes Haus. Im August geschlossen.

Cambo-les-Bains

***Errobia
Avenue Chantecler, F-64250 Cambo-les-Bains
Tel. 05 59 29 71 26, Fax 05 59 29 96 36
15 Z. (200–600 F)
Komfortables Hotel mit Garten, Terrasse und Schwimmbad. Kein Restaurant. Von Anfang November bis Ende April geschlossen.

***Relais de la Poste
Place de la Mairie, F-64250 Cambo-les-Bains
10 Z. (300–600 F)
Komfortables kleines Hotel mit Garten und Terrasse in ruhiger Lage. Empfehlenswertes Restaurant.

Châtellerault

***Grand Hôtel Moderne
74 Boulevard Blossac, F-86100 Châtellerault
Tel. 05 49 21 30 11, Fax 05 49 93 25 19
24 Z. (300–600 F)
Zentral gelegenes, komfortables Hotel von traditionellem Zuschnitt. Solides Restaurant.

Cognac

***François Premier
3 Place François Ier, F-16100 Cognac
Tel. 05 45 32 07 18, Fax 05 45 35 33 89
30 Z. (250–350 F)
Sehr zentral und verkehrsgünstig gelegenes Hotel von gutem Komfort. Kein Restaurant.

***Le Valois
35 Rue du Quatorze Juillet, F-16100 Cognac
Tel. 05 45 82 76 00
45 Z. (280–400 F)
Am südlichen Rand der Altstadt gelegenes, dennoch ruhiges Hotel mit Sauna und Solarium. Kein Restaurant.

**Le Domaine du Breuil
104 Rue Robert Daugas, F-16100 Cognac

Cognac (Fortsetzung)

Tel. 05 45 35 32 06, Fax 05 45 82 29 29
24 Z. (300-450 F)
Am östlichen Stadtrand in einem ansehnlichen Park gelegenes Hotel in einem Palais aus dem 18. Jh.

Dax

***Grand Hôtel
Rue de la Source, F-40108 Dax
Tel. 05 58 90 53 00, Fax 05 90 52 88
130 Z. (250–350 F)
Das Hotel, von etwas antiquiertem Standard, steht östlich des Zentrums im Bäderviertel.

***Splendid Hôtel
Cours de Verdun, F-40101 Dax
Tel. 05 58 56 70 70, Fax 05 58 74 76 33
163 Z. (350–500 F)
Nostalgisches Kurhotel mit Schwimmbad und abwechslungsreicher Abendunterhaltung. Im Restaurant sind Hunde nicht erwünscht.

***Hôtel du Parc
Promenade des Remparts, F-40102 Dax
Tel. 05 58 56 79 79, Fax 05 58 74 86 87
40 Z. (200–400 F)
Angenehm und günstig beim Parc Théodore Denis und dem Bäderviertel gelegenes Haus mit gutem Komfort.

Fontenay-le-Comte

**Le Rabelais
an der Straße nach Parthenay, F-85000 Fontenay-le-Comte
Tel. 05 51 69 86 20, Fax 05 51 69 80 45
45 Z. (250–400 F)
Modernes und verkehrsgünstig gelegenes Hotel mit Park, Terrasse und Schwimmbad. Im Restaurant sind Hunde nicht erwünscht.

Hossegor

***Beauséjour
333 Avenue du Tour du Lac, F-40150 Hossegor
Tel. 05 58 43 51 07, Fax 05 58 43 70 13
45 Z. (400–700 F)
Das sehr komfortable Haus liegt abseits vom Strand, aber nahe dem kleinen Binnensee sehr ruhig in einem Kieferngehölz. Es verfügt über Schwimmbad, Pianobar und Golfgelegenheit. Von Mitte Oktober bis Anfang Mai geschlossen.

***Le Mercédès
63 Avenue du Tour du Lac, F-40150 Hossegor
Tel. 05 58 41 76 41, Fax 05 58 41 76 54
21 Z. (500–700 F)
Das moderne Haus mit Schwimmbad und Pianobar liegt abseits vom Durchgangsverkehr am Lac d'Hossegor. Von Anfang September bis Mitte Juni geschlossen.

**Les Hortensias du Lac
1578 Avenue du Tour du Lac, F-40150 Hossegor
Tel. 05 58 43 99 00, Fax 05 58 43 42 81
31 Z. (300–450 F)
Das Haus, mit Blick auf den Lac d'Hossegor in der Pineta gelegen, bietet guten Komfort. Von Ende November bis Anfang Februar ist das Haus geschlossen.

**Lacotel
3058 Avenue du Touring Club, F-40150 Hossegor
Tel. 05 58 43 93 50, Fax 05 58 43 49 49
42 Z. (300–500 F)

Hossegor (Fortsetzung)

Modernes Mittelklassehotel an der Nordspitze des Sees. Schwimmbad und Golfgelegenheit.

**Les Huîtrières du Lac
1187 Avenue du Touring Club, F-40150 Hossegor
Tel. 05 58 43 51 48, Fax 05 58 41 73 11
8 Z. (300–500 F)
Das kleine, familiär geführte Hotel steht zwischen dem Lac d'Hossegor und dem Golfplatz. Angenehmes Restaurant.

Lourdes

****Impérial
3 Avenue du Paradis, F-65100 Lourdes
Tel. 05 62 94 06 30, Fax 05 62 94 48 04
98 Z. (350–600 F)
Das sehr komfortable Hotel, teilweise im Art-Déco-Stil, liegt angenehm nahe am Fluß.

****Gallia et Londres
26 Avenue Bernadette Soubirous, F-65100 Lourdes
Tel. 05 62 94 35 44, Fax 05 62 42 24 64
90 Z. (900–1700 F)
Traditionsreiches, kürzlich modernisiertes Hotel im Stil des 19. Jahrhunderts.

****Grand Hôtel de la Grotte
66 Rue de la Grotte, F-65100 Lourdes
Tel. 05 62 94 58 87, Fax 05 62 94 20 50
84 Z. (400–750 F)
Das nostalgische, aber mit modernstem Komfort versehene Hotel befindet sich in unmittelbarer Nähe der Basilika und des Flusses.

***Alba
27 Avenue du Paradis, F-65100 Lourdes
Tel. 05 62 42 70 70, Fax 05 62 94 54 52
237 Z. (300–450 F)
Das moderne und sehr komfortable Hotel liegt in einem Park direkt am Fluß und nahe bei der Cité Religieuse. Geschlossen von Anfang November bis Mitte März.

***Hôtel des Rosiers
2 Rue Saint-Dominique, F-65100 Lourdes
Tel. 05 62 94 04 34, Fax 05 62 94 92 34
82 Z. (250–300 F)
Das Hotel liegt südlich außerhalb des Stadtkerns mit schönem Blick auf den Fluß. Garten und Terrasse.

***Le Relais de Saux
Route de Tarbes (D 914), F-65100 Lourdes
Tel. 05 62 94 29 61, Fax 05 62 42 12 64
7 Z. (450–600 F)
Sehr angenehm nördlich außerhalb der Stadt gelegenes kleines Hotel mit schönem Garten. Ausgezeichnetes Restaurant.

Luçon

**Le Bordeaux
14 Place des Acacias, F-85400 Luçon
Tel. 02 51 29 09 66, Fax 02 51 56 00 79
24 Z. (260–300 F)
Mittelklassehotel in zentraler, verkehrsgünstiger Lage.

Mirande

**Des Pyrénées
Avenue d'Etigny, F-32300 Mirande
Tel. 05 62 66 51 16, Fax 05 62 66 79 96

Mirande (Fortsetzung)

30 Z. (200–400 F)
Gut ausgestattetes Hotel mit Pianobar und Schwimmbad. Gutes Restaurant mit regionaler Küche.

Mont-de-Marsan

***Le Renaissance
225 Avenue de Villeneuve, F-40011 Mont-de-Marsan
Tel. 05 58 51 51 51, Fax 05 58 75 29 07
30 Z. (250–600 F)
Das moderne, ruhige Hotel mit Schwimmbad, Garten und Terrasse liegt östlich etwas außerhalb der Stadt.

Nantes

***L'Hôtel
6 Rue Henri IV, F-44000 Nantes
Tel. 02 40 29 30 31, Fax 02 40 29 00 95
Das Hotel steht direkt gegenüber dem Schloß; etwas nüchtern-geschäftsmäßige Atmosphäre. Kein Restaurant.

Niort

***Mercure Porte Océane
17 Rue de Bellune, F-79000 Niort
Tel. 05 49 24 29 29, Fax 05 49 28 00 90
60 Z. (450–650 F)
Zentrumsnah gelegenes, sehr komfortables Hotel mit Garten und Schwimmbad.

***Grand Hôtel
32 Avenue de Paris, F-79000 Niort
Tel. 05 49 24 22 21, Fax 05 49 24 42 41
38 Z. (300–400 F)
Das gutbürgerliche Hotel liegt zentral nahe der Place de la Brèche.

**Hôtel du Moulin
27 Rue de l'Espingle, F-79000 Niort
Tel. 05 49 09 07 07, Fax 05 49 09 19 40
34 Z. (250–400 F)
Das angenehme, moderne Hotel ist in einer alten Mühle eingerichtet. Kein Restaurant.

Noirmoutier (Ile de Noirmoutier)

***Fleur de Sel
F-85330 Noirmoutier-en-l'Ile
Tel. 02 51 39 21 59, Fax 02 51 39 75 66
35 Z. (350–700 F)
Das Hotel liegt ruhig in einem kleinen Park mit Schwimmbad und Tennisplatz. Gutes Restaurant mit experimentierfreudiger Küche. Anfang November bis Mitte Februar geschlossen.

***Général d'Elbée
Place du Château, F-85330 Noirmoutier-en-l'Ile
Tel. 02 51 39 10 29, Fax 02 51 39 08 23
30 Z. (350–800 F)
Nostalgisches Hotel in einem Gebäude aus dem 18. Jh., direkt am Hafenkanal.

***Saint-Paul
Bois de la Chaise, F-85330 Noirmoutier
Tel. 02 51 39 05 63, Fax 02 51 39 73 98
37 Z. (300–400 F)
Das familiär geführte Haus steht 150 m vom Strand entfernt im schönsten Waldgebiet der Insel. Park mit Schwimmbad und Tennisplatz.

***Les Prateaux
8 Allée du Tambourin, F-85330 Noirmoutier-en-l'Ile
Tel. 02 51 39 12 52, Fax 02 51 39 46 28

22 Z. (400–800 F)
Das ruhige, komfortable Hotel im Landhausstil liegt etwas abseits vom Strand im Bois de la Chaise. Bemerkenswertes Restaurant. Hunde sind nicht erwünscht.

Noirmoutier (Fortsetzung)

***Punta Lara
Route de la Noure, F-85680 La Guérinière
Tel. 02 51 39 11 58, Fax 02 51 39 69 12
62 Z. (500–800 F)
Punta Lara, die einzige Hotelkolonie der Insel, liegt in einem strandnahen Kieferngehölz. Geheiztes Freibad und Tennisplätze; Restaurant mit regional orientierter Küche.

**Les Capucines
38 Avenue de la Victoire, F-85330 Noirmoutier-en-l'Ile
Tel. 02 51 39 06 82, Fax 02 51 39 33 10
11 Z. (300–450 F)
Das kleine Hotel liegt gut 800 m vom Strand am Waldrand. Schwimmbad, traditionelle Küche.

Oléron (Ile d'Oléron)

***Novotel Thalassa
Plage de Gatseau, F-17370 Saint-Trojan-les-Bains
Tel. 05 46 76 02 46, Fax 05 46 76 09 33
80 Z. (450–850 F)
Der große, moderne Hotelkomplex liegt unmittelbar am feinsandigen Strand. Frei- und Hallenbad, Sauna, Solarium, Tennisplatz.

***L'Ecailler
65 Rue du Port, F-17310 Saint-Pierre-d'Oléron
Tel. 05 46 47 10 31, Fax 05 46 47 10 23
8 Z. (350–450 F)
Angenehm geführtes kleines Hotel mit gutem Komfort. Gutes Fischrestaurant. Dezember und Januar geschlossen.

***Les Cleunes
Boulevard de la Plage, F-17370 Saint-Trojan-les-Bains
Tel. 05 46 76 03 08, Fax 05 46 76 08 95
49 Z. (220–600 FF)
Das ländlich gestaltete Hotel liegt nahe bei der Südspitze der Insel zwischen Sandstrand und Kiefernwald. Garten mit Tennisplatz. Von Anfang November bis Ende März geschlossen.

***Motel de l'Ile de Lumière
Avenue des Pins, F-17310 Saint-Pierre-d'Oléron
Tel. 05 46 47 10 80, Fax 05 46 47 30 87
45 Z. (500–700 F)
Sehr angenehm und ruhig direkt am Strand gelegenes Motel. Garten mit Schwimmbad. Oktober bis März geschlossen.

Oloron-Sainte-Marie

***Alysson
Boulevard des Pyrénées, F-64400 Oloron-Sainte-Marie
Tel. 05 59 39 70 70, Fax 05 59 39 24 47
34 Z. (300–450 F)
Großes, modernes und gut ausgestattetes Hotel; Park mit Schwimmbad; ausgezeichnetes Restaurant.

Orthez

***Aux Temps de la Reine Jeanne
44 Rue du Bourg-Vieux, F-64300 Orthez
Tel. 05 59 67 00 76, Fax 05 59 69 09 63
20 Z. (250–300 F)
Mittelklassehotel von traditionellem Zuschnitt in zentraler Lage. Restaurant mit regionaltypischer Küche.

Hotels

Parthenay

**Le Saint-Jacques
13 Avenue du 114^{e} R.I., F-79200 Parthenay
Tel. 05 49 64 33 33, Fax 05 49 94 00 69
46 Z. (220–350 F)
Zentral gelegenes Mittelklassehotel.
Kein Restaurant.

Pau

***Paris
80 Rue Emile Garet, F-64000 Pau
Tel. 05 59 82 58 00, Fax 05 59 27 30 20
41 Z. (300–400 F)
Trotz zentrumsnaher Lage ziemlich ruhiges Hotel mit gutem Komfort. Kein Restaurant.

***Gramont
3 Place Gramont, F-64000 Pau
Tel. 05 59 27 84 04, Fax 05 59 27 62 23
36 Z. (220–500 F)
Im historischen Stadtkern gelegenes traditionelles Hotel mit gutem Komfort. Kein Restaurant.

***Le Renaissance
Boulevard Cami Salié, F-64000 Pau
Tel. 05 59 80 20 51, Fax 05 59 80 27 80
36 Z. (350–500 F)
Das mit modernem Komfort ausgestattete Hotel liegt sehr günstig am Autobahnzubringer.

Peyrehorade

Le Central
Place Aristide-Briand, F-40300 Peyrehorade
Tel. 05 58 73 03 22, Fax 05 58 73 17 15
16 Z. (300–600 F)
Kleines, komfortables und gemütliches Hotel; empfehlenswertes Restaurant.

Poitiers

***Hôtel du Parc
Téléport 3, an der N 10, F-86000 Poitiers
Tel. 05 49 49 08 08, Fax 05 49 49 08 09
Sehr modernes Hotel, günstig direkt beim bekannten Freizeitpark “Futuroscope” gelegen.

Château de Vaumoret
Le Breuil-Mingot, F-86000 Poitiers
Tel. 05 49 61 32 11, Fax 05 49 01 04 54
5 Z. (300–500 F)
Im Osten der Stadt gelegenes kleines Hotel in einem Schloß aus dem 17. Jh.; nahe beim Futuroscope

Pouzauges

**Auberge de la Bruyère
18 Rue du Docteur-Barbanneau, F-85700 Pouzauges
Tel. 02 51 91 93 46, Fax 02 51 57 08 18
28 Z. (250–400 F)
Das Hotel bietet zeitgemäßen Komfort; es liegt reizvoll auf einem Hügel mit hübschem Panorama.

Ré
(Ile de Ré)

****Le Richelieu
44 Avenue de la Plage, F-17630 La Flotte
Tel. 05 46 09 60 70, Fax 05 46 09 50 59
45 Z. (500–2500 F)
Das hervorragend ausgestattete, hochklassige Hotel liegt direkt am Strand in einem parkartigen Garten mit Schwimmbad und Tennisplatz. Gutes, aber kostspieliges Restaurant.

Ré (Fortsetzung)

***Rivotel
154 Avenue des Dunes, F-17940 Rivedoux-Plage
Tel. 05 46 09 89 51, Fax 05 46 09 89 04
35 Z. (400–1600 F)
Sehr angenehmes, modernes Hotel mit schönem Garten und Schwimmbad direkt am Meer. Das Restaurant "Le Lamparo" bietet gute Fischgerichte.

***La Jetée
Quai Georges-Clemenceau, F-17410 Saint-Martin
Tel. 05 46 09 36 36, Fax 05 46 09 36 06
31 Z. (300–600 F)
Das neu erbaute Hotel steht direkt am Fischerhafen. Kein Restaurant.

Rochefort

***La Corderie Royale
Rue Audebert, F-17300 Rochefort
Tel. 05 46 99 35 35, Fax 05 46 99 78 72
50 Z. (370–800 F)
Das sehr gut ausgestattete Hotel ist in einem imposanten Gebäude aus dem 19. Jh. eingerichtet, das direkt am Park der königlichen Seilerei steht. Gutes Restaurant.

***Les Remparts
43 Avenue Camille Pelletan, F-17300 Rochefort
Tel. 05 46 87 12 44, Fax 05 46 83 92 62
73 Z. (300–350 F)
Das modern eingerichtete Hotel liegt direkt beim Thermalbad.

La Rochelle

33 Rue Thiers
33 Rue Thiers, F-17000 La Rochelle
Tel. 05 46 41 62 23, Fax 05 46 41 10 76
7 Z. (350–500 F)
Kleines und stilvolles, zentral gelegenes Hotel in einem Stadtpalais aus dem 18. Jh., angenehmes Restaurant.

La Roche-sur-Yon

**Logis de la Couperie
Le Bourg-sous-La-Roche, F-85000 La Roche-sur-Yon
Tel. 02 51 37 21 19, Fax 02 51 47 71 08
8 Z. (300–450 F)
Reizvolles Landhotel traditioneller Art mit historischem Mobiliar. Park und kleiner See.

Royan

***Family Golf Hotel
28 Boulevard Garnier, F-17200 Royan
Tel. 05 46 05 14 66, Fax 05 46 06 52 56
30 Z. (350–550 F)
Das familienfreundliche Hotel liegt an der Grande Conche, dem weiten Sandstrand im Süden der Stadt. Moderne Ausstattung, kein Restaurant.

***Grand Hôtel de Pontaillac
195 Avenue de Pontaillac, F-17200 Royan
Tel. 05 46 39 00 44, Fax 05 46 39 04 05
40 Z. (300–600 F)
Das nostalgische Hotel aus der Belle Epoque steht an einer vielbesuchten kleinen Badebucht im Norden der Stadt. Kein Restaurant.

***Residence de Rohan
Plage de Nauzan, F-17200 Vaux-sur-Mer
Tel. 05 46 39 00 75, Fax 05 46 38 29 99
41 Z. (300–750 F)
Das ruhige, sehr gut ausgestattete Hotel liegt nordwestlich außerhalb der Stadt in eine hübschen Park. Kein Restaurant.

Les Sables d'Olonne

***Atlantic Hôtel
5 Promenade Godet, F-85100 Les Sables d'Olonne
Tel. 02 51 95 37 71, Fax 02 51 95 37 30
30 Z. (350–750 F)
Das gut ausgestattete Hotel steht am östlichen Ende des riesigen Sandstrands. Nahegelegener Tennisplatz.

***Les Roches Noires
12 Promenade Clemenceau, F-85100 Les Sables d'Olonne
Tel. 02 51 32 01 71, Fax 02 51 21 61 00
37 Z. (350–700 F)
Komfortables Hotel in unmittelbarer Nähe des Sandstrands. Kein Restaurant.

***Mercure
am Lac de Tanchet, F-85100 Les Sables d'Olonne
Tel. 02 51 21 77 77, Fax 02 51 21 77 80
100 Z. (500–800 F)
Das hochklassige Hotel steht beim Centre de Thalassotherapie und an einem kleinen Strandsee.

Saint-Emilion

****Hostellerie de Plaisance
Place du Clocher, F-33330 Saint-Emilion
Tel. 05 57 24 72 32, Fax 05 57 74 41 11
12 Z. (500–850 F)
Im Zentrum der Oberstadt steht das aus dem 18. Jh. stammende Haus, in dem das höchst komfortable Hotel eingerichtet ist. Gutes Restaurant mit traditioneller Speisekarte.

****Hôtel Château Grand Barrail
Route de Libourne, F-33330 Saint-Emilion
Tel. 05 57 55 37 00, Fax 05 57 55 37 49
28 Z. (850–3000 F)
Landhotel ersten Ranges in einem Schlößchen aus dem 19. Jh.; sehr ruhig in den Weinbergen gelegen. Park mit Schwimmbad; empfehlenswertes Restaurant.

***Palais Cardinal
Place du 11 Novembre, F-33330 Saint-Emilion
Tel. 05 57 24 72 39, Fax 05 57 74 47 54
17 Z. (350–450 F)
Ein stattliches Bürgerhaus am Ortsrand wurde in ein sehr angenehmes und gut ausgestattetes Hotel verwandelt. Garten mit Schwimmbad.

***Le Logis des Remparts
Rue Guadet, 33330 Saint-Emilion
Tel. 05 57 24 70 43, Fax 05 57 74 47 44
17 Z. (350–550 F)
Das kleine Hotel liegt hübsch im Altstadtbereich. Hunde sind nicht erwünscht. Kein Restaurant.

Saintes

***Relais du Bois Saint-Georges
Cours Genêt, F-17100 Saintes
Tel. 05 46 93 50 99, Fax 05 46 93 34 93
30 Z. (400–1000 F)
Das erstklassige Hotel liegt am westlichen Stadtrand unweit der Autobahn. Park mit Tennisplatz, Hallenbad. Ausgezeichnetes Restaurant.

Saint-Gilles-Croix-de-Vie

***Les Embruns
16 Boulevard de la Mer, F- 85800 Saint-Gilles-Croix-de-Vie
Tel. 02 51 55 11 40, Fax 02 51 55 11 20
14 Z. (250–500 F)

Kleines Hotel mit gutem Komfort in Strandnähe. Angenehmes Restaurant.

Hotels, Saint-Gilles (Fortsetzung)

Saint-Jean-de-Luz

Hélianthal
Place Maurice Ravel, F-64500 Sint-Jean-de-Luz
Tel. 05 59 51 51 51, Fax 05 59 51 51 54
95 Z. (500–1300 F)
Schön in Strandnähe gelegenes Haus mit Meerblick und Thalassotherapie-Abteilung. Lobenswertes Restaurant.

Jugendherbergen

Allgemeines

Das Jugendherbergswesen hat sich in Frankreich später entwickelt als in Deutschland. Inzwischen gibt es jedoch landesweit rund zweihundert Jugendherbergen (auberges de jeunesse), die mit einem internationalen Jugendherbergsausweis (erhältlich bei der Jugendherbergs-Dachorganisation des Heimatlandes) benutzt werden können. Im Juli und August ist Voranmeldung erforderlich; die Aufenthaltsdauer in ein und derselben Jugendherberge ist generell auf drei Übernachtungen begrenzt.

In der diesem Reiseführer zugrunde liegenden Gebiet finden sich Jugendherbergen in Agen, Angoulême, Biarritz, Cap Ferret, Cholet, Fontenay-le-Comte, Nantes, Pau, Poitiers, La Rochelle, Les Sables d'Olonne und Saintes.

Dachverband Frankreich

Fédération Unie des Auberges de Jeunesse
27 Rue Pajol
F-75018 Paris
Tel. 01 44 89 87 27, Fax 01 44 89 87 10

Hauptverband Deutschland

Deutsches Jugendherbergswerk
Hauptverband
Bismarckstr. 8
D-32756 Detmold
Tel. (0 52 31) 7 40 10, Fax 74 01 49

Hauptverband Österreich

Österreichisches Jugendherbergswerk
Helferstorferstr. 4
A-1010 Wien
Tel. (1) 5 33 18 33 / 34, Fax 5 33 18 33-81

Hauptverband Schweiz

Schweizer Jugendherbergen
Schaffhauserstr. 14
Postfach 161
CH-8042 Zürich
Tel. (1) 3 60 14 14, Fax 3 60 14 60

Karten und Pläne

Allgemeines

Wer sich auch abseits der großen Fernverkehrsstraßen bewegen will, sollte neben der zu diesem Reiseführer gehörenden Übersichtskarte zusätzliches Landkartenmaterial mitführen. Nachstehend eine Auswahl.

Hallwag Touring Atlas Frankreich (1 : 750 000) — Straßenatlas

Hallwag Straßenkarte Frankreich (mit Transitplänen) — 1 : 800 000

Shell EuroKarte Frankreich — 1 : 750 000

Karten und Pläne, 1 : 500 000	ADAC Karte Frankreich (4er Set)
1 : 200 000	Michelin Detailkarten Frankreich; für das in diesem Reiseführer beschriebene Gebiet Blätter 67, 68, 71, 72, 75, 78, 79, 82 und 85.

Kraftstoff

Die Preise für Normalbenzin (essence ordinaire), Super (supercarburant) und Dieselkraftstoff (Gaz-oil) sind ähnlich hoch wie in Deutschland. Die Versorgung mit bleifreiem Benzin (sans plomb) ist flächendeckend gesichert.

Kriegsgräberstätten

Auskünfte über die zahlreichen Soldatenfriedhöfe in Frankreich aus dem Ersten und Zweiten Weltkrieg erteilt der

Volksbund Deutsche Kriegsgräberfürsorge
Werner-Hilpert-Str. 2
D-34117 Kassel
Tel. (05 61) 7 00 90, Fax 7 00 92 11

Der Verband gibt auch den "Atlas deutscher Kriegsgräber in Frankreich, Belgien, Luxemburg und den Niederlanden" heraus.

Mietwagen

Allgemeines

Wer in Frankreich ein Auto mieten möchte, muß seinen Personalausweis und den Führerschein (der mindestens ein Jahr alt sein muß) vorlegen; das Mindestalter liegt allgemein bei 21 Jahren. Haftpflicht ist im Mietpreis enthalten; gegen zusätzliche Gebühr sind Insassenunfall-, Vollkasko- und andere Versicherungen möglich. Beim Anmieten ist eine Kaution zu hinterlegen, falls man keine in Frankreich anerkannte Kreditkarte vorweisen kann.

Avis

Buchungszentrale:
Mérignac Aéroport
Tel. 05 56 34 38 22
F-33000 Bordeaux

europcar

Buchungszentrale:
Mérignac Aéroport
Tel. 05 56 34 05 79
F-33000 Bordeaux

Hertz

Buchungszentrale:
7/8 Rue Charles Domercq
Tel. 05 56 91 01 71
F-33000 Bordeaux

Sixt/Budget

Mérignac Aéroport
Aérogare Cidex 19
Tel. 05 33 56 47 84 22
F-33000 Bordeaux

Reservierung in Deutschland

Avis: Tel. 01 80 / 5 55 77
europcar: Tel. 01 80 / 52 21 22

Mietwagen (Fortsetzung)

Hertz: Tel. 01 80/53 35 35
Sixt/Budget: Tel. 01 80/5 21 41 41

Notdienste

in Frankreich

An allen Autobahnen und einigen Nationalstraßen befinden sich Notrufsäulen.
In größeren Städten ist die Police de Secours unter der Rufnummer 17 zu erreichen; auf dem Land ist die Gendarmerie zuständig.
Bei Verkehrsunfällen ohne Personenschäden sind die Beteiligten gehalten, ein einvernehmliches Protokoll ("constat amiable"; Europäischer Unfallbericht) aufzusetzen und zu unterzeichnen. Bei größeren Fahrzeugschäden ist es ratsam, vor der Rückkehr ins Heimatland ein Sachverständigengutachten einzuholen.

Auslands-Notrufdienste

in Deutschland

ADAC-Notrufzentale München
von 0.00 bis 24.00 Uhr besetzt
Telefon aus Frankreich: 00 49/89/22 22 22 (Beratung nach Unfällen)
00 49/89/76 76 76 (Ambulanzdienst, Telefonarzt)

DRK-Flugdienst Bonn
Telefon aus Frankreich: 00 49/2 28/23 00 23

Deutsche Rettungs-Flugwacht Stuttgart
Telefon aus Frankreich: 00 49/7 11/70 10 70

Deutsche Flug-Ambulanz Düsseldorf
Telefon aus Frankreich: 00 49/2 11/43 17 17

in Österreich

ÖAMTC-Notrufzentrale Wien
Telefon aus Frankreich: 00 43 / 1 / 9 82 13 04 (ÖAMTC-Euronotruf)

in der Schweiz

Schweizerische Rettungsflugwacht Zürich
Telefon aus Frankreich: 00 41 / 1 / 3 83 11 11

Apotheken

→ dort

Ärztliche Hilfe

→ dort

Öffnungszeiten

Einkaufszentren

Die Einkaufszentren (centres commerciaux, supermarchés) im Einzugsbereich der größeren Städte sind im allgemeinen (auch samstags) von 9.00 bis 19.00 Uhr (manchmal auch bis 21.00 Uhr) geöffnet.

Einzelhandel
Lebensmittelgeschäfte

Die Öffnungszeiten für mittlere und kleinere Einzelhandelsgeschäfte sind weniger streng festgelegt, da es in Frankreich kein verbindliches Ladenschlußgesetz gibt. Lebensmittelläden und Bäckereien öffnen morgens schon sehr zeitig und sind auch sonn- und feiertags meist nicht durchgehend geschlossen. Dagegen wird in aller Regel eine Mittagspause (12.00 bis 14.00 oder 15.00 Uhr) eingehalten.

Markthallen

Die Markthallen und Fischmärkte sind in aller Regel nur vormittags (bis gegen 13.00 Uhr) geöffnet.

Postämter

Mo.–Fr. 8.00–19.00, Sa. 8.00–12.00 Uhr (z.T. über Mittag geschlossen).

Öffnungszeiten (Fortsetzung), Sehenswürdigkeiten, Museen

Auch viele Sehenswürdigkeiten (Museen, Schlösser, z.T. Kirchen) sind über die Mittagszeit unzugänglich; einige wenige Ausnahmen gibt es in der Hauptreisezeit. Im allgemeinen werden eine halbe Stunde vor Schluß keine Besucher mehr eingelassen. Die meisten Museen sind am Dienstag geschlossen. Es versteht sich von selbst, daß man zur Zeit der Gottesdienste auf die Innenbesichtigung von Kirchen verzichtet.

Parkplätze

Bei den Hauptsehenswürdigkeiten stehen im allgemeinen genügend Parkplätze (meist gebührenpflichtig, bisweilen bewacht) zur Verfügung.

Blaue Zone

Im Bereich der Innenstädte gibt es die "zone bleue" ("Blaue Zone"; entsprechend beschildert), in der die Verwendung einer Parkscheibe (disque) obligatorisch ist. Parkscheiben erhält man bei der Polizei oder den Automobilklubs.

Im übrigen darf in Frankreich auch auf der linken Straßenseite geparkt werden. Oft wechselt die zum Parken freigegebene Seite täglich oder halbmonatlich (stationnement alterné). Gelbe Linien am Fahrbahnrand bedeuten Parkverbot.

Parkscheinautomaten

Neben den konventionellen Parkuhren (deren Zahl aber immer mehr zurückgeht) gibt es in den Städten die "horodateurs". Dies sind Parkscheinautomaten, die an öffentlichen Parkflächen zentral aufgestellt sind und denen man gegen Münzeinwurf (Tarife nach Parkdauer gestaffelt) einen Parkschein entnimmt, der gut sichtbar hinter die Frontscheibe zu legen ist.

Verkehrsvorschriften

→ dort

Post

Postämter

Die Postämter (bureaux de poste) erkennt man am gelben Schriftzug "La Poste" auf blauem Grund. Manchmal weisen auch noch die alten P.T.T.-Schilder den Weg.

Briefmarken

Briefmarken (timbres) bekommt man bei den Postämtern und in Tabakläden (bureaux de tabac), manchmal auch in Zeitschriften- und Andenkenläden.

Radio und Fernsehen

Hörfunk

Von den deutschen Hörfunkstationen sind in Frankreich auf Kurzwelle der Sender Freies Berlin, die Deutsche Welle, der Bayerische Rundfunk, der Süddeutsche Rundfunk und der Südwestfunk zu empfangen, auf Langwelle der Deutschlandfunk; außerdem auf Kurzwelle Radio Luxemburg. Während der Sommersaison strahlen einige französische Regionalsender Touristenprogramme in deutscher Sprache aus.

Fernsehen

Wegen der quasi-optischen Ausbreitungscharakteristik der Ultrakurzwellen sind Fernsehprogramme nur in einem relativ kleinen Umkreis um den Sender zu empfangen, im Innern Frankreichs also nur französische Stationen. Da die dortige Fernsehnorm von derjenigen in Deutschland, Österreich und der Schweiz abweicht, ist es nicht sinnvoll, ein unserer Norm entsprechendes Fernsehgerät mitzunehmen: Man bekommt kein Bild. Ausnahmen gibt es in den grenznahen Bereichen.

Rauchverbot

Seit dem 1.11.1992 gilt in Frankreich ein generelles Rauchverbot für alle öfentlichen Gebäude, Restaurants, Cafés, Hotels und überdachten Plätze. Rauchen ist dort nur noch in ausdrücklich gekennzeichneten Räumen (espace fumeurs) gestattet. Verstöße werden laut Gesetz mit Geldbuße geahndet.
In der Praxis hat man sich mit dem Gesetz arrangiert, d.h. in vielen Restaurants wird auf die Unterscheidung genau geachtet, in den Bars, Bistros und Cafés hingegen blieb es bei den althergebrachten Rauchgewohnheiten.

Reisedokumente

Personalpapiere

Zur Einreise nach Frankreich genügt für Reisende aus Deutschland, Österreich und der Schweiz ein gültiger Personalausweis. Für Kinder unter 16 Jahren ist ein Kinderausweis oder ein Eintrag im Elternpaß erforderlich. Zwar wird an der Grenze auf Ausweiskontrollen verzichtet, aber davon unberührt bleibt die Verpflichtung, ein amtliches Ausweisdokument mitzuführen.

Fahrzeugpapiere

Der nationale Führerschein und Kraftfahrzeugschein werden anerkannt und sind mitzuführen. Die Mitnahme der grünen Internationalen Versicherungskarte für den Kraftverkehr sowie eines Internationalen Unfallberichts ist anzuraten. Kraftfahrzeuge müssen das ovale Nationalitätskennzeichen tragen.

Krankenversicherung

Für den Krankheitsfall erkundige man sich bei seiner Krankenkasse nach den jeweiligen Vereinbarungen und schließe gegebenenfalls eine kurzfristige Zusatzversicherung ab. Bürger von EU-Mitgliedsstaaten sollten das Formular E111 DSS mitführen.
Ärztliche Hilfe → dort.

Haustiere

Wer Haustiere (Hund, Katze) nach Frankreich mitnehmen möchte, benötigt für diese ein amtstierärztliches Tollwut-Impfzeugnis. Die Impfung darf nicht kürzer als einen Monat und nicht länger als ein Jahr zurückliegen.

Hinweis

Es ist ratsam, zu Hause von den Reisedokumenten Fotokopien anzufertigen und diese getrennt von den Originalen mitzuführen. Bei Verlust erleichtert eine Kopie die Beschaffung von Ersatzpapieren erheblich. Bei polizeilichen Kontrollen wird im allgemeinen auch die Fotokopie des Ausweises akzeptiert.

Reisezeit

Der nördliche Teil der Küste, etwa bis La Rochelle, ist ein ausgesprochenes Sommerziel, das von Mitte Mai bis Anfang September besonders lohnt. Außerhalb dieser Zeit muß auch damit gerechnet werden, daß viele Hotels und Campingplätze geschlossen sind.

Da der Küstenabschnitt zwischen der Mündung der Gironde und der französisch-spanischen Grenze dank des Golfstroms klimatisch weitaus begünstigter ist, als es seiner geographischen Breitenlage entspricht, kann hier auch der Herbst, etwa bis in den Oktober hinein, sehr schön und angenehm sein, wenngleich dann nur noch abgehärtete Naturen im Meer baden. In den reinen Seebadeorten allerdings ist dann die gesamte Hotellerie und Gastronomie schon stark eingeschränkt.

Reisezeit (Fortsetzung)

Besonders lohnende Herbstreiseziele sind die Weingegenden des Médoc und des Bordelais. Angenehme, gemäßigte Temperaturen, das golden-transparente Licht, die beginnende Laubfärbung und die Weinlese machen das Hinterland jetzt besuchenswert.

Restaurants

Allgemeines

Trotz des erheblichen Zeitaufwands sollte man sich – was das Essen angeht – unbedingt an die Landessitten halten. Wer die französische Küche wirklich genossen hat, hat einen guten Teil typisch französischer Lebensart und -kunst kennengelernt.
Grundsätzlich gilt, daß selbst unscheinbare Restaurants auf dem Land oft mit einer erlesenen Speisekarte aufwarten, wobei es vielfach noch immer üblich und auch ratsam ist, die Speisenfolge mit dem Wirt oder der Wirtin abzusprechen. Falls keine Speisekarte ausliegt, sollte man sich nach dem Preis erkundigen, da die Fülle des Angebots verständlicherweise zu entsprechenden Kosten führt. Die Preise, meist inklusive Bedienung (service compris), sind, gemessen an Qualität und Umfang des Gebotenen, im allgemeinen nicht überteuert. Allerdings sollte man ein komplettes französisches Menü im Preis nicht mit einem deutschen Tellergericht vergleichen.
Kostengünstiger als eine à la carte zusammengestellte Mahlzeit sind die zu einem festen Preis (oft einschließlich Wein) angebotenen Menus. Empfehlenswert ist auch das meist traditionelle, einfache Tagesgericht (plat du jour).

Zwischenmahlzeiten und kleine Gerichte

Kleine Mahlzeiten zu günstigem Preis sind in den Restaurants kaum zu bekommen, allenfalls in einer Rôtisserie, einem Bistro oder einer Brasserie. An den Urlaubsorten gibt es meist Imbißstände, die Pommes frites, Hot dogs, Crêpes und Sandwiches verkaufen. Und inzwischen setzt sich offenbar auch im Land der Kochkünstler mancherorts die internationale Fast-Food-Zivilisation durch.

Cafés
Salons de Thé

Die französischen Cafés entsprechen nicht den in Deutschland oder Österreich üblichen Kaffeehäusern; es sind vielmehr "Erfrischungsstuben", die während des ganzen Tags und bis in die späten Abendstunden alkoholische und alkoholfreie Getränke sowie Eis anbieten.
In den größeren Städten und Ferienorten gibt es Salons de Thé, wo man meist auch Gebäck bekommt. Kuchen und Konditorwaren können in den Pâtisserien gekauft, meist aber nicht dort verzehrt werden.

Essen und Trinken

→ dort

Hotel-Restaurants

→ Hotels

Restaurantliste (Auswahl)

Agen

Le Petit Vatel
52 Rue Richard-Cœur-de-Lion, F-47000 Agen
Tel. 05 53 47 68 00
Ruhetag: Sonntag nachmittag, Montag
Das in der Altstadt gelegene Lokal bietet ausgezeichnete Fischgerichte. Kompetente Beratung durch den Chef.

Michel Latrille
66 Rue Camille-Desmoulins, F-47000 Agen
Tel. 05 53 68 24 35, Fax 05 53 66 77 57
Ruhetag: Samstag nachmittag, Sonntag
Gutbürgerliches Restaurant im Stadtzentrum. Fischspezialitäten und regionale Küche, gut sortierter Weinkeller.

La Ruelle
Angoulême
6 Rue des Trois-Notre-Dame,
F-16000 Angoulême
Tel. 05 45 95 15 19
Ruhetag: Samstag nachmittag, Sonntag
Rustikales Lokal mit ausgezeichneter Regionalküche. Spezialitäten mit Zutaten frisch vom Markt.

Le Patio
Arcachon
10 Boulevard de la Plage, F-33120 Arcachon
Tel. 05 56 83 02 72, Fax 05 56 54 89 98
Ruhetag: Dienstag (außerhalb der Saison)
Das Lokal besitzt einen stimmungsvollen Innenhof (daher der Name). Hier bekommt man frischeste Meeresfrüchte und ausgezeichneten Fisch.

Au Cheval Blanc
Bayonne
68 Rue Bourgneuf, F-64100 Bayonne
Tel. 05 59 59 01 33, Fax 05 59 59 52 26
Ruhetag: Sonntag nachmittag, Montag (außerhalb der Saison)
Hervorragendes Restaurant in der historischen Altstadt. Traditionelle Küche der Region und erschwingliche Preise.

François Miura
24 Rue Marengo, F-64100 Bayonne
Tel. 05 59 59 49 89
Ruhetag: Mittwoch und Sonntag nachmittag
Das Lokal bietet mit seiner unkapriziösen, regional orientierten Küche ein günstiges Preis-Leistungs-Verhältnis.

Les Remparts
Bazas
49 Place de la Cathédrale, F-33430 Bazas
Tel. 05 56 25 95 24
Ruhetag: Sonntag nachmittag, Montag
Angenehmes Terrassenrestaurant auf den alten Stadtmauern. Solide, bodenständige Küche.

Campagne et Gourmandise
Biarritz
an der Straße nach Arbonne, F-64200 Biarritz
Tel. 05 59 41 10 11, Fax 05 59 43 96 16
Ruhetag: Sonntag nachmittag, Mittwoch
Das herrlich gelegene ländliche Aussichtsrestaurant mit Terrasse bietet eine kleine, aber delikate Auswahl an Gerichten.

Les Platanes
32 Avenue Beausoleil, F-64200 Biarritz
Tel. 05 59 23 13 68
Ruhetag: Montag, Dienstag vormittag
Sehr ansprechend eingerichtetes Lokal in zentraler Lage; regional geprägte Küche.

La Table des Frères Ibarboure
Bidart
Chemin Ttalienia, F-64210 Bidart
Tel. 05 59 54 81 64, Fax 05 59 54 75 65
Ruhetag: Mittwoch (außerhalb der Saison)
Hervorragendes, ruhig und romantisch gelegenes Restaurant mit experimentierfreudiger Küche.

La Tantina de la Playa
Plage du Centre, F-64210 Bidart
Tel. 05 59 26 53 56
Mittelklasse-Restaurant mit deutlichem iberischem Einschlag. Die Spei-

Bidart (Fortsetzung)
sekarte (Spezialität Fisch und Meeresfrüchte) var*‘rt je nach dem Angebot auf dem Markt.

Bordeaux
Le Chapon Fin
5 Rue Montesquieu, F-33000 Bordeaux
Tel. 05 56 79 10 10, Fax 05 56 79 09 10
Das Spitzenrestaurant präsentiert sich mit dem Ambiente der Belle Epoque; die Küche verrät iberischen Einfluß.

La Chamade
20 Rue des Piliers-de-Tutelle, F-33000 Bordeaux
Tel. 05 56 48 13 74, Fax 05 56 79 29 67
Das Restaurant liegt günstig im Zentrum. Ausgezeichnete regional orientierte Küche.

Clisson
La Bonne Auberge
1 Rue Olivier de Clisson, F-44190 Clisson
Tel. 02 40 54 01 90, Fax 02 40 54 08 48
Ruhetag: Sonntag nachmittag, Montag
Empfehlenswertes Terrassenrestaurant in Zentrumsnähe. Spezialität sind Hummergerichte.

Cognac
Les Pigeons Blancs
110 Rue Jules-Brisson, F-16100 Cognac
Tel. 05 45 82 16 36, Fax 05 45 82 29 29
Ruhetag: Sonntag nachmittag
Gutes Restaurant mit rustikalem Flair.

Dax
L'Amphitryon
38 Cours Galliéni, F-40100 Dax
Tel. 05 58 74 58 05
Ruhetag: Sonntag nachmittag, Montag
Preisgünstiges Restaurant mit regional orientierter Küche. Spezialitäten je nach Jahreszeit.

Fontenay-le-Comte
Aux Couans Gourmets
6 Rue des Halles, F-85200 Fontenay-le-Comte
Tel. 02 51 69 55 92
Ruhetag: Sonntag nachmittag, Montag
Rustikales Restaurant am Flußufer. Die Speisekarte ist eher regional orientiert.

Luçon
Le Bœuf Couronné
153 Route de la Roche, F-85400 Luçon
Tel. 02 51 58 11 32
Ruhetag: Sonntag nachmittag, Montag
Solides, preisgünstiges Lokal; Küche mit regionalem Charakter.

Marennes
Le Cayenne
im Vorort La Cayenne, F-17320 Marennes
Kleines, unprätentiöses Lokal mitten im Austernzuchtgebiet. Fischgerichte und Meeresfrüchte, v.a. Austern. Angegliedert ist eine kleine Ausstellung zur Muschelzucht.

Mont-de-Marsan
Hélène Darroze
Grand-Rue, F-40190 Villeneuve-de-Marsan
Tel. 05 58 45 20 07, Fax 05 58 45 82 67
Ruhetag: Sonntag nachmittag, Montag
Das sehr empfehlenswerte Restaurant liegt knapp 15 km östlich von Mont-de-Marsan. Vielseitige Küche auf der Basis von Produkten der Region.
Es stehen auch 13 Gästezimmer zur Verfügung.

La Poissonnerie — Nantes
4 Rue Léon Maître; F-44000 Nantes
Tel. 02 40 47 79 50
Ruhetag: Sonntag, Montag
Beste Adresse für Fischgerichte und Meeresfrüchte.

Relais Saint-Antoine — Niort
Place de la Brêche, F-79000 Niort
Tel. 05 49 24 02 76, Fax 05 49 24 79 11
Ruhetag: Samstag, Sonntag
Empfehlenswertes Restaurant von eher regionalem Zuschnitt. In der Saison gibt es Wildgerichte.

Côté Jardin — Noirmoutier (Ile de Noirmoutier)
1bis Rue du Grand-Four,
F-85330 Noirmoutier-en-l'Ile
Tel. 02 51 39 03 02, Fax 02 51 39 24 46
Ruhetag: Montag
Einfacheres, solides Restaurant nahe beim Schloß und dem Hafenkanal. Fischspezialitäten.

Auberge de la Campagne — Oléron (Ile d'Oléron)
F-17310 Saint-Pierre-d'Oléron
Tel. 05 46 47 25 42, Fax 05 46 75 16 04
Ruhetag: Montag
Lobenswertes ländliches Restaurant mit Garten; Fischspezialitäten.

Auberge Saint-Loup — Orthez
Rue du Pont-Vieux, F-64300 Orthez
Tel. 05 59 69 15 40
Ruhetag: Sonntag nachmittag, Montag
Gutes und preiswertes Restaurant mit altertümlichem Charme. Das Speisenangebot variiert je nach der Jahreszeit.

Chez Pierre — Pau
16 Rue Louis-Barthou, F-64000 Pau
Tel. 05 59 27 76 86, Fax 05 59 27 08 14
Ruhetag: Samstag nachmittag, Sonntag
Eine der besten Adressen in der Stadt. Das in traditionellem Stil eingerichtete Restaurant bietet insbesondere abwechslungsreiche Fischgerichte.

Au Fin Gourmet
24 Avenue Gaston-Lacoste, F-64000 Pau
Tel. 05 59 27 47 71, Fax 05 59 82 96 77
Das rustikale Terrassenrestaurant serviert lobenswerte regionale Spezialitäten.

L'Ecailler — Ré (Ile de Ré)
am Hafen, F-17630 La Flotte
Tel. 05 48 09 56 40
Anfang November bis Ostern geschlossen
Das Restaurant ist in einem Haus aus dem 17. Jh. eingerichtet. Die Küche bietet vorwiegend Fischgerichte nach regionalen Rezepten.

Auberge de la Rivière
27 Avenue des Salines,
F-17880 Les Portes
Tel. 05 46 29 54 55, Fax 05 46 29 40 32
Ruhetag: Dienstag nachmittag, Mittwoch
Kleines, gemütliches Restaurant am Waldrand. Hauptsächlich gute Fischgerichte.

Restaurants (Fortsetzung), Rochefort	L'Escale de Bougainville Quai de Louisiane, F-17300 Rochefort Tel. 05 46 99 54 99, Fax 05 46 99 54 99 Ruhetag: Sonntag nachmittag, Montag Das ausgezeichnete Restaurant liegt direkt am Sportboothafen. Einfallsreiche Küche (vorwiegend Fisch und Meeresfrüchte).
La Rochelle	Teatro Bettini 3 Rue Thiers, F-17000 La Rochelle Ruhetag: Sonntag, Montag vormittag Im zentrum gelegenes Lokal mit italienischer Speisekarte; vorzügliche Pizza und Nudelgerichte; lobenswerte Weinkarte.
Royan	Les Trois Marmites 37 Avenue Charles Regazzoni, F-17200 Royan Tel. 05 46 38 66 31, Fax 05 46 38 72 00 Traditionelles Restaurant mit kleinem Garten. Gute Küche mit regionaltypischem Touch.
Les Sables d'Olonne	Beau Rivage 40 Promenade Georges-Clemenceau, F-85100 Les Sables d'Olonne Tel. 02 51 32 03 01, Fax 02 51 32 46 46 Ruhetag: Sonntag nachmittag, Montag Sehr empfehlenswertes Restaurant von hohem Standard in unmittelbarer Strandnähe.
Saint-Emilion	Francis Goullée 27 Rue Guadet Tel. 05 57 24 70 49, Fax 05 57 74 47 96 Ruhetag: Sonntag Empfehlenswertes Restaurant mit rustikalem Ambiente. Vielseitige und experimentierfreudige Küche.
Saintes	Le Bistrot Galant 28 Rue Saint-Michel, F-17100 Saintes Tel. 05 48 93 08 51 Ruhetag: Sonntag nachmittag, Montag Zentral gelegenes, solides Restaurant. Spezialitäten sind Fisch und frisches Marktgemüse.
Saint-Jean-de-Luz	Taverne Basque 5 Rue de la République, F-64500 Saint-Jean-de-Luz Tel. 05 59 26 01 26 Ruhetag: Montag nachmittag, Dienstag Nahe am Hafenbecken liegt diese Taverne, die bodenständige baskische Küche bietet.

Sport

Baskische Sportarten	s. Special S. 242
Angeln	Das Angeln zählt zu den beliebtesten Freizeitbeschäftigungen der Franzosen. Für das Fischen in Binnengewässern ist stets eine Erlaubnis erforderlich (zu bekommen u.a. in Angelsportgeschäften); das Angeln an der Küste mit maximal zwei Ruten pro Person ist im allgemeinen frei; man sollte sich aber über eventuelle Sperrgebiete informieren. Für das Fischen vom Boot und mit Netzen gelten Sonderregelungen.
Reiten	Vielseitige Reitgelegenheiten (promenades à cheval) gibt es sowohl im Binnenland als auch an den besuchten Küstenabschnitten.

Die Dünenflanken sind ein Dorado für Gleitschirmflieger.

Sport (Fortsetzung), Surfen Windsurfen

Zum Windsurfen und Surfen auf der Planke ohne Segel eignen sich die weiten Sandstrände der Landes mit ihrer langen Dünung und dem oft kräftigen Seewind besonders gut; man sollte aber genügend Erfahrung mitbringen.

Drachen- und Gleitschirmfliegen

Ein Dorado für diese Sportarten bilden die seeseitigen Flanken der großen Dünen, z.B. bei Arcachon.

Strandsegeln

Auch das Strandsegeln auf vom Wind getriebenen Segelwagen ist ein schneller Sport. Die flachen Sandküsten der Vendée und der Landes bieten auch hierfür gute Voraussetzungen.

Geräteverleih

Ausrüstung und Gerät für das Surfen, Drachenfliegen u.a. ist zumindest in der Urlaubssaison auch vielerorts zu mieten; Auskunft erteilen die Bureaux de Tourisme.

Sprache

Allgemeines

Das Französische ist eine Weiterentwicklung des nach der römischen Besetzung von den Kelten angenommenen Vulgärlateins, das trotz der Aufnahme zahlreicher Wörter keltischen und später auch germanischen Ursprungs seinen romanischen Charakter bewahrte und jahrhundertelang die wichtigste im Kreis der Gebildeten und im diplomatischen Verkehr gesprochene romanische Sprache bildete.

Da in Frankreich der Inlandstourismus bei weitem die größte Rolle spielt, ist die Kenntnis von Fremdsprachen – auch des Deutschen – nicht allzu weit verbreitet, und man ist gut beraten, sich wenigstens Grundkenntnisse der Landessprache anzueignen. An wichtigen Sehenswürdigkeiten werden

Allgemeines
(Fortsetzung)

auch Führungen in fremden Sprachen durchgeführt, oder es liegen zumindest vervielfältigte Erklärungstexte oder Broschüren bereit.

Grundzahlen

0 zéro
1 un, une
2 deux
3 trois
4 quatre
5 cinq
6 six
7 sept
8 huit
9 neuf
10 dix
11 onze
12 douze
13 treize
14 quatorze
15 quinze
16 seize
17 dix-sept
18 dix-huit
19 dix-neuf
20 vingt
21 vingt et un
22 vingt-deux
30 trente
40 quarante
50 cinquante
60 soixante
70 soixante-dix
71 soixante et onze
80 quatre-vingt(s)
81 quatre-vingt-un
90 quatre-vingt-dix
91 quatre-vingt-onze
100 cent
101 cent un
153 cent cinquante trois
200 deux cent(s)
300 trois cent (s)
400 quatre cent(s)
500 cinq cent(s)
1000 mille
1001 mille un
2000 deux mille
1 Mio. un million

Ordnungszahlen

1. premier, première
2.deuxième, second, seconde
3. troisième
4. quatrième
5. cinquième
6. sixième
7. septième
8. huitième
9. neuvième
10. dixième
11. onzième
100. centième

Bruchzahlen

$^{1}/_{2}$ demi, demie
$^{1}/_{3}$ tiers
$^{1}/_{4}$ quart
$^{3}/_{4}$ trois quarts

Wichtige Redewendungen

Guten Morgen, guten Tag!	Bonjour!
Guten Abend!	Bonsoir!
Auf Wiedersehen!	Au revoir!
Sprechen Sie deutsch?	Parlez-vous allemand?
Ich verstehe nicht	Je ne comprends pas
Ja	Oui
Nein	Non
Bitte!	S'il vous plaît!
Danke!	Merci!
Gestern	Hier
Heute	Aujourd'hui
Morgen	Demain

Hilfe!	Au secours!
Haben Sie ein Einzelzimmer?	Avez-vous une chambre à un lit?
Haben Sie ein Doppelzimmer?	Avez-vous une chambre à deux lits?
Haben Sie ein Zimmer mit Bad?	Avez-vous une chambre avec bain?
Vieviel kostet das?	Combien ça coûte?
	Quel est le prix de . . . ?
Bitte wecken Sie mich um 6 Uhr	Veuillez me réveiller à six heures, s'il vous plaît?
Wo ist die Toilette?	Oú sont les toilettes?
Wo ist die Apotheke?	Oú est la pharmacie?
Wo ist das Postamt?	Oú est le bureau de poste?
Wo gibt es einen Arzt?	Oú y-a-t-il un médecin?
Ist dies der Weg zum Bahnhof?	Est-ce le chemin à la gare?
Ich habe kein Benzin mehr	Je suis en panne d'essence
Normalbenzin	Essence ordinaire
Diesel	Gazole
Super	Supercarburant
Bleifreies Benzin	Essence sans plomb
Mein Motor ist kaputt	mon moteur est cassé
Meine Zündung ist defekt	Je suis en panne d'allumage

Monate, Wochentage, Festtage

Januar	Janvier	Monate
Februar	Février	
März	Mars	
April	Avril	
Mai	Mai	
Juni	Juin	
Juli	Juillet	
August	Août	
September	Septembre	
Oktober	Octobre	
November	Novembre	
Dezember	Décembre	
Monat	Mois	
Jahr	An, année	
Montag	Lundi	Wochentage
Dienstag	Mardi	
Mittwoch	Mercredi	
Donnerstag	Jeudi	
Freitag	Vendredi	
Samstag	Samedi	
Sonntag	Dimanche	
Neujahr	Nouvel an	Feiertage
Ostern	Pâques	
Christi Himmelfahrt	Ascension	
Pfingsten	Pentecôte	
Fronleichnam	Fête-Dieu	
Mariä Himmelfahrt	Assomption	
Allerheiligen	Toussaint	
Weihnachten	Noël	
Silvester	La Saint-Sylvestre	

Essen und Trinken

→ Essen und Trinken

Verkehrsaufschriften

Attention!	Achtung! Vorsicht!
Au pas!	Schrittgeschwindigkeit fahren
Bouchon	Stau
Brouillard	Nebel
Centre ville	Zur Stadtmitte
Chantier	Baustelle
Danger (de mort)	Gefahr (Lebensgefahr)
Déviation	Umleitung
Douane	Zoll
Frontière	Grenze
Garage	Garage, Ausweichstelle
Gravier, gravillons	Splitt
Halte!	Halt!
Impasse	Sackgasse
Limitation de vitesse	Geschwindigkeitsbeschränkung
Fin de . . .	Ende der . . .
Passage interdit	Durchfahrt verboten
Passage protégé	Kreuzung mit eigener Vorfahrt
Poids lourds	Schwerlastverkehr
Priorité à droite	Vorfahrt von rechts
Prudence!	Vorsicht!
Ralentir, ralentissez!	Langsam fahren
Route barrée	Straße gesperrt
Sens unique	Einbahnstraße
Serrez à droite!	Rechts fahren!
Sortie de camions	Lkw-Ausfahrt
Tenez vos distances!	Abstand halten!
Toutes directions	Alle Richtungen
Travaux	Straßenarbeiten
Verglas	Glatteis
Virage (dangereux)	(Gefährliche) Kurve
Voie unique	Einspurige Verkehrsführung
Zone bleue	Blaue Zone Parken nur mit Parkschein!)
Zone rouge Mise en fournière immédiate	Halten verboten Wagen wird sofort abgeschleppt

Auf der Reise

Abfahrt, Abflug	Départ
Ankunft	Arrivée
Aufenthalt	Arrêt
Auskunft	Information
Autobushof	Gare routière
Bahnhof	Gare
Bahnsteig	Quai
Einsteigen!	En voiture!
Fahrkarte	Billet
Fahrplan	Horaire
Fensterplatz	Coin Fenêtre
Flug	Vol
Flughafen	Aéroport
Flugplan	Horaire
Flugschein	Billet, ticket
Gepäck	Bagages
Gepäckschein	Bulletin de bagages
Gepäckträger	Porteur
Gleis	Voie
Haltestelle	Arrêt

Auf der Reise (Fortsetzung)

Liegewagen(platz)	Couchette
Nichtraucher	Non-fumeur
Raucher	Fumeur
Schaffner	Contrôleur
Schalter	Guichet
Schlafwagen	Wagon-lit
Speisewagen	Wagon-restaurant
Stewardess	Hôtesse (de l'air)
Toiletten	Toilettes
Umsteigen	Correspondance
Wartesaal	Salle d'attente
Zug	Train

Auf der Post

Adresse	Adresse
Brief	Lettre
Briefkasten	Boîte à lettres
Briefmarke	timbre-poste
Briefträger	Facteur
Eilboten	Exprès
Einschreiben	Recommandé
Fax	Télécopie
Fernschreiben	Télex
Luftpost	Par avion
Päckchen	Petit paquet
Paket	Paquet, colis
Postkarte	Carte postale
Postlagernd	Poste restante
Telefon	Téléphone
Telegramm	Télégramme

Häufig vorkommende Ausdrücke

Abbaye	Abtei
Aiguille	Nadel, Bergspitze
Anse	Reede, Bucht
Arène	Amphitheater
Avenue	Allee
Bac	Fähre
Bain	Bad
Barrage	Staudamm, Stausee
Bassin	Hafenbecken
Bois	Wald
Boulevard	Allee, Boulevard
Bourse	Börse
Butte	Hügel
Calvaire	Kalvarienberg
Camp. champ	Feld
Campagne	Land
Capitainerie	Hafenamt
Carrefour	Straßenkreuzung
Cascade	Wasserfall
Causse	Kalkplateau
Chaîne	Kette
Chalet	Berghotel, Hütte
Chapelle	Kapelle
Chartreuse	Kartause
Château	Schloß, Burg, Kastell
Chemin	Weg

Häufig vorkommende Ausdrücke (Fortsetzung)

Cîme	Gipfel, Spitze
Cimetière	Friedhof
Cloître	Kreuzgang
Clos	Gehege, Gehöft
Cluse	Klamm, Schlucht
Col	Paß
Colline	Hügel
Combe	Schlucht
Corniche	Straße am Hang
Côte	Küste, Berghang
Cour	Hof
Cours	Korso, Allee
Couvent	Kloster
Crête	Kamm, Schlucht
Défilé	Schlucht, Engpaß
Dent	Zahn, Bergspitze
Détroit	Engpaß
Dôme	Kuppel, Kuppe
Donjon	Bergfried, Wehrturm
Ecluse	Schleuse
Est	Osten
Etablissement thermal	Kurhaus, Badehaus
Etang	See, Teich
Faubourg	Vorstadt
Fleuve	Fluß
Forêt	Wald
Funiculaire	Standseilbahn
Glacier	Gletscher
Gorge	Schlucht
Hauteur	Höhe
Hôpital	Krankenhaus
Hôtel	Hotel, Adelspalais
Hôtel de ville	Rathaus
Hôtel-Dieu	Hospital, Krankenhaus
Ile	Insel
Jardin	Garten
Jardin botanique, des plantes	Botanischer Garten
Jardin public	Stadtgarten
Lac	See
Lande	Heide
Maison	Haus
Maquis	Dickicht, Unterholz
Marais	Sumpf
Marée basse	Ebbe
Marée haute	Flut
Mer	Meer
Mont	Berg
Montagne	Gebirge
Musée des arts décoratifs	Kunstgewerbemuseum
Musée des beaux-arts	Kunstmuseum
Musée d'histoire naturelle	Naturgeschichtliches Museum
Nez	Nase, Kap
Nord	Norden
Ouest	Westen
Palais de Justice	Justizpalast
Parc	Park
Pas	Straße, Meerenge
Pays	Land
Phare	Leuchtturm
Pic	Bergspitze
Place	Platz
Plage	Strand

Sprache, häufig vorkommende Ausdrücke (Fortsetzung)

Plaine	Ebene
Plateau	Hochebene, Plateau
Pointe	Bergspitze, Kap
Pont	Brücke
Port	Hafen
Porte	Tor
Presqu'île	Halbinsel
Rade	Reede
Refuge	Berghaus, Schutzhütte
Remparts	Wälle, Stadtmauern
Rivière	Fluß
Roc, roche, rocher	Felsen
Rue	Straße
Salle	Saal
Saut	Wasserfall
Signal	Bergspitze, Signal
Source	Quelle
Square	Platz mit Anlagen
Sud	Süden
Tapisseries	Gobelins, Wandteppiche
Téléférique	Schwebebahn
Téléski	Skilift
Télésiège	Sesselbahn
Tête	Kopf, Berggipfel
Thermes	Thermen, Bad
Tour (la)	Turm
Tour (le)	Rundfahrt
Trésor	Schatz, Schatzkammer, Kirchenschatz
Trottoir	Bürgersteig
Val, vallée	Tal
Vignoble	Weinberg
Village	Dorf
Ville	Stadt

Strände

Badestrände

Sehr geschätzt sind die oft kilometerlangen Sandstrände der Landes zwischen der Mündung der Gironde und dem berühmten Seebad Biarritz; die Bucht von Arcachon ist zudem für ihre ausgedehnten Austernparks berühmt. Wildromantisch, aber zum Baden nur stellenweise geeignet ist die Côte Basque südlich von Biarritz.

Wasserqualität

An der Atlantikküste ist das Wasser, bedingt durch den ständigen Austausch und die Gezeitenströmungen, gut; Beeinträchtigungen gibt es lediglich im Bereich der größeren Häfen.

Strandwache

Die bedeutenderen Badestrände sind zumindest in der Saison überwacht und mit einem Warndienst ausgestattet, welcher signalisiert, ob Wetter und Strömungsverhältnisse ein gefahrloses Baden zulassen. Die Anzeige erfolgt durch farbige Wimpel (grün: Baden uneingeschränkt möglich; gelb: Baden gefährlich; rot: Baden verboten). Man unterschätze nicht den auch bei Windstille oft heftigen, von der offenen See anstehenden Wellengang.

Straßennetz

Das französische Straßennetz ist ausgesprochen engmaschig, wobei sich auch die Nebenstrecken meist in sehr gutem Zustand befinden.

Straßennetz (Fortsetzung), Autobahnen

Die französischen Autobahnen (autoroutes) haben eine Gesamtlänge von gut 4000 km. Abgesehen von einigen Kurzstrecken in der Umgebung größerer Städte sind sie gebührenpflichtig (péage). Im Rahmen des hier beschriebenen Gebiets spielen die von Nantes nach Niort führende A 83 / E 3 (letzter Abschnitt noch nicht fertiggestellt) sowie die von Tours über Poitiers nach Niort bzw. von dort nach Bordeaux weiterführende A 10 / E 5 die wichtigste Rolle als schnelle Fernverbindung.

Nationalstraßen

Hauptträger des Fernverkehrs sind nach wie vor die vorzüglich ausgebauten Nationalstraßen (routes nationales), die etwa den deutschen Bundesstraßen entsprechen. Sie sind durch rot-weiße Kilometersteine, welche die Strraßennummer (z.B. N 55) tragen, gekennzeichnet. Manchmal besitzen sie für beide Fahrtrichtungen zusammen drei Fahrspuren, deren mittlere dem Überholen dient. Wegen des weitverzweigten Straßennetzes ist die Verkehrsdichte meist recht gering; zu langen Stauungen kommt es jedoch in der Urlaubszeit auf den von Paris ausgehenden Fernstrecken.

Landstraßen

Die Landstraßen (routes départementales), die qualitativ den Nationalstraßen oft nicht nachstehen, sind durch gelb-weiße Kilometersteine (z.B. D 555) markiert

Verkehrskreisel

In Gegensatz zu Deutschland werden in Frankreich auf Überlandstrecken die Kreuzungen zunehmend durch Verkehrskreisel ersetzt (das auf der Kreisbahn befindliche Fahrzeug hat Vorfahrt). Ein großer Vorteil besteht darin, daß man bei Orientierungsschwierigkeiten so lange auf der Kreisbahn bleiben kann, bis man die richtige Routenfortsetzung gefunden hat.

Eine andere Neuerung sind die sog. Ralentisseurs ("Bremser") – quer zur Fahrbahn angebrachte Erhöhungen, die den Kraftfahrer energisch zur Verringerung der Geschwindigkeit zwingen. Sie sind vor Verkehrskreiseln, an Ortseinfahrten sowie an Fußgängerfurten zu finden. Manchmal sind sie nur aufgemalt, aber den Unterschied merkt man meist zu spät.

Straßenverkehr

→ Verkehrsvorschriften

Telefon

Änderung der Rufnummern

Am 18. Oktober 1996 wurden die bis dahin achtstelligen französischen Rufnummern auf zehn Stellen erweitert, indem eine Kennzahl für die entsprechende Region vorangestellt wurde:

01 für Paris und die Ile-de-France
02 für Nordwestfrankreich
03 für Nordostfrankreich
04 für Südostfrankreich und Korsika
05 für Südwestfrankreich

Für das in diesem Reiseführer beschriebene Gebiet gelten die Kennzahlen 02 und 05.

Diese zehnstelligen Telefonnummern gelten landesweit, auch für Gespräche innerorts!

Telefonzellen

Für Ferngespräche (auch ins Ausland) sind die überall aufgestellten öffentlichen Telefone am bequemsten. Konventionelle Münzfernsprecher findet man kaum noch, sie werden durch Kartentelefone abgelöst.

Telefonkarten (télécartes) unterschiedlicher Kapazitäten und Preise sind bei den Postämtern sowie in Tabakläden und Bars erhältlich; man achte darauf, daß sie sich noch in der verschweißten Originalverpackung befinden. Telefonkarten

Ländernetzkennzahlen

von Frankreich	nach Deutschland	00 49
	nach Österreich	00 43
	in die Schweiz	00 41

Die Null der nachfolgenden Ortsnetzkennzahl entfällt!

Trinkgeld

Trinkgeld (pourboire) wird in Frankreich im allgemeinen bei den gleichen Gelegenheiten und in ähnlicher Höhe gegeben wie in Deutschland, Österreich oder der Schweiz. Außerdem erwarten Fremdenführer in Schlössern, Museen u.a. ein Trinkgeld, ferner Platzanweiser in Theatern und Kinos.

Auch die Schleusenwärter an den Binnenwasserstraßen sind es gewohnt, für ihre Dienste ein Trinkgeld zu bekommen.

Veranstaltungen

Januar

Angoulême: Festival International de la Bande Dessinée (Comic-Festival)

April

Cognac: Internationales Polizeifilm-Festival

Woche nach Ostern

La Tranche-sur-Mer: Blumenfestival
Lourdes: Festival der geistlichen Musik

Mai

Poitiers: Printemps Musical (musikalischer Frühling)
Mimizan-Plage: Meeresfest mit Blumenkorso
Condom: Volksmusikfest
La Rochelle: Internationale Segelwoche (ca. 1–2 Wochen vor Pfingsten)

Mai/Juni

Pau: Autorennen (Formel 3000)

Juni

Angoulême: Jazz-Festival
Archigny: Akadisches Fest (als “Akadien” bezeichnet man die ehemals französischen Kolonien in Kanada)
Royan: Meeresfest (Monatsende)
Saint-Emilion: Fest des neuen Weins (mit Umzug der Jurade)
Saint-Jean-de-Luz: Johannisfest mit Folkloredarbietungen

Juli

Biarritz: Pelota-Wettkämpfe
Coulon: ländliches Sommerfest
Saintes: Festival der alten Musik
Saint-Jean-de-Luz: Thunfischfest

August

Arcachon: Meeresfest
Bayonne: Stadtfest mit Stierkämpfen und Feuerwerk
Biarritz: Großfeuerwerk
Coulon: Fest der Binnenschiffer
Dax: Stadtfest mit Feuerwerk
Hagetmau: Stier- und Kuhkämpfe (blutig und unblutig)

August/September

Côte Basque Musikfestival (verschiedene Veranstaltungsorte um Bayonne)

Baedeker Special

Sport für Starke

Das Baskenland ist allemal für Überraschungen gut – nicht nur, was seine für uns Mitteleuropäer völlig unverständliche Sprache betrifft. Es fängt schon mit dem bekanntesten und in Südwestfrankreich (neben dem allgegenwärtigen Fußball) populärsten sportlichen Wettkampfspiel an: mit dem Pelota (auch Jai-alai oder Frontón genannt), das oft als "das schnellste Ballspiel der Welt" bezeichnet wird. Zwischen Biarritz und Donostia (oder San Sebastián, wie es auf spanisch heißt) gibt es keine Siedlung ohne den Spielplatz mit der hohen, "frontón" genannten Schlagwand. Schon von weitem hört man den von anfeuerndem Gebrüll begleiteten kurzen, trockenen Knall, mit dem der kleine, harte Ball gegen die Mauer geschleudert wird. Man wirft ihn entweder mit Hilfe eines schmalen, langgestreckten korbartigen Gebildes, das quasi die starre Verlängerung der Schlaghand bildet, oder mit der bloßen Faust. Am Ende des Spiels sind vom Ball oft nur unkenntliche Fetzen übrig.

Zu den baskischen Sportarten zählt auch die Kunst, innerhalb einer vorgegebenen Zeit einen zweirädrigen Wagen an der Deichsel möglichst oft um seine eigene Hochachse zu drehen. Da der Karren ein stattliches Gewicht auf die Waage bringt, ist auch hier für mittlere Sensationen gesorgt.

Da wir schon bei der Entfaltung hemmungsloser Kraft und ähnlichem sind: Auch das Steinheben ist eine vielumjubelte Sportart, desgleichen das Tauziehen (Soka-tira). Beim Steineziehen freilich delegiert man die rohe Freisetzung von Energie an Ochsen.

Wer das Holzhacken auf Bayern beschränkt sieht, ist hier allerdings fürwahr auf dem Holzweg. Bei den Wettkämpfen (die man sich bei günstiger Gelegenheit auf keinen Fall entgehen lassen sollte) sind nebeneinander etliche Baumstämme im Boden verankert. Hier müssen die "aizkolari", also die Holzfäller, möglichst schnell einen dicken Stamm durchhacken. Bei einer weit spektakuläreren Variante muß der Mann erst an dem Stamm ganz nach oben gelangen. Dazu schlägt er mit der Axt tiefe Kerben in den Stamm, treibt dann ein angespitztes horizontales Brett hinein und benutzt es als Treppenstufe für die nächsten Schritte am Stamm aufwärts.

In den am Meer gelegenen Gegenden des Baskenlandes werden außerdem Ruderwettkämpfe veranstaltet, bei denen alte Fischerboote mit je dreizehn Ruderern und einem Steuermann auf offener See drei Seemeilen (reichlich fünf Kilometer) zurücklegen müssen.

Die Basken sind stolz auf ihre Tradition, und das merkt man überall im äußersten Südwesten Frankreichs. Allenthalben begegnet man den Nationalfarben grün-weiß-rot, vor allem auf den in reicher Auswahl angebotenen Textilien aus Baumwolle oder Leinen.

Und diesen Stolz bemerkt man auch sonst vielerorts. Wo die (inzwischen durch die Regionalisierungspolitik sehr nachsichtig gewordene) Zentralregierung noch nicht auf dem laufenden zu sein scheint, befördert man die Zweisprachigkeit der Ortsschilder unter Zuhilfenahme vielfarbiger Spraydosen.

Und was schließlich den Inbegriff des Baskentums, nämlich das nach ihm benannte Barett, betrifft: Längst haben die Franzosen die Baskenmütze als die ihnen allgemein gemäße ländliche Kopfbedekkung anerkannt. Von denen, die eine Baskenmütze tragen, ist kaum mehr einer wirklich ein Baske.

Cognac: Weinlesefest
Saint-Emilion: Symbolische Schließung der Weinberge vor Lesebeginn (mit Auftritt der Jurade)

Veranstaltungen (Fortsetzung), Oktober

Mont-de-Marsan: Pferderennwochen

September/ Oktober

Verkehrsvorschriften

In Frankreich besteht wie im übrigen kontinentalen Europa Rechtsfahrordnung.

Sicherheitsgurte müssen während der Fahrt angelegt werden. Vorfahrt hat – sofern nicht anders beschildert – das von rechts kommende Fahrzeug (Beschilderung häufig "priorité à droite"); im Kreisverkehr sind die in den Kreis Einfahrenden wartepflichtig. Vorfahrtsstraßen sind durch die Aufschrift "passage protégé" vor Kreuzungen gekennzeichnet.

Innerorts wird bei ausreichender Straßenbeleuchtung mit Standlicht gefahren; nachts dürfen Warnsignale nur mit der Lichthupe gegeben werden.

Bei Regen und Schneefall ist das Abblendlicht einzuschalten; Motorräder müssen grundsätzlich mit Licht fahren.

Tempolimits

Höchstgeschwindigkeiten für Kraftfahrzeuge in Frankreich:
auf Autobahnen 130 km/h
auf Schnellstraßen 110 km/h
auf National- und Landstraßen 90 km/h
innerorts 50 km/h
Bei Regen verringert sich die zulässige Geschwindigkeit von 130 auf 110 km/h und von 110 auf 100 bzw. von 90 auf 80 km/h.

Wer seinen Führerschein noch nicht länger als zwei Jahre besitzt, darf nicht schneller als 80 km/h (auf Autobahnen nicht schneller als 110 km/h) fahren.

Promillegrenze

Der zulässige Höchstwert für den Blutalkoholgehalt beträgt 0,5 Promille.

Parkvorschriften

→ Parkplätze

Wein

Allgemeines

Nach wie vor ist der Wein das beliebteste Tischgetränk in Frankreich; und im Südwesten des Landes liegen nicht nur einige der größten, sondern auch der berühmtesten Rebfluren des Landes.

Pays Nantais

In der Region um Nantes bzw. am äußersten Unterlauf der Loire wird vorwiegend Weißwein angebaut. An erster Stelle ist hier der Muscadet zu nennen, ein durchgegorener, sehr trockener Weißwein (nicht zu verwechseln mit dem aromatischen, eher lieblichen Muscat, der hier nicht angebaut wird). Er ist der ideale Begleiter für Austern, Fisch und Meeresfrüchte.

Cognac

In der Charente, die sich südlich anschließt, werden gleichfalls weiße Rebsorten bevorzugt, insbesondere der Ugni blanc. Er entwickelt nur einen geringen Alkoholgehalt (ca. 7%) und wird fast ausnahmslos zu Cognac destilliert (vgl. Special S. 87).

Bordeaux

Zu beiden Seiten der oberen Gironde erstreckt sich im Bordelais und Médoc das größte und wohl berühmteste Qualitätsweigebiet der Erde. Hier

Baedeker Special

In vino veritas

Im Wein liegt die Wahrheit – dies gilt ganz besonders für das Bordelais, denn hier wurde anläßlich der bevorstehenden Weltausstellung zu Paris schon im Jahr 1855 für die Weingüter des Médoc eine amtliche Klassifikation eingeführt, die noch heute gültig ist. Damals hatte man, aufbauend auf den Preisen, welche die Weine in den zurückliegenden Jahrzehnten erzielt hatten, eine Einteilung in "crus" (= Gewächs, Jahrgang, Lage) vorgenommen. Zunächst gab es (von der obersten Qualitätsstufe ausgehend) den premier, deuxième, troisième, quatrième und cinquième cru. Später wurden dazu der cru exceptionnel, der cru bourgeois supérieur, cru bourgeois, cru artisan und cru paysan als neue Klassen geschaffen.

So ist die Kennzeichnung der Bordeauxweine eines der differenziertesten Klassifizierungssysteme für Lebensmittel überhaupt. Freilich kann es durchaus vorkommen, daß ein exorbitanter deuxième cru dem weitaus teureren premier cru ebenbürtig sein kann – die Grenzen sind bei Naturprodukten verständlicherweise fließend.

Was die Qualität des Weins entscheidend mitbestimmt, sind Klima und Bodenbeschaffenheit (es klingt paradox, entspricht aber den Tatsachen, daß der Wein um so besser gerät, je karger und nährstoffärmer der Boden ist). Die Rebfluren des Bordelais erfeuen sich eines geradezu mediterranen, stabilen Klimas und sind zudem durch die weiten Kiefernforste der Landes gegen die Seewinde geschützt. Der differenzierte Charakter der Bordeaux-Weine wird daneben dadurch geprägt, daß die Böden – bei aller geologischen Verschiedenheit – ausgesprochen mager sind, was die Weinstöcke tief wurzeln läßt. Und die ältesten, also am tiefsten eingewurzelten Reben geben erfahrungsgemäß den besten Wein.

Anders als z.B. in Burgund, im Elsaß oder auch in Deutschland besteht ein Bordeaux-Wein niemals aus den Trauben einer einzigen Rebsorte. Drei bis vier Sorten (z.B. Merlot, Malbec und Cabernet) in unterschiedlichem Mengenverhältnis müssen es schon sein, um ein Endprodukt von hoher Qualität und ausgeprägtem Charakter zu erhalten.

Das Weinbaugebiet von Bordeaux umfaßt mehr als 100 000 Hektar Rebfläche, die von etwa 13 000 Winzern kultiviert werden. Rund drei Viertel der Produktion sind Rotwein.

Die Sprache des Weinetiketts

Appellation contrôlée (A.O.C.)	Gesetzlich kontrollierte Ursprungsbezeichnung
Château	Weingut
Domaine	Weingut
Récolte	Jahrgang, Ernte
Mise en Bouteille au Château	Erzeugerabfüllung
Grand Vin	"Großer" Wein
Cru classé	Offiziell in eine der oben genannten Qualitätsstufen eingeordneter Wein
Supérieur	Der solchermaßen gekennzeichnete Bordeaux enthält ein Prozent mehr Alkohol als das vorgeschriebene Minimum

Wein, Bordeaux (Fortsetzung)

dominieren die Rotweine, jedoch werden in ganz geringem Umfang auch süße Dessertweine gekeltert. In weiten Teilen wird die Landschaft von den "châteaux" (wörtlich Schlösser) geprägt. Dies sind die Hauptgebäude großer Winzerdomänen, von denen die meisten im 19. Jh. entstanden sind. Ähnlichkeit mit veritablen Landschlössern haben sie nur selten.

Armagnac
Jurançon

Östlich von den Landes liegen im Binnenland die Weinberge des Bas Armagnac und des Haut Armagnac, wo sich – ähnlich wie in Cognac – eine lebhafte Spirituosenherstellung entwickelt hat. Südlich von Pau, im Béarn, befindet sich das kleine Weingebiet von Jurançon, wo Weiß-, Rosé- und Rotweine gleichermaßen gekeltert werden. Sie zählen zu den Spitzenkreszenzen des äußersten Südwestens.

Zeit

In Frankreich gilt während des Winterhalbjahrs die Mitteleuropäische Zeit (MEZ); für die Zeit von Anfang April bis Ende September wurde – wie in Deutschland – die Sommerzeit (MEZ + 1 Std.) eingeführt. Beginn und Ende der Sommerzeit werden rechtzeitig durch die Medien bekanntgegeben.

Zollvorschriften

EU-Binnenmarkt

Seit dem 1. Januar 1993 bilden die Mitgliedstaaten der Europäischen Union (EU) einen gemeinsamen Wirtschaftsraum, den EU-Binnenmarkt. In diesem ist der Warenverkehr für private Zwecke weitgehend zollfrei. Es gelten lediglich gewisse obere Richtmengen (z.B. für Reisende über 17 Jahre 800 Zigaretten, 10 l Spirituosen und 90 l Wein). Für Waren, die in den Duty-Free-Shops erworben worden sind, gelten die Höchstmengen des Warenverkehrs mit Nicht-EU-Ländern.

Einreise nach Frankreich aus Nicht-EU-Ländern

Für Reisende aus Nicht-EU-Ländern liegen die Freimengengrenzen für Personen über 17 Jahre bei 200 Zigaretten oder 100 Zigarillos oder 50 Zigarren oder 400 g Rauchtabak, ferner bei 2 l Wein und 1 l Spirituosen.

Wiedereinreise in die Schweiz

Zollfrei sind Reiseandenken bis zu einem Gesamtwert von 100 sfr; ferner 250 g Kaffee, 100 g Tee, 200 Zigaretten oder 50 Zigarren oder 250 g Tabak, 2 l Wein oder andere Getränke bis 22% Alkoholgehalt sowie 1 l Spirituosen mit mehr als 22% Alkoholgehalt.

Register

Verzeichnis der Karten und graphischen Darstellungen

Bildnachweis

HB Verlag, Hamburg: S. 48, 50, 59, 74, 76, 86, 96, 99, 101, 102 (oben), 110, 112, 116, 128, 159 (unten), 187, 193, 194/195, 214.
IFA: S. 72, 141, 142, 146, 233.
Lade: S. 1.
Laif: S. 6 (links unten), 73, 115.
Mauritius: S. 8/9, 67.
Nahm: S. 3, 5, 6 (links oben), 6/7 (Mitte), 7 (3 ×), 16 (2 ×), 26, 39, 53, 54, 55, 61, 64, 68, 70, 79, 80, 87, 90/91, 94, 102 (unten), 104, 105, 120 (2 ×), 127, 131, 132, 134, 135, 136, 137, 139, 148, 154, 156 (unten), 160, 166, 170 (2 ×), 172, 174, 175, 177, 180 (2 ×), 182, 184, 186, 190, 206.
Pfaffinger: S. 10, 14 (2 ×), 30, 56, 62, 83, 84, 114, 129, 156 (oben), 159 (oben), 169, 173, 178, 183, 204.
Ullstein: S. 24, 25 ×), 27 (2 ×), 28.
Zefa: S. 5, 40/41, 106, 124, 162, 188/189, 191.

Impressum

Ausstattung:
114 Abbildungen (Bildnachweis siehe zuvor)
14 Stadtpläne, 3 Inselkarten, 6 Sonderpläne, 1 große Reisekarte

Text: Peter M. Nahm, Ostfildern
Bearbeitung: Baedeker-Redaktion (Peter M. Nahm)

Kartographie: Franz Kaiser, Sindelfingen; Mairs Geographischer Verlag GmbH & Co., Ostfildern (Reisekarte)

Gesamtleitung: Rainer Eisenschmid, Baedeker Stuttgart

1. Auflage 1998

Druck: Mairs Graphische Betriebe GmbH & Co. KG, Ostfildern (Kemnat)
Printed in Germany
ISBN 3-89525-484-3

Gedruckt auf 100% chlorfreiem Papier

Verlagsprogramm

Städte in aller Welt

Amsterdam
Athen
Bangkok
Barcelona
Berlin
Brüssel
Budapest
Dresden
Florenz
Frankfurt/M.
Hamburg
Hongkong
Istanbul
Köln
Kopenhagen
Lissabon
London
Madrid
Moskau
München
New York
Paris
Potsdam
Prag
Reutlingen · Tübingen
Rom
San Francisco
St. Petersburg
Singapur
Stuttgart
Tokio
Venedig
Weimar
Wien

Reiseländer · Großräume

Ägypten
Australien
Baltikum
Belgien
Brasilien
China
Dänemark
Deutschland
Dominikanische Republik
Finnland
Frankreich
Griechenland
Großbritannien
Indien
Irland
Israel
Italien
Japan
Jordanien
Kanada
Karibik
Kenia
Kuba
Luxemburg
Marokko
Mexiko
Motorradtouren in Italien
Namibia
Nepal
Neuseeland
Niederlande
Norwegen
Österreich
Polen
Portugal
Schweden
Schweiz
Skandinavien
Spanien
Sri Lanka
Südafrika
Syrien
Thailand
Tschechien · Slowakei
Tunesien
Türkei
Ungarn
USA

Regionen · Inseln · Flüsse

Algarve
Andalusien
Bali
Bodensee
Bretagne
Burgund
Capri
Costa Brava
Deutsche Weinstraße
Elba
Elsaß/Vogesen
Florida
Französische Atlantikküste
Fuerteventura
Gran Canaria
Griechische Inseln
Harz
Hawaii
Ibiza
Ischia
Istrien · Dalmatinische Küste
Italienische Riviera
Kalifornien
Korfu · Ionische Inseln
Korsika
Kreta
Kykladen
Lanzarote
Loire
Lombardei · Mailand · Oberital. Seen
Madeira
Mallorca
Malta
Mecklenburg-Vorpommern
Oberbayern
Provence · Côte d'Azur
Rhodos
Rügen
Ruhrgebiet
Sachsen
Salzburger Land
Sardinien
Schottland
Schwäbische Alb
Schwarzwald
Seychellen
Sizilien
Südtirol
Sylt
Teneriffa
Tessin
Toskana
Türkische Küsten
Umbrien
USA · Südstaaten
USA · Südwesten
Zypern

Städte in Deutschland und der Schweiz

Augsburg
Bamberg
Basel
Berlin (gr. + kl.)
Bonn
Bremen
Celle
Darmstadt
Freiburg
Hannover
Heidelberg
Konstanz
Leipzig
Lübeck
Mainz
Mannheim
Nürnberg
Regensburg
Trier
Wiesbaden